この1冊で、はじめての受験も安心！

新 最強の TOEFL iBT®入門

上原雅子・著　PAGODA Education Group・問題作成　コスモピア編集部・編

TOEFL and TOEFL iBT are registered trademarks of Educational Testing Service (ETS).
This publication is not endorsed or approved by ETS.

コスモピア

はじめに

　みなさん、こんにちは。このたびコスモピアより『新・最強のTOEFL iBT® 入門』が刊行されることになりました。この本は2023年7月に改訂になったTOEFL iBT® の形式に準じています。TOEFL iBT® は英語圏の大学・大学院に出願の際の英語力判定に使われる試験ですが、近年では留学のためだけではなく、国家公務員試験、日本の大学・大学院入試、また企業内、大学内での英語力判定のひとつとして広く使われるようになっています。受験を考えている方々に本書でしっかりとした学習のスタートを切っていただけますよう、各セクションのポイント、勉強方法を本にしました。今まで二千人を超す海外の大学・大学院進学希望の学生、社会人、また英語判定のために受験準備をする方などにTOEFLの指導をしてきましたが、その経験が幅広い学習者のお役に立てば幸いです。

　TOEFL試験は英語圏の大学での授業、キャンパスでの状況を基に作られたテストですので、どのセクションでもアカデミックな内容が扱われています。ここが他の英語試験と大きく異なる点で、受験には特別な準備が必要となる理由です。また、統合型問題の出題があります。統合型の問題とは、あるひとつのトピックについて、パッセージを読み、話されていることを聞き、それについて話したり、書いたりするというもので、ふたつ以上の技能を、ひとつの問題で測ります。実際の大学での授業でテキストを読み、講義を聞き、発言する、または課題を書くといった一連の学習の流れを想定して作られた問題です。新形式のWritingセクションでは、実際の授業の流れを想定した問題が含まれています。

　TOEFL iBT® は3時間以上の時間のかかるテストでしたが、今回の改訂で2時間ほどに短縮され、受験しやすいテストとなりました。登録方法も簡素化され受験生には負担の少ないテストに変わりました。大きく改訂があったのはWritingの1問のみで、他のセクションは問

題数の減少はあるものの、大きな変化はありません。Speaking は今までと同様、マイクを使って PC に音声を吹き込んで解答します。まずはテストの概要をご理解いただき、テスト当日に戸惑うことなく実力を発揮できるよう準備していただくことも本書の大きな目標のひとつです。

　本書では、今まで TOEFL iBT® に触れる機会のなかった方はもちろん、ある程度の知識のある方にも効果的に学習していただけるよう、実際のテストに近い問題を使って各セクションの取り組み方を説明しています。本書で各セクションの高得点の取り方、効果的な解答の構成方法などを学び、繰り返し学習してください。巻末に模擬テストを用意しましたので、本番さながらの問題を解いて実戦に役立つ力をつけてください。

　TOEFL は簡単なテストではありません。しかしながらこのテストでコンスタントに 80 点が取れるような実力がつけば英語の世界が広がることは間違いありません。100 点を取れるようになれば英語で多くの情報を自信をもって受信、発信できるようになるでしょう。どんなに翻訳ソフトや生成 AI の精度が高まっても、高い語学力を持つことの利点は計り知れません。TOEFL iBT® テストをうまく利用して英語力の向上を目指してください。本書がみなさまの学習の一助となりますよう、願っております。

　最後になりますが、この本の刊行にあたりましては、コスモピアの坂本様、編集の濵田様に大変お世話になりました。この場を借りて心より御礼申し上げます。

2023 年 9 月

上原雅子

CONTENTS

第5章 TOEFL iBT® 実戦模試 解答と解説 ······217

本書の使い方

本書は、4つの章で構成されています。

第1章　TOEFL iBT® とは？

　ここでは、2023年7月に改訂されたTOEFL iBTについて紹介します。TOEFL iBT の概要を知り、記載されている ETS 公式の Bulletin、公式ウェブサイトを必ず参照してください。

第2章　各セクションの攻略

　TOEFL iBT でのコンピューター操作の概要に始まり、Reading、Listening、Speaking、Writing の4つのセクション別に、概要を紹介し、例題を用いて出題の傾向と効果的な対策を紹介します。

音声ファイル番号の表示

　右のマークは、付属 CD の音声ファイル番号の表示です。例えば「file_03」と記されているのは、03 のファイルに該当の音声が収録されていることを表します。このマークは本書の全章に共通です。

🎧 file_03

　例題のスクリプトや語注なども含めて、ページ順に学習を進めていくことができるように配置・構成されていますが、Reading と Listening の訳については、すぐに見てしまうと学習効果が上がらないため、学習の区切りの最後に配置されています。これは、「第5章　TOEFL iBT® 実戦模試 解答と解説」でも同様です。

第3章　セクション別・レベル別学習アドバイス

セクション別アドバイス

　TOEFL iBT の４つのセクションの問題の特徴と攻略法を説明しています。中でも今回変更があった箇所を詳述。特に変更が大きかった Writing Section の攻略法に大きくページをさいて、詳しく説明しています。

効果的なメモの取り方

　メモの取り方については、「攻略法」の随所で解説されていますが、152 ページ〜155 ページに、あらためてメモの取り方がまとめて詳しく解説されています。ぜひ参考にしてください。

レベル別アドバイス

　解説の随所に学習アドバイスが述べられていますが、156 ページ〜 158 ページに、レベルに合わせた学習法のアドバイスがまとまった形で詳しく解説されています。学習の参考にしてください。

第4章　TOEFL iBT® 実戦模試

　実際の TOEFL iBT は、ヘッドセットを装着し、コンピューターに向かってテストを受けますが、本書では音声を聞きながら問題を解いてみてください。Speaking Section では、録音機器を用意して実際に自分の解答を録音し、Writing Section では、実際にコンピューターで自分の解答を入力してみましょう。

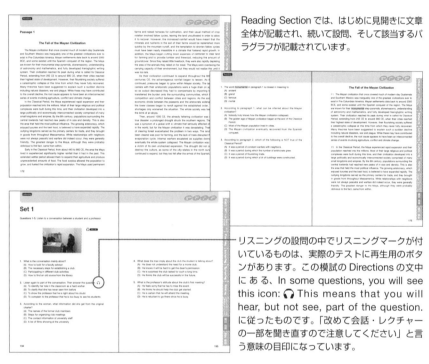

Reading Section では、はじめに見開きに文章全体が記載され、続いて設問、そして該当するパラグラフが記載されています。

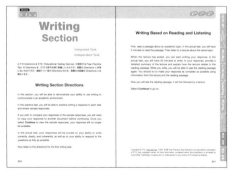

リスニングの設問の中でリスニングマークが付いているものは、実際のテストに再生用のボタンがあります。この模試の Directions の文中にある、In some questions, you will see this icon: 🎧 This means that you will hear, but not see, part of the question. に従ったものです。「改めて会話・レクチャーの一部を聞き直すので注意してください」と言う意味の目印になっています。

Writing Section は Writing based on Reading と Writing for an Academic Discussion のふたつに分けられます。

　本書の模擬試験の Listening Section は、所定の時間内で、リスニングの問題を解答していただくため、リスニングの講義や会話、設問、聞き直し用の音声が、該当する音声ファイルの中にすべて収められています。問題と問題の間には解答時間としての 30 ～ 35 秒の無音の時間がありますので、ご注意ください。

第5章　TOEFL iBT® 実戦模試 解答と解説

　全問のスクリプト・語注・訳とともに詳しい解説が掲載されていますから、しっかり復習して、弱点の確認・強化に役立ててください。

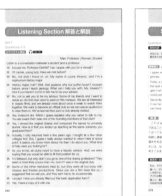

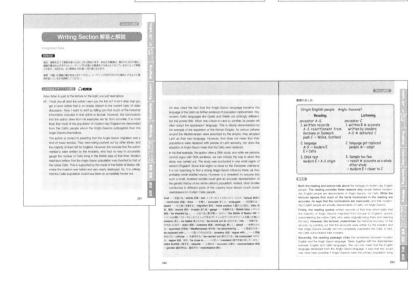

音声ファイル番号表

[無料] 音声ダウンロードの方法

簡単な登録で、音声をスマートフォンや
PC にダウンロードできます。

方法1 ストリーミング再生で聞く場合

面倒な手続きなしにストリーミング再生で聞くことができます。

※ストリーミング再生になりますので、通信制限などにご注意ください。
　また、インターネット環境がない状況でのオフライン再生はできません。

このサイトに
アクセスするだけ！ **http://bit.ly/newTOEFLiBT**

❶ 上記サイトにアクセス！

❷ アプリを使う場合は
SoundCloud に
アカウント登録（無料）

方法2 パソコンで音声ダウンロードする場合

パソコンで音声をダウンロードして、スマホなどに取り込むことも可
能です。（スマホなどへの取り込み方法はデバイスによって異なります。）

 下記のサイトにアクセス

https://www.cosmopier.com/
download/4864542029/

音声は PC の一括ダウンロード用圧縮ファイル（ZIP 形式）でのご提供です。解凍して
お使いください。

電子版の使い方

音声ダウンロード不要
ワンクリックで音声再生！

本書購読者は
無料でご使用いただけます！
音声付きで
本書がそのままスマホでも
読めます。

電子版ダウンロードには
クーポンコードが必要です

詳しい手順は下記をご覧ください。
右下の QR コードからもアクセスが
可能です。

電子版：無料引き換えコード
QtAbrF

ブラウザベース（HTML5 形式）でご利用
いただけます。

★クラウドサーカス社 ActiBook電子書籍
（音声付き）です。

●対応機種
・PC（Windows/Mac） ・iOS（iPhone/iPad）
・Android（タブレット、スマートフォン）

電子版ご利用の手順

❶コスモピア・オンラインショップにアクセス
してください。（無料ですが、会員登録が必要です）

https://www.cosmopier.net/

❷ログイン後、カテゴリ「電子版」のサブカテゴリ「書籍」をクリックして
ください。

❸本書のタイトルをクリックし、「カートに入れる」をクリックしてください。

❹「カートへ進む」→「レジに進む」と進み、「クーポンを変更する」をクリック。

❺「クーポン」欄に本ページにある無料引き換えコードを入力し、「登録する」を
クリックしてください。

❻０円になったのを確認して、「注文する」をクリックしてください。

❼ご注文を完了すると、「マイページ」に電子書籍が登録されます。

第1章

TOEFL iBT®
とは？

TOEFL iBT® とは？

TOEFL® とはどのようなテストか

　TOEFL テストとは Test of English as a Foreign Language の略で、米国の非営利教育団体 Educational Testing Service (ETS) が運営している英語力判定テストです。

　非英語圏の出身者が英語圏の大学・大学院などに入学を希望する際に用いられます。1964 年から実施されており、現在では約 150 カ国の 1 万を越える機関が TOEFL テストのスコアを英語力の証明、入学審査、奨学金支給、卒業の基準として利用しており、これまでの延べ受験者数は 3500 万人以上に上ります。日本国内においても、特に近年は、学内の単位認定、入学試験での優遇、海外派遣選考などで利用されています。

TOEFL の歴史

　現在のテスト形式は、Internet-Based Testing を略して iBT と呼ばれる形式ですが、1964 年のテスト開始以来、何度か形式が変更されています。

1. PBT (Paper-Based Testing)
　1964 年の開始時から、日本では 2007 年まで実施されていた筆記テストです。

2. CBT (Computer-Based Testing)
　コンピューターを使用して問題に答える形式で、日本では 2000 年に開始されました。現在の iBT が開始されたのに伴い、2006 年に終了しました。

3. ITP (Institutional Testing Program)
　かつての PBT の問題を再利用して実施されている団体向けのテストで、能力別クラス編成や大学院などの内部進学に利用されています。留学のための公式スコアとして利用することはできません。

TOEFL iBT® の構成と内容

　TOEFL iBT® は、現在行われているインターネット版 TOEFL® テストです。米国やカナダなどで 2005 年から開始され、日本では翌 2006 年に開始されました。

TOEFL iBT® の特色

- ・ テストセンターで、インターネットに接続されたコンピューターに向かって受験します。
- ・ ヘッドホンとマイクがセットになったヘッドセットを着用して、リスニングをし、スピーキングでは自分の発話をコンピューターに吹き込みます。
- ・ 全セクションでメモを取ること（Note-taking）が奨励されています。
- ・ 「リーディング＋リスニング＋スピーキング」など、複数の技能を組み合わせた問題があります。このような問題は Integrated Task と呼ばれます。

TOEFL iBT® のセクションと構成

TOEFL iBT は 4 つのセクションで構成されています。

1. Reading Section

700 〜 800 語ほどのアカデミックな文章を読んで質問に答えます。時事的な文章や物語などは出題されません。

2. Listening Section

会話や講義を聞いて質問に答えます。会話は大学のキャンパス内でよくある内容で、教授や職員と学生との会話などがあります。教授による講義では、先生や学生からの質問などの対話形式のものと教授が一方的に話すものがあります。

3. Speaking Section

Independent Task と Integrated Task に大きく分けられます。Independent Task は 1 問で、与えられた命題に「賛成か反対か」もしくは複数の選択肢の中から自分の意見を選んでその理由を述べる問題が出題されます。

Integrated Task は、「リーディング＋リスニング＋スピーキング」と「リスニング＋スピーキング」の 2 種類に分けられます。

「リーディング＋リスニング＋スピーキング」はさらに、学内掲示や学内新聞、Web 告知などを読み、それに関する学生ふたりの会話を聞いて、一方の意見を要約する問題、アカデミックな文章を読んでからそれに関連する講義を聞き、文章の内容を関連づけて講義の要点をまとめる問題のふたつに分類できます。解答は、マイクでコンピューターに吹き込みます。

4. Writing Section

Integrated Task と Writing for an Academic Discussion Task のふたつが出題されます。Integrated Task では、アカデミックな文章を読んでから、それに反論または補足する講義を聞き、リーディングの内容と関連づけながらリスニングの内容を要約します。新しいタスク Writing for an Academic Discussion Task ではオンラインでの授業に関するディスカッションに投稿をします。問題には教授からの質問と、他のふたりの学生の応答が示されます。それを踏まえて、議論に貢献できるよう自分の意見を述べます。解答はコンピューターにキーボードでタイプします。

5. 時間配分や問題数の詳細

2023 年 7 月に問題数と Writing セクションの一部が変更になり、試験時間が 3 時間から 2 時間ほどに短縮されました。各セクションの解答時間や質問数などは、次の表のとおりです。

セクション	時間	内容
Reading	36 分	700~800 語ほどのアカデミックな文章 2 題 各パッセージ×設問 10 問
Listening	41 分	会話と講義 会話 2 題。各題約 3 分、設問 x 5 講義 3 題。各題約 4~5 分、設問 x 6
Speaking	17 分	Independent Task と Integrated Task で全 4 問 Independent Task 1 問、準備 15 秒 + 解答 45 秒 Integrated Task (R+L+S または L+S) 3 問、準備 20 秒または 30 秒 + 解答 60 秒
Writing	30 分	全 2 問 Integrated Task (R+L+W)1 問、準備 + 解答 20 分 Academic Discussion Task1 問、準備 + 解答 10 分

6. TOEFL iBT® のスコア（新形式でもスコアの配点は変わりません）

　各セクションのスコアの範囲は次のとおりです。満点は 120 点です。Reading Section と Listening Section は、コンピューターで採点されます。Speaking Section と Writing Section は、アメリカにいる ETS 認定の採点者と AI による自動採点システムを併用しています。

セクション	スコア
Reading	0 〜 30
Listening	0 〜 30
Speaking	0 〜 30
Writing	0 〜 30

　テスト終了直後に非公式の Reading、Listening の点数が表示され、全セクションの公式点数がいつ開示されるかがわかります。公式の有効期限は 2 年間です。テストスコア表には受験したテストの点とは別に My Best Score が表示されます。これは、受験者の 2 年間の有効なスコアの中から、各セクションのベストスコアを表示するものです。留学先や日本の大学等、提出先によってはこのベストスコアを正式のスコアとして認めるところもあります。個々の提出先に確認してみてください。

受験申し込みについて

　TOEFL iBT の受験申し込みのためには、必ずしなくてはいけない事前の準備があります。それらを含めて、申し込みまでの手順を見てみましょう。

事前の準備

1. TOEFL iBT Test Taker GUIDE（電子ブック）を読む

　これは TOEFL iBT の受験要綱ですから、必ず目を通しておきましょう。ウェブ上で閲覧できます。

　https://saas.actibookone.com/content/detail?param=eyJjb250ZW50Tn VtljoyNjAyMzR9&detailFlg=1&pNo=1

2. 身分証明書（ID）を用意する

　パスポート、運転免許証、あるいは個人番号カードなど国が発行している写真付きで署名のあるものが必要です。詳しくは ETS の受験申し込みサイトで確認してください。もちろん、テスト日に有効期限内のものでなくてはなりません。

3. ETS 公式サイトでアカウントを作成する（日本語ページ有）

　受験申し込みのためには ETS の TOEFL 公式ウェブサイトで個人アカウントを作成しておく必要があります。テスト申し込みのみならず、スケジュールや会場の確認、受験申し込み、スコアの確認、スコアレポートの申し込みなどに必要です。申し込みの際には使用する ID と名前の綴りなどが一致していることを確認しましょう。生年月日、性別などは後で変更するのは多大な手続きを要しますので、気をつけて入力してください。希望するテスト日の 7 日前までに登録を済ませておくことが必要です。

受験申し込み

1. テストセンターでの受験

　TOEFL iBT にはテストセンターで受験するテストと、自宅で受験するテストがあります。テストセンターで実施されるテストは平日の実施はなく、土日に実施されます。試験はほとんどが午前中ですが、土曜日には午後実施されるものもあります。サイトまたは公式アプリ上で確認してください。テスト会場により環境がかなり異なるため、都市部など選択の余地がある場合はサイト上の口コミなどでチェックし、人気の会場を早めに申し込みましょう。

受験申し込みは、オンラインのみで、支払いはクレジットカードか、PayPal で行います。

2. 自宅受験

TOEFL iBT Home Edition は会場で受験する TOEFL と内容、フォーマット共に同じです。自宅の PC で試験監督者による監視の下受験します。曜日、時間を選ばず受験することができ、機器のチェックなど必要な手続きが完了していれば、申し込み完了の翌日に受験することも可能で週 4 回 24 時間体制で実施されています。ただし大学 / 大学院によっては Home Edition の点数を受け付けていないところもありますので、提出先の規定をまず確認しましょう。

PC などの使用機器や受験環境は厳しく定められていますので、事前に ETS のサイト（「自宅受験型　TOEFL iBT テスト」で検索）で確認しておきましょう。受験日の流れを確認できる動画もあります。テスト用のブラウザーのダウンロード他システムチェックなどが必要です。Wifi の速度に問題がないこと、メモ取りに必要なホワイトボード、消去可能なマーカー、イレーサーなどの準備が必要です。サイトには受験日の流れを確認できる動画がありますから、細部まで確認しておきましょう。試験中にペットや他の人が入らないスペースを確保することが必須です。

3. 受験料

2023年7月現在、日本で受験するTOEFL iBTテストの受験料は＄245です。（詳しくは 「ETS TOEFL iBT テスト料金」 で検索。必ず ETS サイトで確認してください。）

テストセンターでの受験　受験当日までの注意点

テスト前日

1. 申し込み内容の確認と印刷

テストの開始時刻や会場などに変更がないか、ETS アカウントにサインインして予約の詳細を再確認しておきましょう。何らかの変更があった場合などはここで確認できます。ETS から送られた注文確認メールは会場で必要となりますので、画面キャプチャをしておくか、印刷しておくことをおすすめします。必ずテスト前日に確認しましょう。

2. スコアレポート送付手続きの確認

テスト前日の午後 10 時までに手続きをすると、Official Score Report が送付先 4 校までと Test Taker Score Report が 1 通まで、無料で ETS から送付されます。

3. 携行品の用意

次の 2 点は決して忘れないようにしてください。

・パスポートあるいは他の有効な身分証明書（運転免許証など、国が発行している写真付きで署名のあるもので、有効期限内のもの）

・Appointment Number（会場に部屋が複数ある場合は、部屋の確認に予約番号が必要となる）

テスト当日

テスト会場には時計、ティッシュ、ハンカチなどを含む一切の私物の持ち込みが禁じられています。ポケットの中も空にしなければなりません。登録の前に機器類を持ち込んでいないかのチェックがあり、登録では ID チェック、写真撮影、ルールの読み上げ（録音されます）などがあります。テスト開始の 30 分前までに会場に入るようにと連絡が来ますが、一人ひとりの登録に時間がかかるので、できれば 45 分ほど前に会場に着いてトイレなどを済ませておきましょう。

・渡される書類に記入して提出します。

・準備のできた受験者から順次、スコアレポート用写真を撮影・チェックインし、指定された席につきます。

・コンピューター画面に表示されている自分の写真・名前を確認して、テストを開始します。

テストは登録が完了した順に始まります。遅く入場すると、自分が Listening Section をやっている間に他の受験者が Speaking Section に進み、その音声で集中を乱される場合があります。できるだけ早めに会場に着いて早く登録を済ませたほうが自分のペースでテストが受けられます。また、入室の際に A4 サイズのメモ用紙 3 枚と筆記用具を渡されます。書く場所がなくなると用紙を交換してもらえますから、テストの進み具合に合わせて交換の時期を決めておきましょう。

TOEFL iBT の概要や受験の準備や申し込み、当日の注意点などについての詳細は、先に紹介した Registration Bulletin および次のウェブサイトで確認してください。

ETS TOEFL 公式ウェブサイト：https://www.ets.org/toefl/

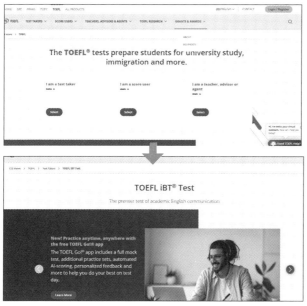

ETS の TOEFL のトップページから、I am a test taker をクリックすると、TOEFL iBT と TOEFL Essentials というふたつの選択肢が出てきます。そこで TOEFL iBT を選択し、Learn More を選択すると、さらに詳しい説明ページが出てきます。

TOEFL テスト 日本事務局：https://www.toefl-ibt.jp/

日本事務局のホームページからはさまざま情報を得ることができます。特に2023年9月現在、特設ページが開設され、旧形式との違いの解説や無料練習問題が掲載されています。

スマートフォン用アプリについて

　テストの申し込み、スコアの確認、ETS 公式教材の購入は、ウェブサイトの他、ETS 公式アプリから行うこともできます。Android 用は Google Play、iPhone 用は App Store でダウンロードして利用できます。

・**TOEFL® Official App**
　（受験申込や My Best Score の確認などができる公式アプリ）

＊上記の情報は 2023 年 9 月現在のものです。細かい変更はサイトでチェックしてください。

画面操作と解答の方法

TOEFL iBT では、出題、解答ともにすべてコンピューター上で行われますから、解答の仕方を含めた画面操作の方法によく慣れておく必要があります。ここでひととおり操作方法を知っておきましょう。

Reading Section

1. 文章を読む画面
   - ウインドウに文章が表示されていて、スクロールバーでスクロールできます。
   - 最後までスクロールすると **End** と表示されます。**End** が表示されると、CONTINUE をクリックして設問に進むことができます。

2. 4 肢択一問題画面
   - 画面の右側に文章が表示され、左側に設問が表示されます。
   - 選択肢の◯をクリックして解答します。
     （本書では、表記と解説などの都合上、選択肢を (A) 〜 (D) としています）
   - 別の選択肢をクリックし直すことで解答を変更できます。
   - NEXT をクリックして次の問題に進むことができます。
   - BACK をクリックして前の問題に戻ることができます。

3. 文挿入問題画面
   - 与えられた文を、段落のひとつに記された 4 つの■のどれかの場所に挿入する問題です。
   - 文を挿入したい箇所の■をクリックすると、そこに与えられた文が本文に挿入されます。
   - 別の■をクリックし直すことで解答を変更できます。

4. 選択肢をドラッグして答える問題の画面
   - 正解と思う選択肢を解答欄にドラッグして解答します。
   - ドラッグした選択肢をクリックすると、元に戻り、解答を取り消すことができます。
   - この問題形式は全画面を使って表示されます。文章を見たいときには VIEW TEXT をクリックします。

- 解答し終えたら、CONTINUE をクリックします。

5. Glossary
- 問題の文章中、＜青文字＋下線＞の語句には注がついています。
- その語句をクリックすると小ウインドウが開き、注が表示されます。

6. 解答一覧
- REVIEW をクリックすると、各問題が解答済みか未解答かの一覧が見られます。
- 一覧中の各問題をクリックすると、その問題にジャンプします。

Listening Section

1. リスニング音声再生中の画面
- 会話の場合は、会話の写真が表示されて音声が再生されます。
- 講義の場合は、まず英語でテーマが表示されてから、講義の写真が表示され、音声が再生されます。一般に聞き慣れないと思われる語（種の名称、化学物質の名前など）は、講義の再生中に画面に表示されます。

2. 4肢選択問題画面
- 選択肢の○をクリックして解答します。
  （本書では、表記と解説などの都合上、選択肢を (A) ～ (D) としています）
- 別の選択肢をクリックし直すことで解答を変更できます。
- 答えを選択したら Next をクリックします。
- 次に OK をクリックすると解答が確定し、次の問題に進みます。リーディングセクションと異なり、いったん OK を押すと前の問題に戻ることはできません。
- ほとんどの問題は正解をひとつ選びますが、正解をふたつ選ぶ問題もあります。ふたつ選ぶ場合にはその旨の指示があります。

3. チェックを入れる問題の画面
- 何項目かのコメントが記された表があり、それぞれのコメントについて Yes/No の欄があります。
- Yes/No の空欄をクリックしてチェックマークを表示させて解答します。
- もう一方の空欄をクリックすることで、解答を変更することができます。

4. 選択肢をドラッグして答える問題の画面
   リーディング問題の場合と同じです。

Speaking Section

1. リーディング
   - 画面に文章と制限時間が表示されます。
   - 制限時間になると、自動的にリスニングに進みます。テキストはこのあと
     は表示されません。

2. リスニング
   - 会話または講義の写真が表示され、音声が再生されます。

3. 解答（スピーキング）
   - 質問と準備の制限時間、解答の制限時間が表示されます。
   - 準備の制限時間が終了すると合図があります。
   - マイクに向かって解答を話します。制限時間になると、自動で録音が終了
     します。

Writing Section

1. リーディング
   - 文章が表示されます。
   - 制限時間の3分が過ぎると、自動的にリスニングに進みます。

2. リスニング
   - 講義の写真が表示され、音声が再生されます。

3. 質問
   - 指示と質問が表示されます。
   - Integrated Task では、画面の半面に、1の文章が再び表示されます。
   - 画面の解答欄に解答をタイプします。

4. 書いているテキストのコピー、カット、ペースト
   - マウスをドラッグして該当箇所を選択してから、画面上の Copy、Cut を
     クリックします。

- コピー、カットしたものを貼り付けたい位置にカーソルを合わせ、Paste をクリックします。
- 画面右上には、入力済みテキストの語数が表示されます。

5. キーボードの注意点
- キーボードの文字配列は、いわゆる Qwerty 方式と呼ばれる一般的なものですが、日本の JIS 配列ではなく米国式配列なので、( ) や : などの記号類を入力する際には注意が必要です。各受験者の席にガイドがあります。

ETS の TOEFL 公式模擬テストサイト

　Practice Test Online は過去問で自分の実力を試せるテストです。値段はキャンペーンなどもあり変動しますが一回 4000 円〜 5000 円で自宅の PC で受験できます。公式 TOEFL iBT は高額なので、Practice Test を何度も受験して安定した点が出せるようになってから公式 TOEFL を受験するようにしましょう。

　テストが終わると Reading、Listening の点数はその場で表示されます。Speaking と Writing は機械採点なので、多少時間がかかりますが、遅くとも 24 時間以内には表示されます。（大体は一時間以内に表示されます。）

　Speaking はスコア以外にも受験者の Delivery の評価について客観的なフィードバックがもらえます。流暢さや、発音、語彙の使い方など 7 項目について偏差値がわかります。この分析では Speaking の採点要素である Topic Development には触れられていないので、このフィードバックがスコアの良し悪しと直結しているわけではありませんが、話し方のどこを特に直したらよいのかなどがわかります。公式テストの結果は単なるスコアのみですので、かなり受験者にとって有益な情報です。

　受験者は 180 日間 Review 機能を利用できます。4 技能すべて問題を復習できますので、Practice Test Online をうまく活用しましょう。https://www.officialtestprep.jp/fs/officialprep/tpo、または TOEFL iBT Complete Practice Test で検索してみましょう。

第2章

各セクションの
攻略

Reading Section 攻略

　Reading セクションでは 750 語前後のパッセージをふたつ読み、それぞれ 10 問の設問に答えます。制限時間は 36 分です。

　Reading Section で扱われるパッセージは、英語圏の大学の教養課程の教科書の抜粋ということになっています。大学 1 年生が学ぶ基礎的な教養科目ですが、扱われる分野は人文、科学、芸術に至るまで多岐にわたります。内容は一般的な事柄で、設問に答えるにあたって専門知識は必要とされません。また、設問の答えとなる情報はすべてパッセージの中に書かれています。設問に答えるための情報をいかに短時間で正確に得られるかが、このセクションで高得点を出すためのカギです。

　Reading の制限時間は 36 分で、1 パッセージ 18 分のペースで解答します。
　ほとんどの設問は四肢択一です。前の問題に戻って解答を訂正することもできますし、Review ボタンを押すと設問の一覧が出てきますので、確認したい設問をすぐに見つけ出すことができます。

問題の解き方

　このセクションではひとつのパッセージを 18 分で終えなければいけませんが、セクション点 25 点未満の受験者は 750 語のパッセージの全体を読み 10 問の設問に答えることは時間的にかなり余裕がないと感じられると思います。また全体を読むことに時間を費やしているとなかなか高得点に結びつきません。英語のアカデミックパッセージ（文章）のパラグラフ（段落）構成を理解して効率よく問題を解いていきましょう。

　英語のパッセージは基本的には全体の概要を述べる Introductory Paragraph、詳細を述べる Body Paragraph、最後に論点をまとめる Concluding Paragraph から構成されていますが、Reading Passage はテキストからの抜粋という形をとっているので、Concluding Paragraph がない場合が多くあります。

　Body Paragraph ではひとつのアイデアを論じる、という原則がありますので、論点ごとに Body Paragraph があると考えてください。Body Paragraph の最初

の文を Topic Senence と呼びます。Topic Sentence の役割は前のパラグラフからのつながりと、そのパラグラフの要点を示すことにあります。それに続いてその論点の説明（理由）、具体例、と展開していきます。

では実際の問題に取り組んでみましょう。Reading セクションの最初のスクリーンではパッセージ全体が画面に表示されますが、ここで読んでいると時間が足りなくなるので、画面右端にある矢印をスクロールダウンし、[Next] ボタンをクリックして次の画面に移ります。スクロールダウンしないと [Next] ボタンをクリックできないので注意してください。次の画面で一番上にタイトルが見えていない場合は、スクロールアップし、タイトルを確認します。何についての話か、タイトルから情報を集めます。

Reading セクションの最後の設問では、全体の要約を要求されますので、パッセージ全体の論点を把握しながら設問を解かなくてはなりません。以下の点を踏まえながらそれぞれの設問に該当する部分を読んで解答していきます。
- Introduction をしっかり読み、話の内容を把握する。もし Introduction が長い場合は最初の 4 行と最後の文をしっかり読んで把握する。
- 各 Body Paragraph の Topic Sentence をしっかり読みそれぞれのパラグラフの論点を理解する。もし Topic Sentence が長い場合は、主節の主語、動詞だけを抜き出して内容を把握する。
- それぞれの設問に該当する箇所を探し、回答する。

読む時間がかかる、という受験者は、まずは主節の主語、動詞（プラス目的語、補語）を探して読む習慣をつけましょう。文を最初から最後まで丁寧に読んでいると、何が大切な情報で何が枝葉の情報か瞬時に把握するのが難しくなるので、主要情報を把握することを心がけましょう。

TOEFL iBT® とは｜各セクションの攻略｜Reading｜Listening｜Speaking｜Writing｜セクション別・レベル別 学習アドバイス｜模試 問題｜模試 解説

設問のタイプは 9 種類あります。

設問タイプ 1：Factual Information Questions

具体的な情報についての設問で、各パッセージに 2 ～ 3 問あります。パッセージの中に書かれている情報と合致する選択肢を選びます。答えの根拠は必ず本文の中にあります。しっかり確認することで正答率が上がります。設問の形式には次のようなものがあります。

> According to the passage, who/when/where/what/how/why ...?
> （文章によれば、誰が／いつ／どこで／何が／どのように／なぜ……ですか）
> According to paragraph X, which of the following is true of ...?
> （第 X パラグラフによれば、……について本当なのは次のうちどれですか）

設問タイプ 2：Negative Factual Information Questions

パッセージの中に書かれている情報と合致しない選択肢を選ぶ設問で、各パッセージに 1 ～ 2 問あります。この問題では、正答以外の情報が必ず本文中にあります。時間はかかりますが、正確な情報を表す選択肢を消去して行けば、必ず正答にたどり着きます。面倒ですが、丹念に情報を確認すれば点数アップにつながります。設問の形式は次のようなものがあります。

> All of the following are mentioned in paragraph X as ... EXCEPT
> （次のすべては第 X パラグラフで……として言及されていますが、例外は）
> According to the passage, which of the following is NOT ...?
> （文章によれば、次のうちどれが……ありませんか）

設問タイプ3：Inference Questions

　情報を推測して答える設問で、各パッセージに1〜2問あります。パッセージの情報から、推測できる選択肢を選びます。答えに当たる部分は明記されていませんが、根拠となる事項は必ず記載されていますから、該当箇所をまずは把握して、筆者の意図するところを考えます。

　設問形式は次のようなものがあります。

Which of the following can be inferred about ... ?

（次のうちどれが、……について推測できますか）

The author of the passage implies that

（この文章の筆者が暗示しているのは）

Which of the following can be inferred from paragraph X about?

（第Xパラグラフから、次のうちどれが推測できますか）

It is suggested in paragraph X that （第Xパラグラフで示唆されているのは）

設問タイプ4：Rhetorical Purpose Questions

　著者の意図を問う問題で、各パッセージに1〜2問あります。著者がパッセージでなぜある特定の情報に言及しているのかを問われます。「筆者がなぜ、XXXを例として挙げているのか」などを聞かれる場合は、それぞれのBody Paragraphが要点⇒具体例の順に展開されていることを思い出してください。なぜその例を挙げているか、の理由は例の前の文にあるはずです。

　例えば次のような設問があります。

The author discusses ... in paragraph X in order to

（筆者が何のために第Xパラグラフで……について論じているかというと）

Why does the author mention ...? （筆者はなぜ……に言及しているのですか）

The author uses ... as an example of （筆者は……を〜の例として使っています）

設問タイプ5：Vocabulary Questions

　語彙問題で、各パッセージに1〜2問あります。パッセージ内で使われている語（句）と、同じ意味を持つ語（句）を選びます。多くの場合は選択肢だけ見て解答できるでしょう。単語を知らなければこの設問には答えられませんから、わからなければ無駄な時間をかけずに先に進みましょう。
　以下のような問題があります。

> The word ... in the passage is closest in meaning to
> 　　　　　　　（パッセージ中の……という語に最も意味が近いのは）
> The phrase ... in the passage is closest in meaning to
> 　　　　　　　（パッセージ中の……という句に最も意味が近いのは）

設問タイプ6：Sentence Simplification Questions

　文言い換え問題で、各パッセージに0〜1問あります。パッセージでハイライトされている文が正しく言い換えられている選択肢を選びます。指示文はどのパッセージでも同じですから、しっかり理解しておきましょう。この問題の解き方は p.51 に詳しく解説してあります。参考にしてください。

> Which of the following best expresses the essential information in the highlighted sentence? Incorrect answer choices change the meaning in important ways or leave out essential information.
> （次の文のうち、マーカーの付けられた文の最も重要な内容を表しているのはどれですか。誤った選択肢は、その意味を大きく変えたり本質的な内容を抜かしています）

設問タイプ7：Insert Text Questions

　文挿入問題で、各パッセージに1問あります。パッセージの中で太字で示された文が入るべき場所を探します。具体的には [■ A] 〜 [■ D] の4カ所の中から1カ所を選びます。この問題も指示文はすべてのパッセージで同じですから、覚えてください。

Look at the four squares [■] that indicate where the following sentence could be added to the passage.

＜挿入する文が、ここに太字で示されます＞

Where would the sentence best fit?

（次の文を付け加えることのできる箇所を示した 4 つの四角形（■）を見てください。この文はどこに最もよく当てはまるでしょうか）

設問タイプ 8：Prose Summary

　要約問題で、ほとんどのパッセージに 1 問あります。パッセージ全体の要約を完成させるタイプの問題です。要約の第 1 文が表示され、それに続く文を 6 つの選択肢の中から 3 文選びます。この設問も指示文は、どのパッセージでも同じなので、ここでしっかり理解しておきましょう。配点は 2 点で、正答数が 0 〜 1 は 0 点、2 文正しい選択肢を選ぶと 1 点、3 文とも正しい選択肢を選べれば 2 点です。この設問タイプ 8 と次に解説するタイプ 9 は、各パッセージにどちらか 1 題が出題されます。

An introductory sentence for a brief summary of the passage is provided below. Complete the summary by selecting the THREE answer choices that express the most important ideas in the passage. Some sentences do not belong in the summary because they express ideas that are not presented in the passage or are minor ideas in the passage. This question is worth 2 points.

＜最初の文が、ここに太字で示されます＞

（この文章の簡潔な要約の書き出しの文を以下に示します。文章の最も重要な考えを表す 3 つの選択肢を選んでこの要約を完成させてください。要約に合わない文は、文章の中に示されていない考えや、文章の中で重要ではなかったりする考えを述べています。この問題の配点は 2 点です）

　正しい選択肢は必ず提示される要約の 1 文目の説明になっています。パッセージの内容と情報がずれているものはもちろん不正解ですが、細かい情報は内容が正しくても要約に含めるべきではないので正解ではありません。

　表の穴埋め問題で、各パッセージに 0 ～ 1 問あります。このタイプの問題は、パッセージで 2~3 の事柄が比較されているような場合に出題されます。あらかじめ表が画面に示され、空いている欄に適切な選択肢をドラッグ & ドロップします。パッセージを読んでいるときに比較・対照の文であると気づいたら、簡単なメモを取っておくと、この問題を解く際に役立ちます。この問題の指示文も大体似通っていますので意味を理解しておいてください。配点は 3 点で、正答数が 0 ～ 2 は 0 点、正答数 3 で 1 点、正答数 4 で 2 点、正答数 5 で 3 点です。

Complete the table below to summarize information about [the xxx types of yyy] discussed in the passage. Match the appropriate statements [to the concepts] with which they are associated. TWO of the answer choices will NOT be used. This question is worth 3 points.

（下の表を完成させて、[yyy の xxx タイプについて] パッセージで論じられている情報を要約してください。適切な説明を関連する [考えと] マッチさせてください。選択肢のうちふたつは使われません。この問題の配点は 3 点です）

練習問題

　では、実際の TOEFL iBT レベルの Reading 模擬問題に挑戦してみましょう。パッセージはひとつです。制限時間は18分で問題数は10問です。まず、以下の「手順1」に従って18分測って問題を解いてください。そのあと、時間の制限は設けずに、「手順2」に従って読み直しをしてください。

手順1

1. タイトルと Introductory Paragraph を読み、話題は何かを理解する。
2. 設問からキーワードを特定し、それの答えに該当する部分を本文から探し、選択肢から答えを選ぶ。
3. 同時並行して各パラグラフの最初の文（Topic Sentence）を読み、話の流れをつかむ。最後の問題はパッセージ全体に関する問題だが、大体の受験者はパッセージの最初に戻って読む時間はないと思われるので、各パラグラフの Topic Sentence の情報を基に解答する。

手順2

　解答・解説・訳を見る前に、今度はじっくり時間をかけて、以下の点に留意しながらパッセージを読みます。
1. 設問の答えはパッセージのどこかに必ず書いてあるので、どこに書いてあるのか探し下線を引く。
2. 繰り返し出てくる単語・語句で、意味がわからないとパッセージの内容が理解できないと思われるものの意味を調べる。
3. わかりにくい文の主語と述語に印を付ける。

　ここまで終わったら、解説を読み、自分の解答と比べてください。訳文、語注は最後に読み、内容を確認します。では、次ページからの問題に挑戦しましょう。

Geographic Speciation

The evolutionary paths of all species are influenced by three factors: mutation, natural selection, and genetic drift. A mutation occurs when there is a random, sudden change in an individual's genetic code, making it distinct from other members of its species. This may occur at any time, but if it does not give the organism any advantage over other members of the species, the change is unlikely to be passed down for many generations. Genetic drift also involves chance, but it is a much more gradual process. Genes govern particular traits of an organism, but they can yield different results each time the organisms reproduce. These possible results are called alleles, and as a species evolves, the number of possible alleles becomes smaller, gradually homogenizing the species. Natural selection, often referred to as survival of the fittest, occurs when environmental factors force organisms to adapt in order to survive and reproduce, which inevitably changes the species as a whole. These factors often act in combination, and the end result of the changes they cause is new species. Therefore, this evolutionary process is called speciation.

According to evolutionary biologist Ernst Mayr, a species is defined as a group of organisms that can produce viable offspring with others in their own group and do not interbreed with other groups. Each species is the result of its own genetic history and how it was influenced by unpredictable interactions. Every genetic history is unique, but they can be grouped according to some recurring patterns. The origin of any new species can usually be traced back to a physical separation of the original population, which is called allopatric speciation. The separation is usually caused by an impassable physical object like a river, canyon, mountain range, or ocean. Once the population is separated into two or more groups, those groups begin to take different evolutionary paths from each other. Due to the aforementioned factors, different traits become dominant, gradually altering the groups into populations that can no longer successfully mate when reintroduced, thereby creating new species.

The likelihood of a physical barrier dividing a species is completely dependent upon that organism's regular means of travel. For example, small rivers in the Amazon have proven sufficient to create new species of leaf-cutter ants, but much larger barriers are usually required. This means that speciation due to geographic isolation is usually a very slow process. The

Grand Canyon took millions of years to form, but it eventually divided a rodent population, resulting in different species living to the north and south of it. A similarly slow geological process occurred in Central America. Originally, North and South America were not connected, and a species of shrimp lived in the ocean between them. However, a chain of volcanoes developed, creating what is now the Isthmus of Panama, separating the population into two groups which evolved differently.

Within this larger concept there are two subgroups. In the first, one of the populations is much smaller than the other, which causes it to change much more rapidly. A smaller population equals a smaller gene pool, meaning that certain traits can become dominant much faster. As a result, the larger parent population remains largely unchanged, while the isolated smaller group may be radically different. This form of speciation is called peripatric. In the other, the population is not divided or isolated by a physical barrier, but by distance. The parent population is spread out over a vast area, and while they are capable of mating with members of any other group, members of a particular group only mate with each other. These small groups often exist in different environments than the rest of the population, causing them to express different genetic traits. This form of speciation is called parapatric.

One of the best areas to observe these forms of speciation is within archipelagos like the Galapagos Islands or the Hawaiian Islands. These island chains are located neither too far from the continents around the Pacific Ocean nor too close to them. So, when animals do survive the journey to them, they usually remain. If they manage to reproduce, then they have the potential to become firmly established on the islands. This is because they left their natural predators behind on the mainland, and their population is often only limited by the available food supply. One example of this is the Galapagos finches, which contributed greatly to Darwin's theories regarding evolution. As they settled in their new home, they began to change physically to exploit the local food supply (allopatric speciation). Individual islands could not support a large population, so the traits necessary to eat the food available on each quickly became dominant. Large, blunt beaks developed to eat seeds and nuts; long, thin ones to feed on nectar; and medium ones to eat insects (peripatric speciation). And, although the finches were perfectly capable of traveling to other islands, the majority of them did not, which resulted in the 15 species that eventually developed (parapatric speciation).

1. According to paragraph 1, what is the difference between mutation and natural selection?
   (A) Natural selection is a much quicker process than mutation.
   (B) Mutation is a result of an organism's attempt to accommodate itself to sudden changes.
   (C) Natural selection is a result of environmental changes, while mutation is a result of genetic changes.
   (D) Natural selection occurs randomly, whereas mutation occurs only when there is great change in the genes of organisms.

2. The word recurring in paragraph 2 is closest in meaning to
   (A) developing
   (B) limiting
   (C) laboring
   (D) reappearing

3. According to paragraph 2, all of the following are true about allopatric speciation EXCEPT
   (A) It occurs due to a physical separation.
   (B) It refers to changes caused by encounters between two different species.
   (C) Each group steadily develops traits which are different from the other's.
   (D) Geographic factors such as rivers, mountain ranges and oceans contribute to it.

Geographic Speciation

P1   The evolutionary paths of all species are influenced by three factors: mutation, natural selection, and genetic drift. A mutation occurs when there is a random, sudden change in an individual's genetic code, making it distinct from other members of its species. This may occur at any time, but if it does not give the organism any advantage over other members of the species, the change is unlikely to be passed down for many generations. Genetic drift also involves chance, but it is a much more gradual process. Genes govern particular traits of an organism, but they can yield different results each time the organisms reproduce. These possible results are called alleles, and as a species evolves, the number of possible alleles becomes smaller, gradually homogenizing the species. Natural selection, often referred to as survival of the fittest, occurs when environmental factors force organisms to adapt in order to survive and reproduce, which inevitably changes the species as a whole. These factors often act in combination, and the end result of the changes they cause is new species. Therefore, this evolutionary process is called speciation.

P2   According to evolutionary biologist Ernst Mayr, a species is defined as a group of organisms that can produce viable offspring with others in their own group and do not interbreed with other groups. Each species is the result of its own genetic history and how it was influenced by unpredictable interactions. Every genetic history is unique, but they can be grouped according to some recurring patterns. The origin of any new species can usually be traced back to a physical separation of the original population, which is called allopatric speciation. The separation is usually caused by an impassable physical object like a river, canyon, mountain range, or ocean. Once the population is separated into two or more groups, those groups begin to take different evolutionary paths from each other. Due to the aforementioned factors, different traits become dominant, gradually altering the groups into populations that can no longer successfully mate when reintroduced, thereby creating new species.

4. The word sufficient in paragraph 3 is closest in meaning to
   (A) adequate
   (B) prevalent
   (C) frequent
   (D) scarce

5. Why does the author mention the Isthmus of Panama in paragraph 3?
   (A) To give an example of geographic isolation that caused the speciation of an organism
   (B) To show what affects the speciation of marine species as opposed to terrestrial species
   (C) To demonstrate the consequences of long-term geological changes in Central America
   (D) To point out how important volcanic eruptions are in the evolution of species

6. The author develops the overall concept in paragraph 4 by
   (A) providing exceptions to the rule that physical isolation brings about speciation
   (B) comparing two different forms of speciation
   (C) defining some biological terms and explaining their origins
   (D) raising a counterargument to the aforementioned issues

P3 The likelihood of a physical barrier dividing a species is completely dependent upon that organism's regular means of travel. For example, small rivers in the Amazon have proven sufficient to create new species of leaf-cutter ants, but much larger barriers are usually required. This means that speciation due to geographic isolation is usually a very slow process. The Grand Canyon took millions of years to form, but it eventually divided a rodent population, resulting in different species living to the north and south of it. A similarly slow geological process occurred in Central America. Originally, North and South America were not connected, and a species of shrimp lived in the ocean between them. However, a chain of volcanoes developed, creating what is now the Isthmus of Panama, separating the population into two groups which evolved differently.

P4 Within this larger concept there are two subgroups. In the first, one of the populations is much smaller than the other, which causes it to change much more rapidly. A smaller population equals a smaller gene pool, meaning that certain traits can become dominant much faster. As a result, the larger parent population remains largely unchanged, while the isolated smaller group may be radically different. This form of speciation is called peripatric. In the other, the population is not divided or isolated by a physical barrier, but by distance. The parent population is spread out over a vast area, and while they are capable of mating with members of any other group, members of a particular group only mate with each other. These small groups often exist in different environments than the rest of the population, causing them to express different genetic traits. This form of speciation is called parapatric.

7. According to paragraph 5, what enabled animals to settle down on archipelagos such as the Galapagos Islands or Hawaiian Islands?
   (A) The absence of their natural predators
   (B) Such islands are inaccessible to humans
   (C) Abundant food resources in the marine environment
   (D) Their proximity to large continents

8. According to paragraph 5, all of the following are true EXCEPT
   (A) Darwin's theory of evolution is partly based upon the finches in the Galapagos Islands.
   (B) Some archipelagos in the Pacific Ocean are ideal places to observe the evolution of species.
   (C) The Galapagos Islands were a proper place to observe speciation because of their climate.
   (D) The physical traits of the finches changed in response to the environment of the islands.

9. Look at the four squares [■] that indicate where the following sentence could be added to the passage.

   These birds came to the islands from South America, effectively isolating themselves from their parent population.

   Where would the sentence best fit?
   (A)
   (B)
   (C)
   (D)

P5　One of the best areas to observe these forms of speciation is within archipelagos like the Galapagos Islands or the Hawaiian Islands. These island chains are located neither too far from the continents around the Pacific Ocean nor too close to them. So, when animals do survive the journey to them, they usually remain. If they manage to reproduce, then they have the potential to become firmly established on the islands. [■A] This is because they left their natural predators behind on the mainland, and their population is often only limited by the available food supply. [■B] One example of this is the Galapagos finches, which contributed greatly to Darwin's theories regarding evolution. [■C] As they settled in their new home, they began to change physically to exploit the local food supply (allopatric speciation). [■D] Individual islands could not support a large population, so the traits necessary to eat the food available on each quickly became dominant. Large, blunt beaks developed to eat seeds and nuts; long, thin ones to feed on nectar; and medium ones to eat insects (peripatric speciation). And, although the finches were perfectly capable of traveling to other islands, the majority of them did not, which resulted in the 15 species that eventually developed (parapatric speciation)

10. **Directions:** An introductory sentence for a brief summary of the passage is provided below. Complete the summary by selecting the THREE answer choices that express the most important ideas in the passage. Some sentences do not belong in the summary because they express ideas that are not presented in the passage or are minor ideas in the passage. This question is worth 2 points.

Speciation is the evolutionary process that occurs when a group of organisms is geographically isolated from the original population.

-
-
-

Answer Choices

(A) Mutation, genetic drift, and natural selection take place in combination, thus causing species to evolve.

(B) The advent of new species is the result not of genetic alteration, but of physical separation.

(C) The definition of a species includes organisms which can mate and produce viable offspring.

(D) It is not easy to observe how a new species emerges, since there are various forms of speciation.

(E) Physical barriers separate a species into two or more groups, and speciation gradually progresses afterward.

(F) The Galapagos finches, which were provided with an ideal environment for evolution, are a great example of speciation.

Drag your answer choices to the spaces where they belong. To remove an answer choice, click on it. To review the passage, click on **View Text**.

練習問題の解説

設問に取り掛かる前に Introductory Paragraph を読んで、パッセージの内容についてある程度理解しましょう。Introductory Paragraph のはじめの文は、The evolutionary paths of all species are influenced by three factors: mutation, natural selection, and genetic drift. です。種 の 進化 の 過程 は mutation「突然変異」、natural selection「自然淘汰」、genetic drift「遺伝的浮動」の 3 つの要因に影響を受ける、という文で始まり、そのあとに簡潔に 3 つの要因が説明され、このパラグラフ最後の文で、Therefore, this evolutionary process is called speciation.「この進化の過程が speciation（種の分化、種の形成）と呼ばれる」と結んでいます。ここまで理解したら設問に答えます。

設問はパッセージの順序に沿っていますから、読みながら順番に問題を解いていくとよいでしょう。また、どのパラグラフを読んで答えを導き出せばよいか示されているので、該当箇所を読むように気をつけます。

1. According to paragraph 1, what is the difference between mutation and natural selection?

　この設問はタイプ 1 の「具体的な情報について問う問題」です。キーワードは mutation（突然変異）と natural selection（自然淘汰）なので、パラグラフ 1 の中で mutation について書かれている箇所と natural selection について書かれている箇所を探します。A mutation occurs when there is a random, sudden change in an individual's genetic code, making ...「mutation は個々の遺伝子情報に予期しない突然の変化があったときに起こる」、および Natural selection, ..., occurs when environmental factors force organisms to adapt in order to survive and reproduce「natural selection は、……生命体が生き残り子孫を残すために環境要因に従わざるを得ないときに起こる」という情報から、(C) の Natural selection is a result of environmental changes while mutation is one of genetic changes. が正解であることがわかります。

次の設問を解く前にここでパラグラフ 2 の Topic Sentence に目を通しておきます。According to evolutionary biologist Ernst Mayr, **a species is defined** as a group of organisms that can produce viable offspring with others in their own group and do not interbreed with other groups.

太字の a species is defined... のところが主節の主語、動詞ですから、このパ

45

ラグラフで述べられているのは「種の定義」であることがわかります。species「種」は自分たちのグループ内で子孫を残し、他のグループとは交配を行わないグループとして定義されています。

参考までに Topic Sentence の日本語訳は「進化生物学者のエルンスト・マイヤーによると、生物種とは自分の属する集団の中で生存能力を持った子孫を生むことができ、他の集団と異種交配しない生物の集団と定義される」。

2. The word recurring in paragraph 2 is closest in meaning to

この問題はタイプ5の「語彙問題」です。recur「繰り返される」の意味がわからない場合の解き方を考えてみます。Every **genetic history is unique**, but **they can be grouped** according to some **recurring** patterns. 「遺伝的な来歴はすべて独特のものだが、繰り返し見られるいくつかのパターンに分類することができる」という文の中で recurring は patterns を説明し、「（　　）パターンによって分類することができる」とも書かれています。developing は一見当てはまりそうですが、文の前半に genetic history「遺伝子の経歴」と、「発達の過程」とも取れる言葉があるのに対し、接続詞 but が使われていますから、後半は前半の意味とは相反する文がこなくてはなりません。したがって developing は不正解です。limiting「限定する」、laboring「苦労する」では文が意味をなしません。したがって reappearing「繰り返し現れる」が正解です。

3. According to paragraph 2, all of the following are true about allopatric speciation EXCEPT

この設問はタイプ2で「間違った選択肢を選ぶ問題」です。設問の中からキーワードを探し本文の中でそのキーワードが書かれている文を探します。この設問のキーワードは allopatric speciation で、第2段落、前の問題 recurring のあとを探すと allopatric speciation という語があるのでその周辺を読みます。その説明には physical separation「物理的な分離」とありますから、選択肢 (B) の「異なったふたつの種が出会ったとき」が間違っていることがわかります。この問題のように明白に間違いがわかる箇所が見つけられない場合もあります。その場合は、残りの3つの選択肢に書かれていることは正しい情報ですから、その情報を探し出すことで正解を導き出すことができます。時間はかかりますが確実に正しい選択肢を見つけられますから、他の設問より時間をかけて情報をチェックし、正答を導き出してください。

ここでパラグラフ3の Topic Sentence をチェックします。The **likelihood** of a physical barrier dividing a species **is** completely **dependent upon** that organism's regular means of travel. の文の主語は likelihood、動詞、補語は is dependent upon... と続きますから、このパラグラフでは物理的障害が種の分化に果たす可能性について述べられていることがわかります。「種を分断する物理的障害があるかどうかは、その生物の通常の移動方法に完全に左右される」。

4. The word │ sufficient │ in paragraph 3 is closest in meaning to

この問題もタイプ5の「語彙問題」です。sufficient は「十分な」という意味ですから、(A) の adequate「適切な、十分な」が正解です。sufficient のある文は、For example, small rivers in the Amazon have proven **sufficient** to create new species of leaf-cutter ants, but much larger barriers are usually required.「例えば、アマゾン川の小さな支流は、ハキリアリの新種を生み出すのに十分なことがわかっているが、多くの場合はもっと大きな障壁が必要となる」です。prove は「……であることがわかる」という自動詞で、第2文型を取ります。この文型は「主語＝補語」の関係ですから river = sufficient です。frequent、scarce のような頻度を表す形容詞は river を説明するには適切ではありません。また prevalent「普及している」も、そのあとに to create new species と続くのは不自然です。

5. Why does the author mention the Isthmus of Panama in paragraph 3?

これは「著者の意図を問う」タイプ4の設問です。設問の中の Isthmus of Panama という語句がキーワードです。まずこの語句が書かれている箇所を探します。North and South America were not connected, and a species of shrimp lived in the ocean between them. However, a chain of volcanoes grew, creating what is now the Isthmus of Panama, separating the population into two groups which evolved differently.「もともと北米と南米は地続きではなく、一種のエビがその間の海に生息していた。しかし、火山帯が成長して今のパナマ地峡が形成され、この集団を異なる進化を遂げたふたつの集団に分離したのである」。この文章の前の部分では陸生の動物の例として、The Grand Canyon によって行き来を妨げられ、ふたつの違う種に分化してしまった rodent population「齧歯類の集団」が挙げられ、海洋生物の例として、火山帯が成長して形成された Isthmus of Panama「パナマ地峡」によって a species of shrimp「エビの種」がふたつのグループに分かれたことが挙げられ

47

ているので、答えは (A) です。(B) は海洋生物と陸上生物について述べていますが、本文ではこの 2 種類の生物を対比させているわけではないので不可です。

　ここでパラグラフ 4 の Topic Sentence をチェックします。Within this larger concept there are two subgroups. 「このような広い概念の中にはふたつの部分群がある」とあり、このパラグラフはふたつの下位グループについて述べられていることがわかります。

6. The author develops the overall concept in paragraph 4 by

　この問題は「著者の意図を問う」タイプ 4 の問題です。このパラグラフはふたつの下位グループについて述べられており、In the first 以下でひとつのグループについて説明され、In the other からもうひとつのグループについての説明が続き、ふたつのグループが対比されています。したがって、答えは (B)。

7. According to paragraph 5, what enabled animals to settle down on archipelagos such as the Galapagos Islands or Hawaiian Islands?

　タイプ 1 「具体的な情報を問う問題」です。第 5 パラグラフの Topic Sentence を読むと、第 4 パラグラフで示された「種の分化」は the Galapagos Islands or the Hawaiian Islands で見られるとあります。This is because they left their natural predators behind on the mainland, ... 「これは、彼らが大陸の天敵から逃れてきており、……」とあるので (A) が正解です。

8. According to paragraph 5, all of the following are true EXCEPT

　これはタイプ2「間違った情報を選ぶ設問」です。本文と選択肢を照らし合わせてみましょう。以下のように選択肢 (A)、(B)、(D) に該当する部分が本文の中にあります。したがって答えは情報のなかった (C) です。

(A) Darwin's theory of evolution is partly based upon the finches in the Galapagos Islands.
　　→ One example of this is the Galapagos finches, which contributed greatly to Darwin's theories regarding evolution.
(B) Some archipelagos in the Pacific Ocean are ideal places to observe the evolution of species.
　　→ One of the best areas to observe these forms of speciation is within archipelagos like the Galapagos Islands or the Hawaiian Islands.

(D) The physical traits of the finches changed in response to the environment of the islands.

→ As they settled in their new home, they began to change physically to exploit the local food supply.

9. Look at the four squares [■] that indicate where the following sentence could be added to the passage.

These birds came to the islands from South America, effectively isolating themselves from their parent population.

Where would the sentence best fit?

タイプ7の「文挿入問題」です。まず、挿入する文をよく読み、人称代名詞、指示代名詞、定冠詞に注目します。この文では、はじめの these birds がキーワードです。鳥の話に続く文ですから、鳥の話題が出てくる箇所を探します。(A) の前の文の主語は animals で、(A) の前後に出てくる人称代名詞 they は animals を指しています。(B) のあとに the Galapagos finches が出てきます。finches が鳥だとわかれば、挿入文を (C) にすぐ入れられるでしょう。わからない場合も読み進んでみると finch 以外の動物の記載のないこと、(D) のあとに beak「くちばし」という語があることから finch は鳥だと判断できます。

10.Directions: An introductory sentence for a brief summary of the passage is provided below. Complete the summary by selecting the THREE answer choices that express the most important ideas in the passage. Some sentences do not belong in the summary because they express ideas that are not presented in the passage or are minor ideas in the passage. This question is worth 2 points.

Speciation is the evolutionary process that occurs when a group of organisms is geographically isolated from the original population.

これはタイプ8の「要約問題」です。要約文の最初の文が示されているので、この文をよく読んで、これに続く選択肢を3つ選びます。第1文は「speciation の定義」ですから、定義付けを説明する文が続くはずです。まず選択肢から3つ選んでみて、それから残った選択肢がなぜ要約に入るべきではないか検証します。

この問題の答えは (A)、(E)、(F) です。選択肢 (B) は the result not of genetic alteration の箇所が本文の情報と相反しています。選択肢 (C) は The definition of a species で始まり、Speciation を説明しているパラグラフとは内容的にかけ離れています。選択肢 (D) の It is not easy to observe 「観察することが容易ではない」は本文中に記述がありません。

以上で練習問題の設問解説は終わりですが、この練習問題では設問タイプ 3、6、9 が出題されていませんでしたので、違うパッセージの例を使って説明します。

Without human intervention, wildfires play a vital role in the survival of forests. Although the damage they cause may seem severe, and it may take the forest an extensive period to recover, they actually ensure the forest's survival. Over time, the trees in the forest drop branches, leaves and needles, which accumulate on the forest floor. This material takes about half a century to break down enough for other plants to utilize it, but if it burns it can be used much faster. This vegetable matter also piles up faster than it can decompose, often creating a thick layer that prevents new saplings from taking root in the soil and replacing the older trees. Not only that, but if periodic minor fires are prevented, this ever-thickening layer will only serve to intensify the magnitude of the inevitable blaze that will occur. A prime example of this situation is the fires that ravaged Yellowstone National Park in 1988.

Question: In paragraph 2, the author implies that
   (A) wildfires hinder the decomposition process of dead leaves
   (B) wildfires help save forests by burning the layer of dead branches and leaves
   (C) wildfires may develop into a conflagration unless preventative measures are taken
   (D) wildfires destroy old trees, allowing young ones to grow

---

これはタイプ 3 の「情報を推測し答える質問」です。推測して答えるのですが、根拠となる情報は必ずパッセージの中に書かれています。ハイライトした文に、「林床に積もった枝や葉が腐敗分解し、他の植物が栄養として利用できるまで優に半世紀以上がかかるが、もし焼き尽くされればもっと早く利用可能である」と書かれているので、「山火事が林を救う」という (B) が正解となります。

次にタイプ6の「文言い換え問題」を見てみましょう。

> The current policy is to let fires that begin naturally burn, and monitor them closely. Fire management only intervenes when the parameters of weather, size, and potential danger to wildlife and nearby human communities are exceeded. Fires that are caused by humans are still quickly suppressed through. To protect park structures and nearby communities, underbrush and other fuel sources are manually removed within 400 feet of any structure. They are also removed from risk areas as designated by the Hazard Fuels Reduction Plan. There have been around 300 natural fires since the late 1970s that officials have allowed to burn with little or no effort to control them, and the areas where they struck have since flourished.
>
> Question: Which of the following best expresses the essential information in the highlighted sentence? Incorrect answer choices change the meaning in important ways or leave out essential information.
> (A) Since the late 1970s officials have let around 300 natural fires burn, which resulted in improvement in those areas.
> (B) Since the late 1970s, around 300 natural fires have struck flourishing areas, but officials could hardly control them.
> (C) Since the late 1970s, officials have set around 300 fires in order to make the areas flourish.
> (D) Since the late 1970s, around 300 natural fires which officials failed to control burned some thriving areas.

　時間がない中でこの問題を解くには、パッセージの各文と選択肢を照らし合わせながらじっくり読むことはできません。そこで、まず、ハイライトされている文の主節の主語 (S) と動詞 (V) を探します。

There <u>have been</u>(V) <u>around 300 natural fires</u>(S) since the late 1970s that officials have allowed to burn with little or no effort to control them, and <u>the areas</u>(S) where they struck <u>have since flourished</u>(V).

　この文は接続詞 and が節と節を並列関係に結んでいるので、主節の主語動詞のセットが2組あります。「自然の山火事が300件あった」ということと、「その場所に木が茂った」という情報です。これが核になります。このふたつの情報を含む選択肢を探します。(A) は両方の情報を含んでいます。(B) は「山火事が

最も木の茂ったところで起きた、政府は制御できなかった」とあり、どちらの情報も本文とは内容が違います。(C) は「政府が火をつけた」とありますから、これもまったく内容が異なります。(D) は「木の生い茂った地域を焼いた」とあり、元の情報とは違います。したがって正答は (A) です。

　最後にタイプ 9「表の穴埋め問題」を見てみましょう。

Directions: Complete the table below with information about the two styles of architecture discussed in the passage. Match the appropriate statements to the style of architecture they describe. TWO of the answer choices will NOT be used. **This question is worth 3 points.**

Architectural Style	Statements
Baroque	• •
Rococo	• • •

Answer Choices

    (A) Artists of the time preferred repetitive, naturalistic designs.

    (B) Artists often depicted violence and darker side of the society.

    (C) This style flourished from the late 16h century to the middle of the 18th century.

    (D) The style was largely replaced by the Neoclassic style by the end of the 18th century.

    (E) The style was seen to be superficial and of poor taste.

    (F) The style affected many aspects of the arts including interior decoration, literature, music, and theatre.

    (G) This style is characterized by elaborate ornamentation and curving forms.

解答例

Architectural Style	Statements
Baroque	• This style flourished from the late 16h century to the middle of the 18th century. • This style is characterized by elaborate ornamentation and curving forms.
Rococo	• Artists of the time preferred repetitive, naturalistic designs. • The style was largely replaced by the Neoclassic style by the end of the 18th century. • The style affected many aspects of the arts including interior decoration, literature, music, and theatre.

　このタイプの問題が出題されるパッセージは、2～3の事柄が対比されているものです。出題頻度はあまり高くありません。Directions にあるように、本文に関する選択肢が与えられ、該当する選択肢をドラッグ＆ドロップして表の該当箇所に移動させます。表の項目は2～3で、選択肢の中には「どちらにも該当しないもの」も必ず含まれてます。選択肢の内容が「どちらの項目にも当てはまる場合」も正解ではないことになります。

地理的な種分化

　あらゆる生物種の進化の道筋は３つの要因の影響を受ける。それは突然変異、自然淘汰、遺伝的浮動である。突然変異は個体の遺伝情報に不規則な突然の変化が生じるときに起こり、同じ種の他の個体群とは明らかに異なった特徴を示す。これはいつでも起こる可能性があるが、もしその生物と同じ種に属する他の個体群よりも有利に働かなければ、その変化は何世代にもわたって引き継がれる可能性は少ない。遺伝的浮動にも偶然の要素があるものの、それはもっと緩やかなプロセスである。遺伝子は生物に固有の特質を左右するが、その生物が生殖を繰り返すたびに異なる結果を生じさせることがある。この起こりうる異なる結果は対立遺伝子（アレル）と呼ばれるが、その種が進化するにつれて対立遺伝子の数は減少し、その種は次第に均質化していくことになる。自然淘汰はしばしば適者生存とも表現されるが、環境的な要因によって生物が生き延びて繁殖するために新たに適応することを余儀なくされるときに起こり、それが必然的にその種全体を変化させる。そうした要因は、しばしば複数のものが組み合わさって作用し、それが引き起こす変化の行き着くところは新たな種の誕生である。したがって、この進化のプロセスは種形成と呼ばれる。

　進化生物学者のエルンスト・マイヤーによると、生物種とは自分の属する集団の中で生存能力を持った子孫を生むことができ、他の集団と異種交配しない生物の集団と定義される。それぞれの種は自らの遺伝的な来歴と、予測不可能な相互作用による影響の所産である。それぞれの遺伝的な来歴は独特のものだが、繰り返し見られるいくつかのパターンに分類することができる。どのような新しい種の起源も、たいていは元となる集団からの物理的な隔離にまでさかのぼることができ、それは異所的種分化と呼ばれる。この隔離は、たいてい河川や渓谷、山脈、海洋など、越すことができない物理的な障壁によって生じる。集団がふたつ以上の集団に分離されると、そうした集団はお互いに異なった進化の道筋をたどり始める。先に述べた要因によって異なる特徴が支配的になり、お互いが再び出会ったとしても、もはやうまく繁殖できないような集団へと変化させてしまうので、ここに新しい種が誕生するのである。

　物理的な障壁が種を分離する可能性は、その生物の通常の移動方法にすべて依存する。例えば、アマゾン川の小さな支流は、ハキリアリの新種を生み出すのに十分なことがわかっているが、多くの場合はもっと大きな障壁が必要となる。このことは、地理的隔離による種分化は普通には非常にゆっくりとしたプロセスであることを意味する。グランドキャニオンが形成されるまでに数百万年かかったが、それはやがてひとつの齧歯類の集団を分離し、その北部と南部に異なる種が生息することになった。同

様にゆっくりとした地理的プロセスは中米でも起こった。もともと北米と南米は地続きではなく、一種のエビがその間の海に生息していた。しかし、火山帯が成長して今のパナマ地峡が形成され、この集団を異なる進化を遂げたふたつの集団に分離したのである。

　このような広い概念の中にはふたつの部分群がある。一方では、ひとつの集団が残りの集団よりもずっと小規模な場合に、その変化するペースがずっと速くなる。集団が小さいほど、遺伝子プールのサイズも小さくなり、ある種の特徴が支配的になるスピードも増す。その結果、大きい母集団がほとんど変化しない一方で、孤立した小さな集団がまったく異なったものになることがある。このような種分化は、周辺的と呼ばれる。他方で、集団が物理的障壁ではなく距離によって分割されたり隔離されたりすることがある。母集団が広大な地域にわたって広がると、他のどの集団とも繁殖をすることが可能だが、ある集団はその内部でしか繁殖しなくなる。こうした小集団は、その他の集団とは異なる環境に生息していることが多く、異なる遺伝子的特徴を示すようになる。このような種分化は側所的と呼ばれる。

　こうした種分化を観察するために絶好の地域のひとつが、ガラパゴス諸島やハワイ諸島のような列島の中である。こうした列島は太平洋に面した大陸から遠すぎることもなければ近すぎることもない。そのため、動物がそこまで生きてたどり着ければ、たいていその地にとどまることになる。何とか繁殖行動ができれば、その島にしっかり根付いて暮らせる可能性が出てくる。これは、彼らが大陸の天敵から逃れてきており、繁殖を制限するものはそこで利用できる餌の量だけであることが多いからである。そのひとつの例が、ガラパゴス・フィンチで、この鳥は進化に関するダーウィンの理論に大きな貢献をした。**こうした鳥たちは南アメリカからやって来て、事実上、自らを彼らの母集団から切り離した。**彼らが新しい住みかに落ち着くと、その土地の食べ物を利用するために形態を変化させ始めた（異所的種分化）。単独の島では大きな集団を支えることができなかったので、個々の島にある餌を食べるために必要な特徴がすぐに支配的になった。種子や木の実を食べるためには大きく丸みを帯びたくちばしが、果汁を吸うためには細長いくちばしが、そして昆虫を食べるためにはその中間的なくちばしが発達した（周辺的分化）。なお、フィンチは他の島々へ移動することは問題なくできたが、その大部分はそうしなかったため、やがて15種類にまで進化することになった（側所的種分化）。

1. 第 1 段落によれば、突然変異と自然淘汰の違いは何ですか。
   (A)自然淘汰は、突然変異よりもずっと変化のペースが速い。
   (B)突然変異は生物が自らを突然の変化に適応させようと試みた結果である。
   (C)自然淘汰は環境変化の結果であり、突然変異は遺伝子の変化の結果である。
   (D)自然淘汰は不規則に起こるが、突然変異は生物の遺伝子に大きな変化が起きた
      ときにのみ起こる。

2. 第 2 段落にある recurring という単語の意味に最も近いものは、
   (A) 発達中の　(B) 限定する　(C) 骨が折れる　(D) 再現する

3. 第 2 段落によると、異所的種分化について次の説明のうち唯一正しくないものは、
   (A)物理的な隔離が原因で起こる。
   (B)ふたつの異なる種が出会うことによって引き起こされる変化を指している。
   (C)それぞれの集団は、お互いに異なる特性を徐々に発達させる。
   (D)河川や山脈、海洋などの地理的要因がその一因となる。

4. 第 3 段落にある sufficient という単語の意味に最も近いものは、
   (A) 十分な　(B) 一般的な　(C) 頻繁な　(D) 乏しい

5. なぜ著者は第 3 段落でパナマ地峡に言及しているのですか。
   (A)生物の種分化を引き起こすような地理的な孤立の例を挙げるため
   (B)陸生種と対比させて、海洋生物の種分化に何が影響するのかを示すため
   (C)中央アメリカにおける長期にわたる地理的変動の影響を示すため
   (D)種の進化において火山の噴火がどれほど重要であるかを指摘するため

6. 著者が第 4 段落で包括的な概念を発展させるためにしたことは、
   (A)物理的な孤立が種分化をもたらすという規則の例外を示すこと
   (B)2 種類の種分化を比較すること
   (C)いくつかの生物学用語を定義し、その語源を説明すること
   (D)前述した問題に対して反対論を提起すること

7. 第5段落によると、ガラパゴス諸島やハワイ諸島のような群島に動物が住み着くのを可能にしたことは何ですか。
   (A) 天敵がいないこと
   (B) そうした島に人間が近づきにくいこと
   (C) その海洋環境に餌が豊富なこと
   (D) 大きな大陸に近いこと

8. 第5段落によると、次の説明のうち唯一正しくないものは、
   (A) ダーウィンの進化論は部分的に、ガラパゴス諸島のフィンチ（の観察）に基づいている。
   (B) 太平洋にあるいくつかの群島は、種の進化を観察するには理想的な場所である。
   (C) ガラパゴス諸島は、その気候のせいで種の分化を観察するのに適した場所である。
   (D) フィンチの形態的な特徴は、島の環境に応じて変化した。

9. 第2段落に次の文を付け加えることのできる箇所を示した4つの四角形（■）を見てください。

こうした鳥たちは南アメリカからやって来て、事実上、自らを彼らの母集団から切り離した。

この文はどこに最もよく当てはまるでしょうか。

10. 指示：この文章の簡潔な要約の書き出しの文を以下に示します。文章の最も重要な考えを表す3つの選択肢を選んでこの要約を完成させてください。要約に合わない文は、文章の中に示されていない考えや、文章の中で重要ではなかったりする考えを述べています。この問題の配点は2点です。

種分化は生命体の集団が母集団から地理的に分離されるときに起こる進化のプロセスである。

選択肢

(A)突然変異、遺伝的浮動、自然淘汰は組み合わさって起こり、そのようにして種を進化させる。

(B)新しい種の発生は遺伝子変化の結果ではなく、物理的な分離の結果である。

(C)種の定義には、つがいになって生存能力のある子孫を産むことができる生物が含まれる。

(D)新しい種が出現する様子を観察することが難しいのは、さまざまな形態の種分化があるからである。

(E)物理的な障壁が種をふたつ以上の集団に分離し、そのあとに種分化が徐々に進行する。

(F)ガラパゴス・フィンチは進化のための理想的な環境を与えられ、種分化の素晴らしい実例となっている。

選んだ選択肢を当てはまる場所にドラッグしてください。選択肢を取り除く場合は、その上をクリックしてください。文章を見直す場合は、View Text（テキストを見る）をクリックしてください。

geographic 地理的な、= geographical ／ speciation 種形成／ evolutionary path 進化の経路／ species （生物の）種／ mutation 突然変異／ natural selection 自然淘汰／ genetic drift 遺伝的浮動／ occur 生じる／ genetic code 遺伝情報 ／ distinct 独特な、明確な／ organism 生物／ be unlikely to ... ……しそうにない／ be passed down for many generations 何世代にもわたって受け継がれる／ involve ……を含む／ gradual 緩やかな／ gene 遺伝子／ govern …… を規定する・決定する／ particular 特定の／ trait 特徴／ yield ……を生み出す／ reproduce 繁殖する／ allele 対立遺伝子／ evolve 進化する／ homogenize …… を均質化する／ referred to as ... ……と呼ばれる／ survival of the fittest 適者生存／ environmental factor 環境要因／ force ... to ~ ……に~することを強いる／ adapt 順応する／ survive 生き残る／ inevitably 必然的に／ as a whole 全体として ／ cause ……をもたらす／ evolutionary process 進化のプロセス／ evolutionary biologist 進化生物学者／ be defined as ... ……と定義される／ viable 生存できる ／ offspring 子、子孫／ interbreed with ... ……と異種交配する／ genetic history 遺伝的履歴／ unpredictable 予測できない／ interaction 相互作用／ recurring 繰り返し起こる／ trace back to ... ……にさかのぼる／ physical separation 物理的分離／ population （生物の）集団、個体群／ allopatric speciation 異所的種分化 ／ impassable 乗り越えられない、通れない／ canyon 峡谷／ mountain range 山脈、連山／ aforementioned 前述の／ alter ... into ~ ……を~に変える／ mate （動物が）交尾する／ reintroduce （動物）を以前の生息域に再導入する／ thereby それによって／ likelihood 可能性／ physical barrier 物理的障壁／ divide ……を分

けける／ be dependent upon ... ……に依存している／ means 手段、方法／ prove ……であると判明する／ sufficient 十分な／ leaf-cutter ant ハキリアリ（中南米に生息するアリの一種）／ isolation 隔離、孤立／ eventually 最後に／ rodent population 齧歯類の動物の集団／ similarly 同様に／ a species of shrimp 小エビの一種／ a chain of ... 一連の……／ volcano 火山／ develop 発生する、発達する／ Isthmus of Panama パナマ地峡／ concept 概念／ subgroup 下位群／ rapidly 急速に／ gene pool 遺伝子プール（互いに繁殖可能な個体群の持つ遺伝子の総体を指す）／ dominant 優勢な／ parent population 母集団／ largely 大部分は／ isolated 孤立した／ radically 徹底的に／ peripatric 重なり合った地域に生息する／ be spread out 広がる、散らばる／ vast 広大な／ be capable of ... ……の能力がある／ exist 存在する／ genetic trait 遺伝形質／ parapatric 互いに接した地域に生息する／ observe ……を観察する／ archipelago 群島／ continent 大陸／ remain とどまる、居残る／ natural predator 天敵／ finch フィンチ（アトリ科の小鳥の総称）／ contribute to ... ……に貢献・寄与する／ theory 学説／ settle 定住する／ exploit ……を（不当に）利用する／ allopatric speciation 異所的種分化／ blunt とがっていない／ beak くちばし／ nectar 果汁、（花の）蜜／ insect 虫／ peripatric speciation 周辺種分化／ parapatric speciation 側所的種分化／ attempt 試み／ accommodate 順応させる／ encounter 遭遇／ affect ……に影響する／ marine species 海洋生物／ as opposed to ... ……とは対照的に／ terrestrial species 陸生生物／ consequence 影響／ point out ... ……を指摘する／ volcanic eruption 火山の噴火／ overal 包括的な／ provide ……を提供する／ exception 例外／ bring about ... ……をもたらす／ define ……を定義する／ biological term 生物学用語／ origin 起源、発祥／ raise ……を提起する／ counterargument 反対意見／ involve ……を伴う／ divide ... into ~ ……を~に分ける／ enable ... to ~ ……が~することを可能にする／ settle down 定住する／ absence 不在／ inaccessible 近づけない／ abundant 豊富な、大量の／ resource 資源／ proximity 近いこと／ be based upon ... ……に基づいている／ proper 適切な／ climate 気候／ in response to ... ……に応えて／ advent 出現／ genetic alteration 遺伝子変化／ definition 定義／ emerge 現れる／ various さまざまな／ gradually 徐々に／ progress 発展する／ afterward そのあとで／ be provided with ... ……を与えられる

Listening Section 攻略

Listening では、以下のふたつのセットで5つのパッセージを聞いて設問に答えます。

5パッセージ

    Set 1   Conversation – Lecture   （解答時間6分半）

    Set 2   Conversation – Lecture – Lecture   （解答時間10分）

Listening Section は Reading Section と同じく、ほとんどが四肢択一問題です。大学内での会話、授業の講義などを聞いて、各設問の選択肢から適切な答えを選びます。トピックは学生生活に関するものからさまざまな学問分野まで多岐にわたり、会話形式と講義形式があります。設問では会話や講義の主題、詳細、話者の意図などが問われます。会話や講義の一部をもう1回聞き、設問に答える問題もあります。

Listening Passage の長さは3〜5分で、1回のみ聞くことができます。メモを取ることができますから、A4サイズの紙1ページをひとつの Listening に使ってメモを取るとよいでしょう。テストセンターから渡されるメモ用紙は3枚です。メモ用紙は Speaking、Writing でも必要になるので、切りのよいところで挙手して取り換えてもらうようにしましょう。

Listening Section には Conversation に5問、Lecture にそれぞれ6問設問があります。パッセージを聞いている間は設問や選択肢は画面に表示されません。Conversation や Lecture が終わると画面に設問と選択肢が表示され、設問は音声でも流れます。解答時間は設問ごとではなくセットごとに設定されていますので自分のペースで解答していくことができます。1問にかけられる時間は大体30秒〜35秒です。

Listening を聞いている間は解答時間を示すカウンターは止まります。Reading Section と違い、Listening Section ではいったん解答を確定すると、元に戻って解答を変えることはできません。その代わり、答えを選択したあと、Next ボタンと OK ボタンをクリックして先に進む仕組みになっているので、誤って先に進んでしまうことはありません。

会話問題と講義問題

会話問題はふたつに大別できます。学生と教授の会話と、大学内での職員と学

生の会話です。教授との会話は、課題、授業、課外活動などに関するものが主で、職員との会話は学食、授業登録、寮など学生生活に関するものです。

　講義問題は教授が一方的に話すタイプと、クラスの授業で学生が質問したり、質問に答える場面も含まれるものがあります。授業内容は Reading Section と同じく、教養課程の幅広い分野についてです。専門用語と思われる語も出てきますが、文中に説明があり、答えを選ぶ際に専門知識を必要とされるわけではありません。専門的な語彙はパッセージの中で説明されていますし、一般になじみがないと思われる語句、人名などは、その都度画面に表示されます。また、答えの情報はすべてパッセージに含まれています。

　Conversation、Lecture 共に話し方は自然体で、言い直し、言い間違い、その訂正、復唱、言いよどみ、不完全な文、話の脱線など、一般的に会話で遭遇する「話し言葉の特徴」が含まれています。これらの本筋とは関係のない情報に惑わされないように、趣旨を聞き取ることが肝要です。

設問のタイプ

　Listening Section の設問のタイプは 8 種類あります。

設問タイプ 1：Gist-Content Questions

　話の主題についての質問で、会話や講義が何についてのものなのかが問われます。各セットの 1 問目、このタイプ 1 か、次に説明するタイプ 2 のどちらかが出題されます。パッセージの中で話者がはっきり主題や目的を話している場合と、聞き手が推測したり、いくつかの情報を総合して解答を選択しなければいけない場合があります。一部の情報からではなく話の全体から判断します。具体的には以下のようなものがあります。

What are the speakers mainly discussing?（話者たちは主に何を話していますか）
What is the main topic of the lecture?（この講義の主題は何ですか）
What is the lecture mainly about?（この講義は、主に何についてのものですか）
What aspect of ... does the professor mainly discuss?
（教授は主に、……のどのような側面について論じていますか）

設問タイプ2：Gist-Purpose Questions

　会話や講義が行われる目的についての質問で、設問タイプ1とは違って会話や講義の内容そのものではなく、「なぜその会話、講義が行われているのか」、その目的を尋ねられます。だいたいの場合、会話文のはじめに解答に関わる情報があります。具体的には以下のような問題です。

> Why does the student visit the professor? (学生はなぜ教授を訪問しているのですか)
> Why does the student visit the registrar's office? (学生はなぜ登録窓口を訪れているのですか)
> Why does the professor explain ...? (教授はなぜ……を説明しているのですか)

設問タイプ3：Detail Questions

　この質問では詳細情報について問われます。定義、人物、物、場所など主題と関連性の高い事柄について聞かれます。メモを取る際に、「どの例が何の説明のときに使われていたか」などは、書き留めておくと解答の際に役立ちます。

> According to the professor, what is one way that ... can affect ~?
> (教授によれば、……が~に影響を与える方法のひとつは何ですか)
> According to the professor, what is the main problem with the ...
> theory? (教授によれば、……の学説の主要な問題点は何ですか)

設問タイプ4：Understanding the Function of What Is Said

　発話の真意を答える質問です。会話または講義の一部が再生され、その部分の話し手の真意を問われます。話者の声のトーン、前後の会話の流れ、全体的な会話の流れが把握できているかどうかが問われます。

> What does the professor imply when he says this?
> (教授は、こう言うことで何を伝えようとしていますか)
> Why does the student say this? (学生はなぜこう言っているのですか)
> What does the professor mean when she says this?
> (教授は、どういう意味でこう言っているのですか)

設問タイプ5：Understanding the Speaker's Attitude

　このタイプの問題では話し手が暗に示した見解や感情などについて聞かれます。例えば話者の自信の度合い、意見の一致／不一致、質問をした意図などです。表面的な言葉の意味ではなく、イントネーションや前後の言葉の繋がりから、話し手の真の意図をとらえているかが問われます。会話や講義の一部を再度聞き解答する問題もあります。答えにあたる情報が会話の中ではっきり言われている場合は少なく、総合的に判断しなければならないことが多いでしょう。

What can be inferred about the student? （学生について、何が推測できますか）

What is the professor's attitude toward ...?
　　　　　　　　　　　　　　　（教授は、……に対してどのような態度をとっていますか）

What is the professor's opinion of ...? （……に対する教授の意見は何ですか）

What can be inferred about the student when she says this?
　　　　　　　　　　　　（学生がこれを言っていることから、何が推測されますか）

What does the woman mean when she says this?
　　　　　　　　　　　　（女性は、これを言っていることで何を意味していますか）

設問タイプ6：Understanding Organization

　このタイプの問題では講義全体の構成が問われる場合と、講義の一部に出てくるいくつかのポイントとポイントの関連性が問われる場合があります。講義の一部分の他との関連性について聞かれる場合は、講義の一部を聞き直し、問いに答えます。

How does the professor organize the information that she presents to the class? （教授は、クラスで提示している情報をどのように構成していますか）

How does the professor clarify her point about ...?
　　　　　　　　　　（教授は、……についてのポイントをどのように明確化していますか）

Why does the professor discuss ...?
　　　　　　　　　　　　（教授は、なぜ……について論じているのですか）

設問タイプ 7：Connecting Content

　詳細についての質問です。答えるためには、主題と詳細の関係を理解している必要があります。はっきりとパッセージの中で述べられていることもありますが、推測して答えなくてはならない場合もあります。四肢択一の設問と、下記のような表に、情報に基づいてチェックを入れていく問題などがあります。

What does ... demonstrate? (……は何を明示していますか)
Based on information from the lecture, indicate whether or not each statement is correct. Place a checkmark in the correct box.
(講義の情報を基に、それぞれの説明が正しいか否かを示してください。適切なボックスにチェックマークを入れてください)

	Yes	No
Statement 1	✓	
Statement 2		✓
Statement 3	✓	

設問タイプ 8：Making Inferences

　会話や講義の中に出てくるいくつかの情報から話し手が示唆したことを推測し、それに基づき設問に答えます。このタイプの問題に答えるためには、いくつかの詳細情報を統合する必要があります。また選択肢は言い換えられていることがほとんどですので、選択肢の表現に惑わされないようにしましょう。学習者の誤答が多い問題です。

What does the professor imply about ...? (教授は……について何を暗示していますか)
What will the student probably do next? (学生はおそらく次に何をすると思われますか)
What does the professor imply when he says this?
(教授は、このように言うことで何を伝えようとしていますか)

　会話や講義の一部を再度聞いて質問に答える問題には以下のふたつのパターンがあります。出題頻度はパターン1のほうが多いため、パターン2が出題されると戸惑う受験者が多いようです。ここで確認しておきましょう。

パターン 1

Narrator : Listen again to part of the lecture. Then answer the question.
Professor : 講義の一部（2〜3文）
Narrator : Why does the professor say this?
Professor : 再度聞いた講義の一部の中の 1 文

パターン　2

Narrator : Why does the professor say this?
Professor : 講義の一部

Listening の特徴と攻略法

　Listening は 4 技能の中で最も英語の総合的な力を試される技能です。高い
リスニング力は Listening Section のみならず、Speaking Section、Writing
Section の Integrated Task でも要求されます。正しく情報を聞き取る力は
TOEFL 全体の中で大きな比重を占めるスキルです。TOEFL 全体の点数アップ
のカギを握るスキルと言っても、過言ではありません。このスキルが難しく感じ
られるのは次の要素をすべて克服していないと聞き取れないからです。

Listening に立ちはだかる壁

1. 音は消えていくので、あとから戻って確認できない。
2. 英語独特の音がある。
3. 話し手のペースに自分の理解を合わせてなくてはならない。
4. 言葉の意味が十分わかっていなければいけない。
5. 日本語に訳して考える時間はない。
6. 文の構成も理解しなければいけない。
7. パラグラフの変わり目がわからず、全体の構成が取りにくい。

　この問題にどのように対処していけばよいでしょうか。

1. 音は消えていくので、あとから戻って確認できない。

　聞き逃したことはすっぱりあきらめる勇気が必要です。パッセージを聞いてい
るときに過ぎてしまった箇所のことを考えていては、先が聞けません。難解な語
彙は直後に説明されることが多いので、そこを聞き逃さないよう気をつけます。

たとえわからない箇所があっても、多くの場合、そのあとの発話の中から情報が得られます。

2. 英語独特の音がある。

　英語の音には日本語の音にないものが多くあり、ネイティブスピーカーでも話し手によって発音も話し方もバラエティに富んでいます。すべての音を聞き取ることはできませんし、またその必要もありませんが、英語の音の特徴は理解する必要があります。どのような音が聞き取れないのかには個人差がありますので以下の方法で克服しましょう。

　スクリプトを見ながら聞いて、わかりにくい音に印を付けていき、自分にとって聞き取りにくい音が何かを探します。自分の弱点が見つかったら、音声のあとについて何回もリピート練習をします。自分で発音できない音は、聞き取りも難しいのです。この練習を繰り返してください。特に単語2個がつながって聞こえる場合、聞こえなくなる音がある箇所などは注意が必要です。

3. 話し手のペースに自分の理解を合わせてなくてはならない。

　聞き手は相手の話すペースをコントロールできません。しかし何回か聞けば、また、音読をしてから聞けば、相手のペースについていけるようになりますから、これを繰り返し練習するしかありません。何回も聞けば聞き取れる、新しいものを聞くから聞き取れない、と思う方もあると思いますが、聞き取れる体験を積み重ねていくことで、新しいパッセージも1回で聞き取れるようになります。

4. 言葉の意味が十分わかっていなければいけない。

　意味を知らない言葉は何回聞いてもわかりません。意味をそれ以外の部分から類推することも必要です。はじめはおぼろげにしか意味がわからなかった語も、パッセージの内容を確認してから何回か聞くと、しっかり意味をつかむことができきます。耳で聞いて単語を増やしましょう。

5. 日本語に訳して考える時間はない。

　Listening を理解するということは、日本語に訳せるということではなく、聞いたことを視覚化して覚えておけるということです。聞いたことをなるべく頭の中で絵や図に描いて理解してください。

6. 文の構成も理解しなければいけない。 🎧 file_02

　文の構成を理解することが、いちばん難しく、大切なことです。やさしい文は1回聞いただけでも構成を把握することができますが、ちょっと複雑になってくると、文が目に見えないだけに、主語動詞関係を聞き取ることが難しくなります。

ここでひとつ練習してみましょう。Track 02 は講義の抜粋です。何も見ずに聞いてください。

次に 2 文目の主節の主語 1 語と動詞だけに注意を向けて聞いてください。
主語は ovary（子房）、動詞は forms（形成する）でしたが、聞き取れましたか。

文が長い場合、文の骨子と修飾関係にある部分を分けて聞くことが難しくなりますが、主語と動詞だけを聞く練習をすると、だんだんその区別がつくようになります。複雑な文の聞き取りはこのようにして練習してください。

（スクリプト）

So, let's start with seeds. When flowering plants, conifers and many other land plants reproduce, the ovary of the plant forms a thick outer skin layer, called its integument, after it is fertilized.

（では、種子から始めましょう。顕花植物、針葉樹、その他多くの陸生植物が生殖するときには、子房が、熟したあとで殻と呼ばれる厚い皮の層を形成します）

7. パラグラフの変わり目がわからず、全体の構成が取りにくい。

Listening ではパラグラフの構成は目に見えてはきませんが、英文パラグラフは必ずパラグラフ全体をまとめている Topic Sentence から始まります。また、それを示すつなぎの言葉も随所に使われていることに気づくでしょう。キーワードを逃さずに聞けば、パラグラフの構成も見えてきます。いくつかのキーワードについて説明しましょう。

パラグラフ構成のキーワード

1 **Today** この言葉は講義のはじめのほうで教授がよく使う。話の主題は何か。Today のあとで述べられることが多いので要注意。

2 **First/Firstly、Secondly** という言葉が聞こえてくれば、構成は取りやすい。ただし、First のあとに Secondly ではなく Another point is ... のような違う表現が使われることもあるので要注意。

3 **However,** この言葉は論旨の転換を表している。パッセージのはじめに出てくるときは、これに続く文が主題であることが多い。

4 **Now,** パラグラフが変わったときによく使われる。

この項のはじめに述べましたが、リスニング力の向上は TOEFL iBT では不可欠です。Reading、Grammar などに比べて英語の授業で Listening に時間をかけていない学校もまだ多いようですから、多くの受験者には、読んでも難しい内容のパッセージを聞き取るのはかなりハードルが高いでしょう。前にも述べたようにまずは何も見ずに情報を把握する練習を、それからスクリプトで確認してから音読練習を重ね、また何も見ずに聞く、難しいところを抜粋して聞く、わかりにくい音をリピートする、など練習を重ねてください。何回聞いてもわからない難しいものを聞くより、1 回目からある程度わかるレベルのものをたくさん聞いたほうが早く効果が表れます。

練習問題 ①

　では実際の TOEFL iBT レベルの Listening 問題に挑戦してみましょう。会話文です。聞いている間はまだ問題文を見ないでください。会話なのでメモは A4 の用紙を縦に使い、左側に最初の話者、右側にもうひとりの話者の話したことを書いていくとよいでしょう。聞き終わったら設問の音声を聞きながら解答してください。

Questions 1-5.
Listen to a conversation between two students in their first class of the term.

file_03

1. What are the speakers mainly talking about?
   (A) 300 level courses that are good to take as electives
   (B) Required classes for a meteorology major
   (C) Their future plans and career goals
   (D) Various career options for meteorology majors

2. Why is the man taking this course?
   (A) It is an elective course for a meteorology major.
   (B) It is a required course for an ecology minor.
   (C) It is important to him because he needs more credits.
   (D) It is enjoyable since he cares about the environment.

3. What will the woman do next?
   (A) Decide what kind of field to work in
   (B) Search for some job openings
   (C) See an advisor to talk about her major
   (D) Try to find an internship position

4. Why did the woman decide to major in meteorology?
   (A) She was inspired by a relative to become a weather forecaster.
   (B) She was heavily influenced by extreme weather conditions.
   (C) She wants to share information about it with other people.
   (D) She wanted a major that could provide her various job options.

5. Listen again to part of the conversation. Then answer the question.
   (A) She knows the man is doing something suspicious in the class.
   (B) She thinks that the man does not have to take an ecology course.
   (C) She believes that the class would be too hard for the man.
   (D) She feels glad to see the man in the class that she is taking.

　会話の内容は理解できましたか。会話にはイディオムが多く含まれ、学生は語尾まではっきり話さないことも多いので、細部まで聞き取ることは難しいと思います。まず初めのナレーターの発話をしっかり聞きます。この箇所には、誰と誰の会話であるか、また状況説明などの情報が含まれています。テストではナレーターが、Question 1 to 5 ... と誰と誰の会話か話します。サンプル問題では出だしに Listen to a conversation between two students in their first class of the term. と言っていますから、ふたりの学生が教室で話している様子を想像しながら会話を聞きます。

　全般的に、会話は以下の点に特に注意して聞き取れるよう、集中して聞きましょう。

- 何の目的で会話を始めたか
- 学生は何を話題にしているか。
- 教授／職員／友だちのアドバイスは何か
- 学生は会話を終えてから何をするか。

　メモはどの程度取れましたか。メモを取りながら Listening が同時に聞き取れたでしょうか。聞き取れているようであれば、これからもなるべく詳細なメモを取ってください。「メモを取るとその間聞けない」という場合は、メモは最小限に抑え、聞くことに集中しましょう。p.163 からメモの取り方について詳しくアドバイスを述べましたので、そちらを参考にしてください。

　問題解説を読む前にもう一度会話を聞いて、情報を確認してみましょう。次に、次ページのスクリプトを見ながら聞きます。聞こえていなかった音、わからなかった単語、または知っていたが音がわからなかった単語など、発見のあったところに印を付けながら聞いてください。文字で確認してみると自分が何を聞くことができなかったか、何を聞き違えていたから内容が理解できていなかったのかがわかります。これを確認することが大切です。

　確認したら音声をまねて自分でも発音してみます。特に聞き取れない箇所はそこだけ音を聞きながら書き取りをした上で練習します。

Listen to a conversation between two students in their first class of the term.

W: Well, hello, Mikhail.

M: Oh hi, Alice!

W: Wait, aren't you a business major? What are you doing in an ecology course?

M: Yes, business administration. Are business majors forbidden to take ecology courses for some reason?

W: No, no. I'm just surprised. Especially since this is the 300 level course. Usually non-major students don't go above 100 level, introductory courses.

M: Yes, I know. The thing is, I've decided to make ecology my minor.

W: Why is that? I mean, that's great, but why?

M: Well, I really want to work for a company that cares about the environment... a green company. There are so many companies that pollute and contribute to global warming, so I want to study ecology as well as administration.

W: That makes sense. It's good that you are thinking about your future after school. Many of my friends don't really know what they want to do after they graduate. Me included, I guess.

M: You don't have future plans? Aren't you going to be a scientist... an ecologist?

W: A scientist, yes, but not an ecologist. I actually want to go into meteorology, you know, studying and predicting weather.

M: That sounds like a pretty clear goal to me.

W: Well, yes and no. As a meteorologist I would have a very specific job description, but that doesn't help me decide where I would actually work. Many different industries have positions for people who can predict the weather: shipping, oil drilling, transportation...

M: The evening news!

W: Yes, that too. So, I don't really know where I want to apply my knowledge when I join the labor force.

M: So, is this class a required course for you?

W: Yes, it is. I have to take a wide variety of classes, ranging from computer

TOEFL iBT®とは　各セクションの攻略　Reading　Listening　Speaking　Writing　セクション別・レベル別学習アドバイス　模試 問題　模試 解説

science to physics. Meteorology is actually a pretty difficult field to study. It incorporates so many different sciences. I have to take a full class load every semester.

M: That sounds intense. What made you so interested in studying the weather?

W: My hometown did. I'm from Casper, Wyoming, and we get all kinds of extreme weather there—blizzards in the winter, tornadoes in the summer, and it is always windy. So, the weather has always had a significant influence on my life. After I learned about the meteorology major that they offer here, I knew what I was going to study.

M: Does your major require an internship? That could help you decide what to do after you graduate.

W: Yes, it does. I guess I should start searching for some good options.

Now, get ready to answer the questions. You may use your notes to help you answer.

1. What are the speakers mainly talking about?
2. Why is the man taking this course?
3. What will the woman do next?
4. Why did the woman decide to major in meteorology?
5. Why does the woman say this:

   Wait, aren't you a business major? What are you doing in an ecology course?

　はじめのほうでは ecology、forbidden などの音が聞き取りにくかったのではないでしょうか。300 level course、100 level などの表現はアメリカの大学特有の授業のレベルの呼び名なので、初めて聞く人にはわかりにくいですね。300 level course は「上級クラス」、100 level は「初めてこの分野のクラスを取る人のための基礎クラス」です。100 level については直後で説明されていました。わからない言葉に出合ったら、考え込まずに、次にくる説明を聞くようにします。minor という言葉もすぐにぴんとこなかったかもしれません。これは「副専攻」のことで「専攻」は major です。この語の説明はどこにもなかったので、意味を知らなかったら推測するしかありません。

　スクリプトを見ながら聞いてみて、自分には何の音が聞こえていないかチェックし、わからない表現があれば、それを調べます。そのあとで音読を何回か行います。音声といっしょに読んでもよいでしょう。イントネーション、切る場所などがなるべく音声と同じになるように読んでください。音読を何回か行ったあとで、また何も見ずに聞いてみます。かなり細部まで聞けるようになったと思います。聞けたからと言って安心せずに、細部まで聞けるようになってから、また何回も聞いてください。これの繰り返しでリスニング力を上げていくことができます。

　では、各問題を振り返ってみましょう。

1. What are the speakers mainly talking about?

　この設問はタイプ1の「会話の主題について問う問題」です。全体の流れとしては、「ecology class をなぜ business administration 専攻の男子学生が履修するのか」という話です。そのあと、気象学を専門にしたい女子学生の将来の進路に話が移ります。男子学生も将来の自分の進路を考えて ecology を履修していると言っていますから、(C) の Their future plans and career goals が正解となります。

2. Why is the man taking this course?

　この設問は設問タイプ3の「詳細を問う設問」です。男子学生が、Business Administration 専攻なのになぜこのコースを取っているのかは、次の箇所で述べられています。Well, I really want to work for a company that cares about the environment... a green company. There are so many companies that pollute and contribute to global warming, so I want to study ecology as well as administration. 「そうだな、働くのはぜひとも環境のことを考えている

会社、環境にやさしい企業にしたいんだ。環境を汚染して、地球温暖化の片棒を担いでいる企業がたくさんあるから、経営学の他に生態学も勉強したいんだ」。ecology 300 が ecology を副専攻している学生の必修科目、という説明ははっきりとはありませんが、他の選択肢の内容が間違っているので答えは (B) だと判断できます。男子学生は meteorology を専攻しているわけではないので (A) は誤りです。男子学生は単位が必要だから ecology を履修しているわけではないので、(C) も不可、環境に興味があるからこの授業を楽しんでいるとは言っていないので、(D) も正しくありません。

3. What will the woman do next?

　この設問はタイプ8の「推測して答える問題」です。会話の最後にある

　M: Does your major require an internship? That could help you decide what to do after you graduate. / W: Yes, it does. I guess I should start searching for some good options. 「男性：専攻はインターンシップが必修なのかい。卒業後に何をやればいいか決めるための参考になるかもしれないよ。／女性：必修よ。いいところがないか探し始めたほうがよさそうね」という部分から、(D) の Try to find an internship position が正解と判断できます。

4. Why did the woman decide to major in meteorology?

　この設問はタイプ3の「詳細についての設問」です。なぜ天気に関心を持つようになったかを男子学生に尋ねられて、女子学生は、I'm from Casper, Wyoming, and we get all kinds of extreme weather there—blizzards in the winter, tornadoes in the summer, and it is always windy. So, the weather has always had a significant influence on my life. 「出身地 Wyoming が悪天候に見舞われることが多く、それによって生活が左右されてきた」と答えています。したがって正解は (B)。

5. Why does the woman say this:

　　Wait, aren't you a business major? What are you doing in an ecology course?

　これは設問タイプ4の「発話の真意を問う設問」です。再生される女性の発言、「待って、あなた、ビジネス専攻じゃなかった？　生態学のクラスで何をしているの」は、「男子学生はビジネス専攻だから、ecology のクラスを取る必要はないはずなのに」と疑問に思って発した言葉です。したがって、答えは (B)。

Listening訳と語注

女性：あら、こんにちは、ミカエル。

男性：ああ、やあ、アリス！

女性：待ってよ、あなた、ビジネス専攻じゃなかった？　生態学のクラスで何をしているの。

男性：たしかに、経営管理専攻だよ。ビジネス専攻の学生が生態学のクラスを取ってはいけないって決まりでもあるのかい。

女性：いえいえ、びっくりしただけよ。まして、ここは上級コースだし。ふつう、専攻でない学生は基礎レベルの 100 コースより上は取らないわよ。

男性：ああ、知っているよ。実を言えば、生態学を副専攻にしようと決めたんだ。

女性：なぜ？　って言うか、素晴らしいことだと思うけど、どういう理由で？

男性：そうだな、働くのはぜひとも環境のことを考えている会社、環境にやさしい企業にしたいんだ。環境を汚染して、地球温暖化の片棒を担いでいる企業がたくさんあるから、経営管理の他に生態学も勉強したいんだ。

女性：なるほどね。卒業後の将来のことを考えるのはいいことよ。私の友だちにも、卒業後に何をしたいのかちゃんと考えていない人が大勢いる。私もそのひとりかもね。

男性：きみは、将来の計画はないの？　科学者……生態学者になるのではないの？

女性：科学者、そうね、でも生態学者ではないわ。実は気象学のほうに進んで、お天気の研究や予報をしたいの。

男性：とてもはっきりした目標じゃないか。

女性：そうねえ、はっきりしているのかいないのか。気象学者としてやりたい仕事はとてもはっきりしているけれど、実際にどこで働けばいいのかわからないの。いろいろな業界に天気予報の職はあるのよ。海運業、石油の掘削、運輸……。

男性：夜のニュース！

女性：そう、それもあるわ。それで、社会人になったらどこで知識を活かせばいいのか、よくわからないのよ。

男性：じゃあ、このクラスは必修なの？

女性：そうよ。コンピューターサイエンスから物理学まで、広い範囲のクラスを取らなくてはならないの。実際のところ、気象学は勉強するが大変な分野よ。さまざまな科学が含まれている。毎学期、限度いっぱい履修しなくてはならないのよ。

男性：それはきついね。どうして、天気の研究にそれほど興味を持ったの？

女性：故郷ね。私はワイオミング州のキャスパー出身なんだけれど、あそこには、あらゆる種類の極端な天候がある。冬にはブリザード、夏には竜巻があるし、いつでも風が強いのよ。そんなわけで、いつでも天気に重要な影響を受けて生活していたわ。ここで気象学が専攻できると知って、私の学ぶのはこれだと思ったのよ。

男性：専攻はインターンシップが必修なのかい。卒業後に何をやればいいか決めるための参考になるかもしれないよ。

女性：必修よ。いいところがないか探し始めたほうがよさそうね。

1. 話者たちは主に何について話していますか。
   (A) 選択科目として履修するのによい上級クラス
   (B) 気象学専攻のための必修クラス
   (C) ふたりの将来の計画と職業の目標
   (D) 気象学専攻者にとってのさまざまな職業の可能性

2. 男性はなぜこの科目を履修しているのですか。
   (A) 気象学専攻者の選択科目だ。
   (B) 生態学副専攻者の必修科目だ。
   (C) 男性はもっと単位が必要なのでこの科目が重要だ。
   (D) 男性は環境に関心があるので楽しめる。

3. 女性は次に何をするでしょうか。
   (A) どの分野で働くかを決める。
   (B) 就職口を探す。
   (C) 専攻について相談するために指導教官に会う。
   (D) インターンシップの口を探す。

4. 女性はなぜ気象学を専攻することに決めたのですか。
   (A) 親戚に気象予報士になることを勧められた。
   (B) 厳しい気象条件に強い影響を受けた。
   (C) 他の人と情報交換をしたい。
   (D) さまざまな就職口のある専攻がよかった。

5. 女性はなぜ、こう言っているのですか。
   「待って、あなた、ビジネス専攻じゃなかった？　生態学のクラスで何をしているの」
   (A) 男性が教室で何かあやしいことをしているのを知っている。
   (B) 男性が生態学のクラスを履修する必要はないと思っている。
   (C) このクラスが男性にとっては難しすぎると思っている。
   (D) 自分が履修しているクラスで男性に会ってうれしく思っている。

major 専攻／ ecology 生態学／ course 課程、クラス／ business administration 経営管理／ forbidden 禁じられて／ for some reason 何らかの理由で／ 300 level 上級クラス 100 level 入門クラス／ the thing is ... 問題は……だ／ minor 副専攻／ green company 環境にやさしい企業／ pollute ……を汚染する／ contribute to ... ……の一因となる／ global warming 地球温暖化／ as well as ... ……と同様に ／ make sense 筋が通る、賢明だ／ meteorology 気象学／ predict ……を予測する／ specific 具体的な／ job description 職務の明細／ shipping 海運・運送業／ oil drilling 石油の掘削／ transportation 輸送・交通機関／ apply ……を利用する／ labor force 労働力／ required course 必修科目／ physics 物理学／ pretty かなり、とても／ field 分野／ incorporate ……を含む／ load 負荷、負担／ semester 学期 ／ intense 猛烈な、集中した／ extreme 極端な／ blizzard ブリザード、暴風雪／ tornado 竜巻／ windy 風の強い／ significant 重大な／ influence 影響／ offer …… を提供する／ internship インターンシップ（在学中の実務研修）／ option 選択肢 ／ elective 選択科目／ career goal 職業上の目標／ credit （大学の）履修単位／ job opening 就職口／ advisor 指導教官／ inspire （人）を鼓舞する／ relative 親戚、身内／ weather forecaster 気象予報士、天気予報のキャスター／ share information 情報を共有する／ suspicious 不審な、疑わしい

TOEFL iBT® とは
各セクションの攻略
Reading
Listening
Speaking
Writing
セクション別・レベル別学習アドバイス
模試 問題
模試 解説

練習問題 ②

　次に講義問題を聞いてみましょう。次のパッセージは教授の話の途中で学生からの質問が入るタイプです。

Questions 6-11. Listen to part of a lecture in a biology class.

file_04

6. What is the main topic of the lecture?
    (A) The process of composting and its benefits for the environment
    (B) The advantages of turning organic material waste into humus
    (C) The effects of methane gas on the atmosphere and the soil
    (D) The advantages and disadvantages of composting and recycling

7. How is composting different from the process in which organic waste decays without oxygen? Click on two answers.
    (A) It reduces harmful gases such as methane.
    (B) It is a self-promoting system.
    (C) It can be beneficial for plants.
    (D) It does not require microorganisms.

8. What results from the warm temperatures created in a compost pile?
    (A) It allows for methane to be produced.
    (B) It absorbs higher levels of greenhouse gases.
    (C) It increases the metabolic rate of beneficial bacteria.
    (D) It makes the decaying process take longer.

9. Listen again to part of the lecture. Then answer the question. 🎧
   (A) To prove that the use of composting is not very efficient
   (B) To describe the history of composting from the beginning
   (C) To point out that it started far earlier than people usually assume
   (D) To explain her own theory regarding composting to students

10. What can be inferred about the size of composting systems?
   (A) The size mostly depends on the size of the country.
   (B) The systems in Canada are large in general.
   (C) The number of large facilities has increased recently.
   (D) They are often operated on a very large scale.

11. What is the professor's attitude about composting?
   (A) She thinks it can solve the problem of global warming in the future.
   (B) She believes it provides many benefits that people are not aware of.
   (C) She doubts that people will compost on a regular basis.
   (D) She questions the necessity of composting and recycling.

練習問題の解説

　講義問題は会話問題よりも情報量が多く、また話の途中で話題の方向性が変わることもあるのでメモ取りは必須です。会話問題のときと同じく、メモを取ると聞けなくなる場合は詳細まで書き取ることはできませんが、少なくとも何度も聞こえてくるキーワードや人の名前、年代を追って話が展開する場合は年代を書き取るなど、あとで話の内容が思い出せるようなメモが必要です。学生の質問などが挟まる場合は、その内容なども設問に答える上で必須の情報となるでしょう。

　パッセージの内容をスクリプトを見て完全に理解し、パラグラフごとに音読を行い（少なくとも４〜５回）音声を聞いてみます。細部まで聞こえるまでこれを繰り返します。全体が聞こえるようになったらスクリプトを見ずに内容を視覚化するつもりで聞き続けてください。内容がわかるようになってからどれだけ聞き込めるかが、勝負です。

Listen to part of a lecture in a biology class.

W: As we were discussing in our last class, the amount of waste that humans generate is a serious environmental problem. In order to combat this problem, many countries have instituted mandatory recycling programs—which are fantastic; more countries should follow suit—but they often ignore organic materials. You see, most of these programs recycle paper, glass, aluminum, and plastics, but they ignore the huge amounts of food scraps and landscaping waste that also is dumped into landfills. People often think that burying organic materials is not a problem; after all, they're natural, right? What they do not realize is that when organic matter decomposes without the presence of oxygen, it produces methane and carbon dioxide. Both of these are greenhouse gases, but methane, which makes up more than half of the gas produced, is twenty times worse for the atmosphere.

M: Isn't it dangerous to people directly? I remember hearing about it causing explosions.

W: Uh, yes, that does happen occasionally. The gas will seep into structures, and once enough of it collects it can be flammable. This is why many landfills collect the gas as it is produced and then process it to generate electricity. However, the simplest way to reduce the amount of methane that is generated is to keep organic waste out of landfills in the first place. Of course, we still have to do something with all of that material, which is where composting comes in.

Composting is not a new invention; there are actually literary references to it in the writings of Pliny the Elder from the first century CE. Of course, the practice is probably far older since it is based upon a natural process. Over time, bacteria break down organic materials into a substance called humus. This material is what makes fertile soil the rich dark brown to black color that we associate with it. However, humus takes time to produce—anywhere from months to years depending on the ecosystem where the process is taking place. Composting speeds up that process by increasing the temperature at which it occurs. By collecting food scraps, grass clippings, and fallen leaves and piling them together, we create an environment where the bacteria that break them down can thrive.

As they process the material, they actually generate heat, which in turn increases their metabolic rate. It's a self-promoting system—that is, as long as there is oxygen present. Once the oxygen is depleted, these bacteria will die off, and anaerobic bacteria will replace them. They are the bacteria that produce methane. Therefore, it is important to ensure that the oxygen in the compost is replenished. On a small scale, this is usually achieved by turning the pile often. With larger-scale operations, oxygen must be pumped into the mixture...

M: How large can composting operations get? I mean, I imagine they would have to be pretty large to absorb all of the waste that would otherwise go into landfills.

W: Very large, actually. The largest industrial composting system is located in Canada... hang on a second... yes, in Edmonton, Alberta, Canada. It processes approximately 250,000 tons of material into about 80,000 tons of compost every year. It is housed within the largest stainless-steel structure in North America, which covers over 38,000 square meters.

An additional benefit of composting is that it can also be used to cleanse contaminated soil. When we mix compost with soil that is contaminated with biological and some chemical materials, the microorganisms and the heat that is generated in the composting process can act together to break them down. So, the compost can actually clean soil as it fertilizes it.

この Lecture は Biology の授業の一部です。教授の話の途中で学生の質問が2回入る形でした。ごみ処理問題はリサイクルを義務付けることで資源の活用が進んではいるが、生ごみのリサイクルは忘れ去られている。埋立地に埋められる生ごみなどの有機物は分解の際に酸素が欠乏すると大量のメタンガスを発生し、大気に悪影響を与え、爆発の原因になることもある。有機物のサイクルとして、堆肥化が挙げられる。自然界で起こる堆肥化は時間がかかるが、これを人工的に行うと有機物の温度が上がり、バクテリアの活動が活発になり短い時間で堆肥化することができる。この際酸素が欠乏しないよう全体を混ぜたり、大量の場合は酸素を送り込むことが重要である。また堆肥化では熱と微生物の働きによって汚染土壌を清浄することもできる、という内容でした。

　organic material または organic matter は生ごみなどの有機物のことを指していましたがすぐに意味がわかりましたか。composting= 堆肥化はコンポストという日本語があるので問題なく理解できたのではないでしょうか。

　では、各問題を振り返ってみましょう。

6.　What is the main topic of the lecture?

　この問題はタイプ1の講義の主題についての質問です。パッセージのはじめの部分で、有機物のリサイクルとしてコンポスト（堆肥化システム）が説明されています。堆肥化がバクテリアの作用で起き、堆肥化の利点として、リサイクルをしない場合に起きる害を減らすことができることについて述べられているので、答えは (A) です。

7.　How is composting different from the process in which organic waste decays without oxygen?

　これは詳細情報についての質問です。パッセージのはじめの教授の説明の中に、「酸素がない状態で有機体が腐敗すると、温室効果ガスであるメタンガスと二酸化炭素が発生し、特にメタンは二酸化炭素の20倍も大気に害を与える」とあります。反対に「堆肥化は酸素がある状態で起こり、バクテリアが有機体を分解し、堆肥に変える。温度を上げることでその過程をスピードアップさせることができる。バクテリアが有機体を分解するにつれて、バクテリア自身が熱を発し、それがまたバクテリアの代謝のスピードを上げる。酸素がある限りはこの自己促進システムが働く」とあるので、正解は (A) と (B) になります。

8.　What results from the warm temperatures created in a compost pile?

　これも詳細を問う問題です。As they process the material, they actually generate heat, which in turn increases their metabolic rate.「バクテリアが有機体を分解するにつれて、バクテリア自身が熱を発し、それがまたバクテリアの代謝のスピードを上げる」とあるので、正解は (C) です。

9.　Listen again to part of the lecture. Then answer the question.

　これはタイプ 4 の発話の真意を問う問題です。この発話の前の部分で教授は、現在の埋め立て地で発生するメタンガスの発生量を抑える方法として堆肥化を紹介しています。しかしながら堆肥化は新しく発見された技術ではなく、2 千年前にすでに使われていた方法であり、つまり一般的に考えられているよりも昔から使われている方法であることを示しています。したがって、答えは (C) です。

10.What can be inferred about the size of composting systems?

　これは設問タイプ 8 の問題です。パッセージから推測して答えます。パッセージでは最後に近い部分で、コンポストの大きさに触れています。学生がどのくらいの規模でコンポストが可能か、と質問しているのに対して、カナダのエドモントンの施設が年間どの程度の量を堆肥化するかの例を挙げ、巨大工場が可能である旨を説明しているので、答えは (D)。

11.What is the professor's attitude about composting?

　この設問はタイプ 5 の話し手の態度についての質問です。パッセージの最後のほうで、An additional benefit of composting is that it can also be used to cleanse contaminated soil. と、「堆肥化によって汚染された土壌を浄化できる」という堆肥化の付随的な利点についても述べています。したがって、答えは (B)。

男性＝学生、女性＝教授

生物学の講義の一部を聞いてください。

女性：前回の講義で述べたように、人間が産み出すゴミの多さは、深刻な環境問題です。この問題と戦うために、多くの国が義務的なリサイクル計画を制定しています。これは素晴らしいことであり、より多くの国があとに続くべきです。しかしながら、こうした計画はしばしば有機物を無視しています。ご存じのとおり、このようなプログラムは大部分、紙、ガラス、アルミニウム、プラスチックのリサイクルを行いますが、同様に埋立地に捨てられる莫大な量の生ごみと造園によって出た廃棄物を無視しています。よく、有機物なら埋めても問題にならないと考えられます。結局のところ、自然のものですから、ね。ここで人々が見逃しているのは、有機物が酸素なしに分解すると、メタンと二酸化炭素を産み出すということです。このふたつはどちらも温室効果ガスですが、メタンは半分以上を占め、20倍も大気に悪影響を及ぼすのです。

男性：人間に直接的に害はないのですか。爆発を起こすと聞いた覚えがあります。

女性：ああ、そうですね、たしかに、ときには爆発が起こります。ガスは構造物にしみ込み、十分な量が集まれば、引火する可能性があります。ですから、多くの埋立地が、生じてくるガスを集め、発電のために処理しているのです。しかしながら、メタンの発生を抑えるいちばん簡単な方法は、そもそも、有機性の廃棄物を埋立地に持ち込まないことです。もちろん、この物質をすべて何とか片付けなければならないことには変わりありません。そこで、堆肥化が考えられます。

堆肥化は新しい発明ではありません。実際に、1世紀に著された大プリニウスの書物に記載があります。もちろん、堆肥作りは自然の作用に基づいていますから、それよりはるか前から行われていたと思われます。長い時間をかけて、バクテリアが有機物を腐植土と呼ばれるものに分解します。肥沃な土壌というと、私たちは鮮やかな濃い茶色や黒を思い浮かべますが、それはこの腐植土の色です。けれども、腐植土は作るのに時間がかかります。どのような生態系の下で作られているかによりますが、数カ月から数年かかります。堆肥化では、温度を上げることによって、このプロセスのスピードを上げます。生ごみ、刈り取った芝生、落ち葉を集めてひとつに積み上げることで、これらを分解するバクテリアがよく育つ環境を作り出すことができます。バクテリアがこれを分

解する際には、実際に熱を出し、それが一方では代謝率を高めます。これは、自己促進システムと言えますが、酸素があるかぎりのことです。ひとたび酸素が使い尽くされると、これらのバクテリアは死に絶えて、嫌気性バクテリアが取って代わります。嫌気性バクテリアは、メタンを作り出します。したがって、堆肥の中が酸素で満たされているようにすることが重要です。小規模の場合には、これは通常、堆肥の山をしばしばひっくり返すことで実現されます。大規模の事業の場合は、ポンプで酸素を送り込む必要があります。

男性：堆肥化の事業は、どれくらい大規模にできるのですか。つまり、埋立地に行くべき量のごみをすべて処理するとなると、かなり大規模になってしまうと思うのですが。

女性：とても大きいですよ、本当に。いちばん大きい堆肥工場システムは……ちょっと待ってください……そう、カナダのアルバータ州エドモントンにあります。そこでは毎年、約25万トンの原材料から約8万トンの堆肥を作り出しています。施設は北アメリカで最大のステンレススチールの建造物の中にあって、広さが3万8000平方メートル以上あります。

堆肥化のもうひとつのよい点は、汚染された土壌を浄化するのにも使えることです。生物由来物質やある種の化学物質で汚染された土壌に堆肥を入れると、微生物と堆肥化の過程で発生する熱が一緒に作用して、汚染物質を分解します。そういうわけで、堆肥は実際に、土壌をきれいにし肥沃にするのです。

6. この講義の主なトピックは何ですか。
   (A) 堆肥化の過程とその環境への利得
   (B) 有機廃棄物を腐植土にすることの利点
   (C) 大気と土壌に対するメタンガスの影響
   (D) 堆肥化とリサイクルの利点と欠点

7. 堆肥化は、有機廃棄物が酸素なしで腐敗する過程とどのように異なりますか。
   ふたつ選んでください。
   (A) メタンのような有害なガスを減少させる。
   (B) 自己促進システムだ。
   (C) 植物に利益をもたらし得る。
   (D) 微生物を必要としない。

8. 積み上げられた堆肥で生じる温かさは、何をもたらしますか。
   (A) メタンの生成を招く。
   (B) より高レベルの温室効果ガスを吸収する。
   (C) 有益なバクテリアの代謝率を高める。
   (D) 腐敗の過程により時間がかかるようにする。

9. **スクリプト**

> Composting is not a new invention; there are actually literary references to it
> in the writings of Pliny the Elder from the first century CE.
>
> Why does the professor say this:
> Composting is not a new invention.

   もう一度会話の一部を聞き、質問に答えてください。
   (A) 堆肥化の利用はあまり効率がよくないことを示すため
   (B) 堆肥化の歴史を始まりから述べるため
   (C) 人々がふつう思っているよりもはるか以前に始められたことを指摘するため
   (D) 堆肥化に関する彼女自身の学説を学生に説明するため

10. 堆肥化システムの規模について、何が推論できますか。
    (A) 規模は主として国の大きさによる。
    (B) カナダのシステムは概して大規模だ。
    (C) 大きな施設の数が近ごろ増加している。
    (D) しばしば非常に大規模に操業している。

11. 教授の堆肥化についての意見はどのようなものですか。
    (A) 将来、地球温暖化の問題を解決し得ると思っている。
    (B) 人々が気づいていない多くの利得を提供すると信じている。
    (C) 人々が定期的に堆肥作りをするかどうか疑わしいと思っている。
    (D) 堆肥化とリサイクルは必要ないのではないかと思っている。

institute ……を制定する・始める／mandatory 義務的な、強制的な／follow suit あとに続く／organic material 有機物／You see ほら、知ってのとおり／ignore ……を無視する・見落とす／food scraps 生ごみ／landscaping waste 造園により生じた廃棄物／be dumped into ... ……に捨てられる／landfill 埋立地／bury ……を（地中に）埋める、……を捨てる／organic material 有機物／organic matter 有機物／decompose 分解する、腐敗する／the presence of ... ……の存在／oxygen 酸素／methan メタン／carbon dioxide 二酸化炭素／greenhouse gas 温室効果ガス／make up ... ……を構成する／worse より悪い（bad の比較級）／atmosphere 大気／remember -ing ……したことを覚えている／cause ……を引き起こす／explosion 爆発／occasionally ときどき／seep into ... ……にしみ込む／structure（加算名詞として）構造物、建造物／flammable 可燃性の／produce ……を生産する・生み出す／process ……を処理する／be generated 生み出される／reduce ……を削減する／the amount of ... ……の総量／organic waste 有機性廃棄物、発酵するごみ／keep ... out of ~ ……が~に入らないようにする、……を~から遠ざけておく／in the first place そもそも、まず第一に／do something with ... ……を何とかする・片付ける／composting 堆肥化／come in 出現する／invention 発明、考案／literary reference 文書資料／Pliny the Elder 大プリニウス。百科全書『博物誌』(Naturalis historia) を著した古代ローマの博物学者、政治家、軍人ガイウス・プリニウス・セクンドゥス (Gaius Plinius Secundus) の通称／CE = Common Era、西暦（キリスト教色をなくした言い方）／practice 行為／be based on ... ……に基づいている／over time 徐々に／break down ……を分解する／organic material 有機物／substance 物質、もの／humus 腐植土／fertile soil 肥沃な土壌／rich（色が）鮮やかな／associate with ... ……と関連づける／ecosystem 生態系／occur 起こる／grass clippings 刈り取った芝生／pile ... together ……をまとめて積み上げる／break ... down ……を分解する／thrive よく育つ、繁栄する／actually 実際に／generate ……を作り出す／in turn 今度は逆に／metabolic rate 代謝率／self-promoting system 自己促進システム／as long as ... ……であるかぎり／be depleted 使い尽くされる、枯渇する／die off 死に絶える／anaerobic 嫌気性の／replace ……に取って代わる／be replenished 補充される／be pumped into ... ……にポンプで送られる／absorb ……を吸収する・緩和する／Hang on a second. ちょっと待ってくれ／approximately おおよそ、約／be housed within ... ……の中に収容されている／cleanse ……をきれいにする・消毒する／contaminated 汚染された／soil 土壌／biological 細菌を使った、生物学的な／chemical 化学薬品による、化学的な／material 材料、原料／microorganism 微生物／fertilize（土地）を肥沃にする

Speaking Section 攻略

Reading Section、Listening Section の次は、Speaking Section です。

まずは、Listening の音量調節、マイクの音量チェックを行います。続いて Speaking Section についての説明の画面があり、その次の画面で問題が始まります。

Speaking Section では、与えられた問題に対してマイクを使ってコンピューターに解答を吹き込みます。解答を吹き込む時間は設問の種類によって異なりますが、45秒から60秒です。面接形式ではないので会話力が測られるわけではありません。自分の意見を決められた時間内で論理立てて話せるか、また読んだこと、聞いたことを自分の言葉で要約できるかが評価の対象です。話す対象が目の前にはいませんが、情報を相手に伝えたいという気持ちを前面に出して自信に満ちた声ではっきり話しましょう。

画面には指示文、問題文、準備時間の長さ、解答時間の長さが表示されます。画面の指示に従って解答を吹き込みます。準備中、解答中は残り時間を示すカウンターが画面上に表示されます。解答時間が過ぎると録音は自動停止します。

コンピューターに録音された解答はアメリカの ETS に送られ、トレーニングを積んだ採点官と自動採点システム「SpeechRater」によって評価されます。それぞれの受験者の4つの解答は、1問ずつ別の採点官が採点します。テストによって評価が大幅に変動しないよう、工夫されています。Speaking Section も他のセクションと同じく30点満点です。

45秒から60秒英語を話し続けることは、慣れるまでは非常に長く感じられます。また Speaking Section で要求される解答は受験英語や英会話で学んできた英語とは違ったスキルが必要ですから、対処しにくいと感じる受験者が多いようです。しかしながらある程度決められた構成があるので、それを習得し、練習を重ねれば、短期間での攻略も可能です。しかし、定型文や例を覚えて話すと減点の対象になります。ETS はこの点をはっきりテストの Direction の中でも述べています。覚えた表現ではなく、自分の言葉で話せるように練習しましょう。

目標とするのは次の点です。

Speaking Section 攻略のポイント

1. 自信をもって話す。（自信があるふりをする）
2. 短い文をなるべく切れ目なく話す。（単純な文で流暢さ優先）
3. 一定のスピードで話す。（決して速く話さない）
4. つなぎの言葉を効果的に入れる。
5. 人称代名詞を正しく使う。
6. どの設問の解答にも当てはまるような定型文を入れない。
7. なるべく間を空けず、well、you know などの間投詞も使わない。
8. 制限時間ですべてが網羅できるように話す。（制限時間いっぱい話す）
9. Integrated Task では必ず Reading のポイントを含める。

　難しい構文、長い文を話そうとして不完全なまま終わってしまうと点数が伸びません。短い文で同じリズムで話し続けることを第一に考えましょう。構成の項で詳しく述べますが、最初の文は自分の意見の表明や情報の要約ですから、特にはっきり大きな自信に満ちた声で話します。同じ問題をつっかえなくなるまで繰り返し練習したり、自然な流れで話せるようになるまで、やさしめのリーディングやリスニングの教材などを使って、オーバーラッピング（音声に合わせて音読する）、音読練習などを重ねます。自分の声を録音して聞いて、進歩を確認しながら練習してください。どの練習方法でも、話の内容を（目の前にいないけれど）相手に伝える、という意識を持つことが大切です。

問題の種類と解答の組み立て方

　設問の種類は Independent Task (Question 1) と呼ばれる「独立型タイプ」と、Integrated Task (Question 2、3、4) と呼ばれる「統合タイプ」があります。Independent Task は質問に対する自分の意見を述べ、Integrated Task は Reading や Listening のパッセージの情報を基に話します。

　どの問題でも論理的に話が展開されているか測られます。英文の基本的な論理展開は Introduction（序文）、Body（本論）、Conclusion（結論）の順で、Introduction に全体のまとめを持ってきます。したがって Introduction と Conclusion とは同じ内容になります。TOEFL iBT の Speaking Section では、話す時間が 45 秒から 60 秒しかありませんから、Conclusion は言う必要はありませんが、論理展開の型として頭に置いて話を展開します。

それぞれの解答は Delivery「話し方」、Language Use「言語の使用」、Topic Development「話の展開」の3つの観点から評価されます。内容的にはどの問題も、「設問あるいはパッセージの内容を知らない人に情報を正しく伝える」ことが重要になります。Integrated Task では、Listening 力が弱いと情報を把握できず話す内容に影響を与えますから、Listening 力向上にも力を入れる必要があります。

Independent Task の概要

Independent Task の特徴は次のとおりです。

Independent Task

Question 1　Explain a Choice（準備時間 15 秒、解答時間 45 秒）
　身近な問題について自分の意見を述べる問題。2～3の選択肢が与えられる場合と、Statement が示され、それに対して Agree/Disagree から自分の立場を選んで答える形式がある。

Independent Task の対策として挙げられることは、次の通りです。

Independent Task 解答の基本
1. 理由が考えやすい立場を選ぶ。（自分の正直な意見でなくてかまわない）
2. 視覚化できる身近な事柄を例として話す。
3. 理由、具体例の使い回しをする。(ひとつの設問に対して用意した具体例が、他の設問を答えるときに使えないか常に考える)
4. 「正しい答え」というものはないので、自分の選んだ意見を自信を持って答える。

Independent Task（Question 1）の取り組み方
　45 秒間の解答時間の中で、質問に対する自分の意見を述べること、そしてその理由を説明することが重要です。次の手順に沿って構成を考えてみましょう。

Independent Task 解答の手順

1. まず、自分の考えを述べる。つまり、最初の文で質問に対する答えを示す。質問文のフレーズを使って答えれば話しやすい。
2. ひとつ目の理由を述べ、その理由を説明する具体例を述べる。目安は 17 秒。
3. ふたつ目の理由とそれを説明する具体例を述べる。目安は 17 秒。
4. 時間が残っていれば自分の意見を再度述べるが、特に点数のアップにはつながらないので、具体例を充実させることに時間を使う。

質問をひとつ見てみましょう。

Which do you think is the most important characteristic of a good friend: honesty or a sense of humor?

この質問は 2 択問題です。

解答でいちばん大事なことは「なぜそう思うか」その理由が論理立てて説明できていることです。ですから自分がどちらの要素をより大切に思っているかはさておき、理由づけがうまくできそうな特徴を選びます。理由はできればふたつ述べます。それによって説得力が増します。具体例があることも大切です。

例えば、よい友だちの特徴として、have a good sense of humor「よいユーモアのセンスを持った人」を選んだとしましょう。はじめに質問の答え＝自分の意見を述べます。画面に質問が出ているので、その一部を使って答えてもよいでしょう。例えば次のようになります。

In my opinion, the most important characteristic of a good friend is a sense of humor.
（私の考えでは、よい友人の最も大切な特質は、ユーモアのセンスです）

または、次のような回答も考えられます。

I think a good friend should have a good sense of humor.
（私はユーモアのセンスがある人がよい友人だと思います）

これらの解答から、質問を見ていない人も「よい友だちはどんな特徴を持った人か」について聞かれていることがわかります。

次に理由を述べます。最初に「なぜそう思うか」理由そのものを話し、それをサポートする具体例を付け加えます。

First of all, a friend with a good sense of humor tends to look at things in a positive way. I have a friend who always comforts me with his positive mind. For example, when I didn't do well on my presentation, he encouraged me by telling jokes. I cannot remember exactly what he said at the time, but by laughing, I was able to recover from my failure.

（まず第一に、ユーモアのセンスのある友だちは、ものごとを前向きに考えるものです。私には、いつも前向きな気持ちで私を安心させてくれるひとりの友だちがいます。例えば、私がプレゼンをうまくできなかったとき、彼は冗談を言って私をはげましてくれました。そのとき彼が何を言ったのか、はっきりとは覚えていませんが、笑うことで私は立ち直ることができました）

　この場合のひとつ目の理由は、「物事を前向きにとらえる」点で、具体例として、どのようなときにそう思ったかを説明しています。視覚化できる個人の体験を例として挙げていますね。
　続いてふたつ目の理由と具体例を述べます。

The other reason is that that types of friends tend to care about others. They usually know when to tell jokes, what to tell, and how to tell them. So all these things make people around them feel relaxed.

（もうひとつの理由は、このタイプの友人はたいてい思いやりがあることです。いつ冗談を言うべきか、どんな冗談をどのように言うべきかを知っているので、周りをリラックスさせることができるのです）

　ここまでですでに45秒ほど経過していることと思いますが、もしまだ時間が残っていたら、自分の意見を再度述べます。内容は、必ず最初で述べた意見と同じことを話します。ここで新しい事柄を付け加えてしまうと、発言の一貫性がなくなります。

For these reasons, I think having a sense of humor is an important characteristic of a good friend.

（これらの理由から、ユーモアのセンスを持っていることがよい友人のひとつの特質だと私は思います）

　45秒話すためには、少なくとも80語から100語くらいの長さが必要です。

慣れるまでは、解答を書き出して文章の構成、理由の妥当性などをチェックして練習すると効果的です。ただし、Speaking の原稿ですから、それぞれの文が長くならないよう注意してください。原稿ができたら理由が自分の意見の説明になっているか、具体例が理由の説明になっているかを確認してください。

また、Question 1 の解答は自分の意見なので、主語は必然的に I が多くなります。なるべく人を主語にして、いろいろな動詞を使いましょう。具体例は、一般的な事柄でも個人の経験でもかまいません。どちらも時制に注意して話します。個人の過去の経験を話す場合は過去時制で、一般的な事柄は現在時制を使います。

採点官はアメリカ人ですから、説明が必要な日本的な例は避けます。

以下に想定される質問をリストしました。それぞれ自分の意見を決め、理由2点とその理由をサポートする具体例を書き出してみましょう。

1. Some people prefer to work in big cities, while others choose to work in small towns where there is more nature around them. Which do you prefer and why?

2. Some people like to communicate face-to-face while others like to communicate online. Which do you prefer? Explain the reasons.

3. Some people like to make a decision instantly. Others prefer to take time to make decisions. Which do you prefer and why?

4. Some students like to take online courses. Others prefer to take courses on campus. Which do you prefer and why? Include details and examples to support your opinion.

5. Do you agree or disagree with the following statement? Why or why not? Use details and examples to explain your answer.
It is important to improve your programming skills.

6. Do you agree or disagree with the following statement? Why or why not? Use details and examples to explain your answer.
Schools should require all students to take an art class.

7. Do you agree or disagree with the following statement? Why or why not? Use reasons and examples to support your answer.
Students learn more by participating in class discussions than just listening to lectures.

8. Do you agree or disagree with the following statement? Why or why not? Use details and examples to explain your answer.
   Video and computer games have negative effects on children.

9. Do you agree or disagree with the following statement? Why or why not? Use details and examples to explain your answer.
   College education should be available to all students.

10. Do you agree or disagree with the following statement? Why or why not? Use reasons and examples to support your answer.
   Parents are the best teachers.

Independent Task 解答の注意点

1. 語数は 80 語〜 100 語程度が適切。
2. 自分の意見を述べるので、主語は必然的に I が多くなる。人を主語にして、いろいろな動詞を用いる。
3. 時制に注意する。過去の経験を話す場合は過去時制を用い、一般的な事項を話す場合は現在時制を用いる。

Integrated Task の概要

　Integrated Task は読んで、聞いて、答える Question 2、3 と、聞いて答える Question 4 の 2 種類があります。Question 2 では必ず Reading Passage の内容についてもふれ、それが Listening とどのように関連しているか話さなくてはなりません。

Integrated Task Question 2

　Question 2 は Campus 内の問題に関するお知らせ、または学生新聞などに掲載されている学生の意見などを読み、それに関するふたりの会話を聞き、設問に答える形式です。読んだ内容、聞いた内容を基に、どちらかの話者の考えを要約します。Reading Passage を読む時間は 45 秒から 50 秒で、この時間が過ぎると Reading Passage を見ることができません。この時間に、話すときに必要となる語句を書き留めておきましょう。特に Title の情報は重要です。時間的に書き留めながら全部読むことが難しいようであれば、最後まで読めなくてもメモ取りを優先させてください。

Integrated Task

Question 2 Campus-Related

(Reading, Listening, and Speaking)

（読解時間 45 〜 50 秒、準備時間 30 秒、解答時間 60 秒）

キャンパス内の問題に関するお知らせまたは学生新聞などに掲載されている学生の意見などを読み、それに関するふたりの会話を聞き、設問に答える。

Integrated Task Question 2 解答の基本

1. 読んだ内容、聞いた内容を基に、話者の考えを要約する。
2. 必ず Reading Passage の内容についてもふれ、それが Listening とどのように関連しているかを述べる。

Integrated Task Question 2 の Reading でメモに書き留める内容

1. どこからの告知か。（具体的な部署名など）
2. 内容は何か。（告知の内容の単語だけをメモする。タイトルも重要。理由は会話の中でも述べられるので、必ずしも書き取らなくてもよい）

次に Listening のパッセージが流れます。男女ふたりの会話ですが、片方の人物が多く話すので、その人の意見が質問で聞かれると考えてメモを取ります。賛成か反対か、またその理由がふたつ述べられるので、それを逃さないようにメモを取ります。

会話が終わると質問が画面に表示され、読み上げられます。問題文は例えば次のようなものです。

The woman expresses her opinion about the announcement made by .... State her opinion and explain the reasons she gives for holding that opinion.

（女性は……からの告知について意見を述べています。この女性の意見を述べ、女性がその意見を持っている理由を説明しなさい）

このあと、30 秒の準備時間があります。この時間内にメモから話す内容をまとめます。Independent Task と同じように、以下の構成で話します。結論は必要ありません。構成を考えるのと同時に、1 文目をしっかり考えておきましょう。最初の文が力強く話せれば、印象がよくなります。

Integrated Task Question 2 解答の構成

1. Reading の主題 + 話者の意見（10 秒）

    主題

    The university plans to ...

    または、

    According to the campus newspaper, the xxx department is ...

    意見

    The (wo)man (dis)agrees with the plan.

    または、設問文を利用して主題と意見を 1 文にまとめる。

    The male student (dis)agrees with the university's plan to xxx.

2. ひとつ目の理由　説明と具体例（25 秒）

    First reason is ...

3. ふたつ目の理由　説明と具体例（25 秒）

    The second reason is ...

　「告知や会話の内容を知らない人に、何が起きたか説明する」と考えればよい
でしょう。そのためには、「話題が何であるか」、「話者の意見は何か、その理由
は何か」を必ず含めます。Independent Task と同じように論理的に解答します。
この問題では受験者の意見は求められていませんから、Reading、Listening
の中になかった情報を付け加えることのないように気をつけます。主語は the
male/female student もしくは he/she になります。1 人称、2 人称で話さない
よう気をつけます。

　最も大切なことは、Reading & Listening で使われていた表現をそのまま使う
のではなく、単純な表現でもよいので自分の使い慣れた表現で話すことです。

Integrated Task Question 2 解答の注意点

1. 「話題」、「話者の意見とその理由」を必ず含める。
2. 自分の意見を付け加えてはいけない。
3. 主語は、the male/female student もしくは he/she。
4. 自分の言葉で理解した内容を話す。

ではここで、練習問題をやってみましょう。

Question 2 練習問題

Speaking **Question 2**

Reading Time: 45 seconds

Providing Contact Info of Future Roommates to All Freshmen

Starting this fall semester, the university will supply all incoming freshmen with the contact information of their future roommates once they have been assigned. This new policy has been enacted to make their transition to university life smoother. Since freshmen are required to live in the dormitories for at least their first full year, who they will be sharing their room with is very important. This will allow them to get acquainted before they move in, and if necessary apply early for a new roommate. In addition, it will make the moving process easier since students will be able to decide who will provide what furnishings for the room.

Speaking **Question 2**

 file_05

Speaking **Question 2**

The woman expresses her opinion about the school's new policy of providing contact information for future roommates to all freshmen. State her opinion and explain the reasons she gives for holding that opinion.

Preparation time : 30 seconds
Response time : 60 seconds
 file_06

97

いかがでしたか。解答例の前に、どのようなメモを取ればよいのか、サンプルを見てみましょう。

《メモ》の例

Reading
　roommate contact info → freshmen
　　• moving easier

Listening
　　　　　　　W　　　　　　　　　　　　　M
　disagree　　　　　　　　　　　　agree
　　　　　　　　　　　　　　　　　know / in advance
　　　　　　　　　　　　　　　　　✗ bring same thing
　can request new? → problems?
　U get lots of requests
　training / real world

解答例 file_07

The reading passage announces that the university is going to supply all freshmen with the contact information of their future roommates. This will let them get acquainted with each other in advance, and give them a chance to apply for a new roommate earlier if they think they cannot get along with the roommate. The woman disagrees with this policy. She says the school would just get a large number of requests for room transfers from students. Also, the woman says that the new policy does not give students the opportunity to deal with difficult situations—in this case, roommates.

TOEFL iBT®とは

各セクションの攻略

Reading

Listening

Speaking

Writing

セクション別・レベル別 学習アドバイス

模試 問題

模試 解説

Listeningスクリプト **file_05**

W: I don't believe this.

M: You don't believe what, Sally?

W: Did you see this announcement on the school website about the new freshmen?

M: You mean the new policy about giving incoming freshmen contact information for their future roommates?

W: Yes, that's the one.

M: Yes, and I think it's a great idea. Like the notice says, they can get to know each other in advance, and they can avoid bringing the same things for their room.

W: That's true, but what about the other part? You know, where it says that they can request a new roommate before the semester begins—won't that cause a lot of problems? I mean, think about it, these kids have never lived away from home, and the prospect of a strange roommate is scary. If they don't think that they will get along, they'll request a transfer right away. There are going to be a lot of requests.

M: I see your point. That could make things difficult for the registrar's office.

W: Not only that, but having to get along with your roommate is also part of the point. It's training you for the real world.

M: That is also true. But, I think I know what is really bothering you. You wish they had done this when we were freshmen, too.

W: No comment.

質問の訳と語注

女性は、寮で同室になる学生の連絡先をすべての1年生に知らせるという大学の新方針について意見を述べています。彼女の意見を述べ、彼女が話している、なぜそう考えるのかの理由を説明してください。

provide ... to ~ ~に……を提供する／**future roommate** 未来のルームメイト／**freshman** (大学・高校の)1年生

解答例の訳と語注

リーディングの文章は、大学が1年生全員に寮の同室予定者の連絡先を提供することにしたと告知しています。この方針によって、1年生は前もって知り合うことができ、そのルームメイトとうまくやっていくことができないと思った場合に、別のルームメイトを申請する機会ができます。女性は、この方針に反対です。彼女は、学校が学生からの部屋の変更申請を非常に多く受けることになるだろうと述べています。また、女性は、この新しい方針が、学生が困難に直面したときに、それに対する力を養う機会を奪う(この場合は新しいルームメイトとうまくやっていくこと)と述べています。

deal with ... ……に取り組む／**opportunity** 好機、チャンス

全新入生に寮の同室予定者の連絡先を提供する件

今年度の秋学期より、本学は新 1 年生全員に、寮で同室になる者が決定し次第、その者の連絡先を通知する。この新方針は、新 1 年生諸君が、より円滑に大学生活に移行できることを目指して定められるものである。1 年生は少なくとも最初の丸 1 年は寮生活を義務付けられているので、誰と同室になるかは非常に重要である。この方針により、入寮前から互いに知り合うことが可能となり、必要があれば早期に別の者との同室を申請することも可能である。加えて、どちらがどのような備品を用意するかを決めることができるので、引っ越しをより容易に進めることもできる。

contact Info 連絡先（info = information）／ semester（2 学期制の）学期。fall semester「秋の学期」は米英では学年の始まり。／ supply ... with ~ ……に～を提供する／ incoming freshman 新入生／ once ……したらすぐに／ be assigned 割り当てられる／ be enacted（法律などが）成立する／ transition 移行／ since ……なので／ be required to ... ……することが求められる／ dormitory 学生寮、寄宿舎／ share ... with ~ ……を～と共同で利用する／ allow ... to ~ ……に～することを許す／ get acquainted 知り合いになる／ move in 入居する、引っ越してくる／ apply for ... ……を申請する／ in addition さらに、加えて／ moving process 引っ越しの過程／ decide ……を決定する／ furnishings 家具調度類、備品

女性：こんなの信じられないわ。
男性：何が信じられないって、サリー？
女性：この学内ウェブサイトの新 1 年生についての告知を見た？
男性：新入生に、同室予定者の連絡先を教えるっていう新方針のことかい。
女性：ええ、そのことよ。
男性：知っている。いい考えだと思うよ。告知にあるとおり、前もって知り合いになれるし、同じものを部屋に持ち込まなくてすむ。
女性：それはそうだけど、他の点ではどうかしら。学期が始まる前に新しいルームメイトを申請できるとあるわよね。これは問題をたくさん引き起こすと思わない？　つまり、考えてみてよ、彼らは親元から離れて暮らしたことのない子どもで、変なやつがルームメイトになったらこわいって思うでしょう。うまくやっていけないと思ったら、すぐに変更を申請するわ。たくさん申請があるわよ。
男性：君の言いたいことはわかるよ。登録窓口はたいへんかもしれない。
女性：それだけじゃない。ルームメイトとうまくやっていくっていうのは、学生生活で重要なことのひとつでもあると思うの。実社会でやっていくためのトレーニングなのよ。
男性：それもまたごもっともだね。でも、君が本当に気に入らないのは何なのかわかっているよ。君は、僕たちが 1 年生のときにもそうしてくれればよかったのにと思っているんだ。
女性：ノーコメントよ。

in advance 前もって／ avoid -ing ……することを避ける・防ぐ／ cause ……の原因となる／ prospect 可能性、見込み／ scary 怖い／ get along (with ...)（人と）うまくやっていく／ transfer 移動、乗り換え／ right away すぐに／ registrar's office 登録事務所、登録窓口、教務課／ bother ……を困らせる、……をわずらわす

Integrated Task Question 3

Question 3 ではアカデミックな文章の抜粋を読んで、それに関する講義を聞き、内容をまとめます。Reading で提示された概念について、Listening では例を出して説明されます。「講義に出られなかった友人に講義の内容を説明する」と考えてください。

Reading Passage を読む時間は 45 秒から 50 秒で、この時間が過ぎるとPassage を見ることはできません。まずはタイトルを書き取ります。それから何についての話か、なるべく多くの語をメモしておきましょう。Reading では何か特定の事柄の概念が説明されているので、それを理解します。この問題もQuestion 2 と同様、全部読み終わることよりメモを取ることに重きを置きます。

Integrated Task
Question 3　Academic
(Reading, Listening, and Speaking)
（読解時間 45 〜 50 秒、準備時間 30 秒、解答時間 60 秒）
アカデミックな文章を読んで、それに関する講義を聞き、設問に答える。

Integrated Task Question 3 解答の基本
「講義に出られなかった友人に講義の内容を説明する」つもりで内容をまとめる。

Integrated Task Question 3 の Reading でメモに書き留める内容
1. 文章のタイトル
2. 概念を表すキーワードをできるだけ漏らさずに

Reading の次に、Listening Passage が流れます。内容は「講義の抜粋」でReading で定義された事柄の例が示されます。聞き取りが終わると問題が画面に表示され、読み上げられます。例えば次のような問題です。

Explain some characteristics of ... and how these are related to ~.
（……のいくつかの特徴およびそれらが〜にどのように関連しているか説明してください）

> The professor gives an example of .... Explain how it illustrates the features of ~. （教授は……の例を示しています。それがどのように〜の特徴を示しているか説明してください）

　このあと、30 秒の準備時間があります。その時間内にメモから話す内容をまとめます。Question 2 と同様に、次の通りの構成で話します。話す時間は 60 秒です。結論は必要ありません。この問題も要約問題ですから、Reading と Listening になかった情報や自分の考えを付け加えてはいけません。主語は the professor、the lecturer、he/she などになります。やはり 1 人称、2 人称は使いません。

Integrated Task Question 3 解答の構成

1. 講義の主題

   主題

   The professor talks about / mainly discusses / describes ...

   The lecture mainly discusses / the lecture is mainly about ...

   または、質問文を利用して主題と意見を一文にまとめる。

   The professor talks about ... and he / she explains how this relates to ~.

2. 短い要約

   Reading の要約

   　　XXX means YYY.

   （1+2 で 15 秒）

3. ひとつ目の例とその説明（23 秒）

4. ふたつ目の例とその説明（23 秒）

　この問題は、Listening 力がどの程度あるかによって話せる内容が決まってしまいます。もし講義の内容がよくわからなかった場合は、Reading Passage から書き取ったメモを頼りに、聞き取った語を足して話していきます。上の構成はテキストにある概念を先に説明した形ですが、教授の話す例を先に説明し、これらはすべて... の概念を説明している。とまとめてもよいでしょう。反対にパッセージがよく聞き取れた場合も、詳細情報を話しすぎてかえって時間内にすべてをまとめられなくなるリスクがあります。何回か練習して、1 分間にどれだけ情報が入れられるか習得してください。

　では、練習問題をやってみましょう。

Speaking

Question 3

Reading Time: 45 seconds

Business Cards

Business cards essentially serve two purposes: they advertise the person and the business they work for, and they help to form people's first impression of you. The cards typically feature the company name, address, and phone number, along with the employee's name and contact information. This provides the recipient with all of the information they need to contact the person or their company should they require their products or services. The way in which this information is presented also creates an impression. Most business cards are made of white card stock with black printing, which looks clean and professional. However, some use exotic materials like plastic or metal, and they may even take the form of a mini CD or a memory card.

Speaking

Question 3

Speaking

Question 3

The professor discusses the development of business cards in different countries. Explain today's business cards and how business cards were used in the past.

Preparation time : 30 seconds
Response time : 60 seconds

《メモ》の例

> **Reading**
>   business cards → form first impression
>   • advertise person / business
>   • give information
> **Listening**
>   history
>
> | | | |
> |---|---|---|
> | 15c | China | visiting c / intention of visit / meet or ✗ |
> | 17c | Europe | v/c |
> | | France | guests → get permission --> spread Europe |
> | afterwards | England | trade cards ad business
• map
• products /services |
> | | US | v/c   by upper class business c   ad |

解答例 🎧 file_10

The reading passage talks about the role of business cards today. They advertise the person and the business they work for. However, they were a bit different in the past. In the lecture, the professor says that the oldest business cards, which were known as visiting cards, were used in China in the 15th century. They were introduced to Europe in the 17th century and spread quickly. A guest wrote his name on the card, and when the lord or lady received it, they decided whether or not to see the person. In England, trade cards were used to promote one's business. Finally, in the U.S., visiting cards and business cards developed separately.

Listen to part of a lecture in a history class.

M: Although they are regarded by many today as an outdated formality, business cards actually have a long and interesting history. Like so many other things, the oldest acknowledged form of business cards comes from China in the 15th century. Known as visiting cards, they were used to inform someone of your intention to visit them. They were also given at the doors of elite businesses so the proprietor could decide whether or not meeting with a potential client would be worth his time. They were introduced to Europe in the 17th century, where they quickly developed their own culture and etiquette.

In the 17th century, all of European style was dictated by the court of Louis the 14th. So, when his courtiers began using visiting cards, the trend quickly spread throughout the continent. These early cards were about the size of a playing card, which means just slightly smaller than a man's hand. Guests would write their name and often a message on the cards, a practice that would become frowned upon in later years. A servant would receive the guests' visiting cards and present them to the lord or lady of the house. If he or she decided to grant that person an audience, the servant would then use the card's information to announce the person as they entered the room.

Soon afterwards, trade cards came into use in England. These cards served as an advertisement for one's business, and they often included a map to the establishment as well as listing products or services that were offered. When they reached the United States, the two types of cards became strictly separate. Visiting cards were solely the realm of the upper classes, whereas business cards continued to be used as advertisements. If someone offered a business card at someone's home, it could be considered quite impolite, as the recipient might think that their caller had come to collect a debt.

質問の訳

教授は、さまざまな国々における名刺の発達について述べています。現在の名刺と過去において名刺がどのように使われたかを説明してください。

解答例の訳と語注

リーディングの文章は現在の名刺（business card）の役割について述べています。名刺はその人物と勤務している会社を売り込みます。しかし、過去には少し違っていました。講義で教授が述べたことによると、最も古い名刺は（business card ではなく）visiting card という名で知られており、15世紀の中国で使われていました。17世紀にヨーロッパに紹介され、急速に普及しました。客が名前をカードに書き、家の主人または女主人はそれを受け取って、その客と面会するか否かを決めたのです。イングランドでは、trade card と呼ばれるカードが、商売を促進するために用いられました。最終的に、米国で、visiting card と business card が別々に発達しました。

role 役割／**business card** 名刺／**advertise** ……を宣伝・広告する／**business** 会社／**a bit** 少し／**lecture** 講義／**be known as ...** ……として知られている／**be introduced to ...** ……に紹介される／**spread** 広まる、普及する／**lord** 主人、亭主／**lady** 女主人／**whether or not to ...** ……するかどうか／**develop** 発達する

Reading訳と語注

名刺には基本的にふたつの目的があります。名刺は、人物とその人が勤務する会社を宣伝し、人々に第一印象を持ってもらう助けになります。一般的には、名刺には従業員の名前と連絡先とともに、社名、所在地、電話番号が記載されています。これによって、名刺を受け取った人は、渡した人や会社の商品やサービスを求めるときに連絡するのに必要な情報をすべて得られます。このように情報を提示するやり方は、受け手の印象に残るやり方でもあります。名刺はたいてい、白い厚紙に黒で印刷されていて、清潔でプロフェッショナルに見えます。けれども、中にはプラスチックや金属のような風変わりな素材で作る人や、さらにはミニ CD やメモリーカードで作る人までいます。

business card 名刺／**essentially** 基本的に、本質的に／**serve two purposes** ふたつの役割を果たす／**advertise** ……を宣伝・広告する／**business** 会社、企業／**form** ……を形成する／**provide ... with ~** ……に~を提供する／**recipient** 受取人／**card stock** 厚紙／**exotic** 風変わりな／**material** 材料、素材

107

歴史学クラスの講義の一部を聞いてください。

男性：今日、多くの人にとっては時代遅れの儀礼的なものですが、名刺は実際のところ、長く興味深い歴史を持っています。他のいろいろの事物と同様、存在が確認できる最古の名刺は、15世紀の中国のものです。visiting card として知られているその中国の名刺は、誰かを訪問した際に、訪問の趣旨を伝えるために用いられました。また、一流の取引相手を訪れたときに客が入り口で渡し、取引相手は、この見込み客が面会する価値があるかどうかを判断しました。17世紀にはヨーロッパに持ち込まれ、そこで独自の文化と作法が生まれました。

17世紀、ヨーロッパのすべてのスタイルはルイ14世の宮廷の絶対的な影響下にありました。ですから、廷臣たちが visiting card を使い始めると、この流行は大陸全土に広がりました。この初期の名刺はトランプほどの大きさで、それはつまり、人の手よりも少しだけ小さかったということです。客はカードに自分の名前とともに、しばしばメッセージを書きましたが、この習慣は後年、ひんしゅくを買うようになりました。召使いは客から名刺を受け取ると、主人／女主人にそれを見てもらいます。主人／女主人が客の話を聞くことに決めたら、召使いはカードに書かれた情報を、その人物が部屋に入るときに読み上げます。

ほどなく、trade card がイングランドで用いられるようになりました。trade card には、商売の宣伝の役割があり、提供する製品やサービスのリストとともに、店舗への地図が記載されていることもよくありました。これらのカードが米国に伝わると、ふたつのタイプは厳密に区別されるようになりました。visiting card は上流階級の人々だけが使うもので、business card は宣伝として使われ続けました。もし、どこかのお宅を訪問した際に business card を出したら、とても無作法だと受け取られるかもしれません。名刺を受け取った人は訪問者が借金の取り立てに来たと思うかもしれないからです。

lecture 講義／regard ... as ~ ……を~と見なす／outdated 時代遅れの／formality 儀礼的行為／acknowledged 広く世に認められた／inform ... of ~ ……に~を知らせる／intention 意図／elite business 上流の商店・企業／proprietor （店舗や企業の）所有者／potential client 見込み客／be dictated by ... ……によって決定づけられる／court 宮廷／courtier 廷臣／continent （ヨーロッパ）大陸／playing card トランプ札／slightly わずかに／practice 習慣／frown upon ... ……がひんしゅくを買う／servant 召使い／grant ... ~ ……に対して~を許可する／audience 会見、聴聞／afterwards その後／serve as ... ……の役割を果たす／establishment 店舗、施設／offer ……を提供する／strictly 厳格に、厳密に／solely もっぱら／realm of ... ……の領域・分野／whereas ……だけれども／impolite 無作法な／caller 訪問者／collect a debt 借金を回収する

Integrated Task Question 4

　Question 4 は講義の要約問題です。「講義に出ていなかった友人に講義の概要を話す」と考えてみましょう。話す時間はやはり 60 秒間です。Listening が聞き取れたからといって細かく内容を話してしまうと、60 秒はすぐにたってしまいます。重要な情報を選んでうまくまとめて話せるかどうかがカギです。メモを取るときから主要な論点だけ書き取るようにします。Reading の文章の助けがありませんから、なるべく質問の表現を上手に使って話し始めましょう。

Integrated Task
Question 4　Academic
(Listening and Speaking)
（準備時間 20 秒、解答時間 60 秒）

　講義の抜粋を聞いて、その内容を要約する。「講義に出ていなかった友人に概要を話す」と考えるとよい。

Integrated Task Question 4 解答の基本
重要な情報だけを選び、60 秒間で話す。

Integrated Task Question 4 の Reading でメモに書き留める内容
1. 主題
2. 主題の簡単な説明
3. 2 種類または相対する事案が述べられるのでそのポイント

　設問は次のようなものです。

Using points and examples from the talk/lecture, explain the concept of XXX. / explain two ways in which XXX.
（トーク／講義の要点と例を用いて、……の考え方を説明してください。／……とふたつの方法を説明してください）

　準備時間は 20 秒です。この時間で解答の構成を考えますが、出だしの文を書いておくとそのあとがスムーズに話せます。

Integrated Task Question 4 解答の構成

1. 話のテーマ（10秒）

   質問文を利用して話す場合は

   The professor explains the concept of XXX providing two examples. One is YYY, and the other is ZZZ.

   のようにまとめる。

2. ひとつ目の例（25秒）

   The first example is ... それに続く説明

3. ふたつ目の例（25秒）

   The other example is ... それに続く説明

Question 4 練習問題

Speaking　　　　　　　　　　Question 4　　　　　　　　　VOLUME

Speaking　　　　　　　　　　Question 4　　　　　　　　　VOLUME

In the lecture, the professor talks about forest fires. Explain what kind of benefits they can bring to the forest ecosystem.

Preparation time : 20 seconds
Response time　 : 60 seconds

《メモ》の例

> forest fires → × destruction （benefit ecosystem）
> some trees remain
> → f create hollow spaces / birds nests → protected
> clear forest floor
> → new sprout → deer / herbivores live on

解答例 🎧 file_13

In the lecture, the professor talks about the benefits of forest fires. Even though they seem to be a force of destruction, they actually bring some positive effects to the forest ecosystem. The first point she makes is that forest fires do not burn all the trees. Many of the trees stay healthy, and some trees' dead wood is burned out of them. This helps birds to make shelters easily when they build their nests inside the trees. The second benefit of forest fires is that they reduce the amount of old underbrush and dead vegetation that prevent new plants from taking root. After the fire burns them, new plants can sprout, and these plants are a nutritious food source for herbivores.

Listeningスクリプト 🎧 file_11

Listen to part of a lecture in a biology class.

W: Contrary to popular belief, forest fires are not just forces of destruction. In fact, they provide many benefits to the forest ecosystem, which would be much worse off without them.

When fires burn through a forest, they do not raze everything to the ground—far from it, actually. Many of the trees remain healthy, albeit singed, and some have had dead wood burned out of them, leaving hollow spaces. These voids inside the trees offer shelter to many types of birds, including woodpeckers. They can build their nests inside the trees and keep their young and themselves protected from the weather and many predators.

On a broader scale, fire also reduces the amount of old underbrush and dead vegetation that litters the forest floor. This carpet of plant material covers the soil and prevents new plants from taking root. Small wildfires remove it, and allow new saplings to sprout. These younger plants are good for deer and other herbivores because they are more tender and nutritious than fully-grown plants.

講義で教授は、森林火災について話しています。森林火災が森林の生態系にどのような利得をもたらすのか説明してください。

forest fire 森林火災、山火事／**benefit** 利得、利益／**ecosystem** 生態系

講義で教授は、森林火災によって得られることについて述べています。森林火災は破壊的な事象に思われるにもかかわらず、実際には、生態系にとって好ましい効果をもたらします。教授が第一に指摘している要点は、森林火災が樹木をすべて燃やしてしまうわけではないということです。多くの樹木が健全なままであり、一部の樹木が持っている枯れた木部は燃えて取り除かれます。これは、鳥が木の中に巣を作る際、隠れ場所を作るのを容易にします。森林火災がもたらすふたつ目の利得は、新しい植物が根付くのを妨げる古い下生えと枯れた草木の量を減らすことです。火事で下生えと枯れた草木が燃えたあとには、新しい植物が生えることができ、それらの植物は、草食動物の食料になります。

force 力／**destruction** 破壊／**positive effect** 好ましい効果／**nest**（鳥などの）巣／**reduce** ……を減少させる／**the amount of ...** ……の量／**underbrush** 下生え／**vegetation** 草木／**prevent ... from -ing** ……が〜するのを妨げる／**take root** 根付く／**sprout** 発芽する／**nutritious** 栄養のある／**food source** 食料源／**herbivore** 草食動物

生物学クラスの講義の一部を聞いてください。

女性：一般的に信じられているところとは逆に、森林火災は単なる破壊的な力ではありません。実際に、森林火災は多くの利得を森林の生態系にもたらします。森林火災なしでは生態系ははるかに悪い状態になるでしょう。

火事が森林を燃やすとき、すべてを完全に焼き尽くすわけではありません。それとはかけ離れています、実際のところ。多くの樹木は表面を焼かれていますが、実は健全で、一部の樹木は、枯れた木部を焼きとられ、空洞ができます。樹木の内部のこうした空洞は、キツツキなど多種類の鳥の隠れ場所になります、鳥たちは樹木の中に巣を作りひなと自分自身を天候や数多くの捕食者から守ります。

より広い規模で見ると、火事はまた、林床を散らかす古い下生えと枯れた草木を減らします。この植物性の素材でできたカーペットは、地面を覆い、新しい植物が根付くのを妨げます。小規模な野火はこれを取り除き、新しい若木が発芽できるようにします。これらの新しい植物は、成熟した植物よりも柔らかく栄養があるので、シカなどの草食動物にとってよいのです。

contrary to ... ……に反して／**provide** ……を提供する／**burn** ……を燃やす／**raze** ……を壊滅させる／**to the ground** 完全に、徹底的に／**far from it** それとはほど遠く／**albeit** ……だけれども／**singe** ……の表面を少し焦がす／**hollow space** 空洞／**void** 空間、虚空／**woodpecker** キツツキ／**young**（動物の）子／**predator** 捕食者／**broad** 幅の広い／**litter** ……を散らかす／**forest floor** 林床／**plant material** 植物性の素材／**soil** 土地、土壌／**wildfire** 野火／**remove** ……を取り除く／**allow ... to ~** ……に〜するのを許す／**sapling** 若木／**deer** シカ／**tender**（野菜や肉などが）柔らかい、食べやすい

評価と対策について

Speaking の評価は、次の 3 つの分野について行われます。

Speaking の評価

I. Delivery（話し方）
II. Language Use（言語の使用）
III. Topic Development（話の展開）

　Topic Development（話の展開）に気持ちが向きがちですが、どの分野も同じ割合で評価されますので、自分の解答を録音して、相手にわかりやすい発音、イントネーションで話しているか、自分の発話を Delivery（話し方）、Language Use（言語の使用）の面からもチェックしてください。このふたつの分野で何が重要か見ていきましょう。

I. Delivery（話し方）

1. 発音
　（1）子音の区別をつける
　（2）息を出す
　（3）音声変化を理解する
　　（a）消える音
　　（b）つながる音
　　（c）各々の語の強勢の位置を知る
2. イントネーション
　（1）英語のリズムを習得する
　（2）文の切れ目をしっかり意識して話す。
3. スピード

　Delivery とは「話し方」と「情報を伝える力」です。そのために正しい発音、イントネーション、相手にわかりやすいスピードで話すことが求められます。

1. 発音

　正しい発音と言っても、ネイティブスピーカーのレベルを求められているわけではありません。日本語の影響が多少あっても、減点にはなりません。誰が聞い

ても、努力をせずに意味が理解できることが目標です。そのために特に気をつけたい項目は次の通りです。

(1) 子音の区別をつける　🎧 file_14

　日本語にない子音を区別して発音できているか、あらためてチェックしましょう。同じように発音してしまうと意味の理解を妨げます。

[l] / [r]	light - right	[s] / [θ]	face - faith
[f] / [h]	fold - hold	[v] / [b]	very - berry
[s] / [ʃ]	sea - she		

(2) 息を出す

　英語が英語らしく聞こえるかどうかは、息の出し方と強く関係しています。特に TOEFL iBT の Speaking Section ではマイクに音声を吹き込みますから、息をしっかり出して、はっきり話しましょう。上の表にある音は息がしっかり出ていないと区別がつきにくい音です。

　息を出せているかチェックしてみましょう。英語を話すとき口から 3、4 センチのところに手をかざします。息が手にかかる感覚がなければ十分な息は出ていません。意識して息を出してみましょう。

(3) 音声変化を理解する

　音声変化とは、書かれた英語の文と実際の発音の間のズレです。文字の上では2語でも、発音されるとつながって聞こえたり、前後の音に影響を受けて別の音になったり、聞こえなくなったり、という音声変化を起こします。これはある程度規則性を持って起きていますから、音源を聞いて音をまねする練習を重ねてください。まず、スクリプトを見ながら音源を聞いて、文字と音にずれがあると気づいたところをマークします。そのあと、スクリプトを見ずに、その音を聞いてはリピートします。

（a）消える音　🎧 file_14

　破裂音と呼ばれる [p]、[b]、[t]、[d]、[k]、[g] の6種の音は、文尾に来たときや、次に子音が続くときには、破裂せずに聞こえなくなります。例えば次の例文では、太字の部分は聞こえません。

Some kind of emergency could happen to a child, and having a cell phone is the best way for the child to contact his or her parents.

自分の声を録音して、手本の音声と聞き比べてください。

（b）つながる音　🎧 file_14

　子音で終わる単語のあとに母音で始まる単語がくると、子音と母音がつながり、2語が1語のように聞こえます。次の例文では太字の部分がつながります。

Some kin**d of** emergency could happen to a child, and havin**g a** cell phone is the best way for the child to contact hi**s or** her parents.（太字の部分がつながって発音される）

（c）各々の語の強勢の位置を知る

　英語の単語はそれぞれ強く読む場所が決まっています。強勢の位置を正しく理解し発声しないと、相手に意味が伝わらなくなります。特に日本語になっている語の発音と強勢の位置は注意が必要です。日本語では平坦に読まれますし、音節の数も違います。必ず辞書などで聞いて確認しましょう。

2. イントネーション

　イントネーションとは文全体の抑揚で、意味、感情などを伝える上で最も重要です。日本語はイントネーションの幅が英語に比べ非常に狭い言語ですから、英語を話す際には、大げさなくらい高い音と低い音の幅を広げ、はっきりと話しましょう。不自然なイントネーションにならないようにするためには、オーバーラッピング練習が効果的です。オーバーラッピングとは音声を聞きながら、その高低の通りにスクリプトを読む練習です。音の高低、つながる音などを特にまねながら行ってください。どうしてもスクリプトを見ていると書かれた通りに読みたくなる(例えば2語は2語で読んでしまう)場合は、スクリプトを見ずに音声を聞きながら少しだけ遅れて発声するシャドーイングもおすすめです。意味を無視して行っても意味がないので、聞いている文章の意見がわかり、すべてついて言えるくらいの速さの教材を選びます。

（1）英語のリズムを習得する

　英語のリズムを習得するには、強く話す内容語と、弱く話す機能語の区別をしっかりつける必要があります。内容語とは名詞、本動詞、形容詞、副詞、数詞、疑問詞など、意味を伝える語です。機能語は助動詞、be動詞、前置詞、接続詞、人称代名詞、関係詞などで、文の中で比較的あいまいに発音されます。

　次の文で太字で示されているところが内容語です。まず、内容語だけリズムを

取りながら等間隔になるように言ってみます。そのあとで、機能語をそのリズムを崩さないように小さく間に挟みながら話します。これが英語のリズムです。

In my **opinion**, **field trips** are an **important part** of **children's education**.
　　●　　　　●　　●　　　　　　●　　　　●　　　　●　　　　　　　●

(2) 文の切れ目をしっかり意識して話す。

　これは音読練習で克服します。文の中の意味のまとまりを考え、切り離したくない箇所（大体は冠詞から名詞まで）を探すと、おのずと切るべき場所が見えてきます。何語かの言葉のまとまりを見つけたら、その中でいちばん高く読む場所を決め、そこが高くなるようにひと息で読みます。それぞれの単語に強勢はありますが、文の中ではイントネーションが優先です。意味のまとまりを伝えることのほうが大切だからです。

　In my opinion, / field trips are / an important part of / children's education.

3. スピード

　話す速度も重要です。流暢さは必要ですが、決して速くなりすぎないように話します。英語が母語ではない人が無理に速く話すと、それだけで聞き手の理解を妨げます。英語が上達するほど、また表現や語彙が難しくなるほど、「ゆっくり相手に伝えよう」という意識で話してください。

II. Language Use（言語の使用）
1. 単純な文構成で話す。
2. 使い方、意味がよくわかっている単語を使う。
3. つなぎの言葉を効果的に使う。
4. 人称代名詞を正しく使う。

　効果的な文法と語彙を使って、正確な文を話しているかが問われます。

1. 単純な文構成で話す。

　Speaking では複雑な文はとりあえず必要ありません。長い文を話すより、短文で流暢に話せるほうが点数は高くなるでしょう。流暢さがないのに複雑な文を話すと、聞き手には文構成がはっきり伝わらず、結果として言いたいことが伝えられなくなります。また複雑な文を話そうとして、文章が中途半端になるようでは逆効果です。

2. 使い方、意味がよくわかっている単語を使う。

　よく理解していない難しい表現を使うより、平易で、使い慣れている簡潔な表現を使うよう心がけます。採点者が「今の語は何を言いたかったのだろうか」と考え込むようでは、点数が下がってしまいます。やさしいと思える語で話しても、自然な流れが出ていれば高得点につながります。

3. つなぎの言葉を効果的に使う。

　話す時間は 45 秒から 60 秒と短いですが、その中で論点の移り変わりが採点者にはっきりわかるように次のようなつなぎの言葉を入れて、自分の論理の展開をはっきり示します。Speaking は Writing に比べて解答の長さは短いですが、その中でもつなぎの言葉を使うことは大切です。

順序を表す
　first「最初に」、second「２番目に」、next「次に」、finally「最後に」、
　in addition「さらに」、additionally「加えて」、also「また」、besides
　「そのうえ」
例を話す
　for example「例えば」、to illustrate「例を挙げて」、such as...「〜のような」、
　for instance「例えば」

---

4. 人称代名詞を正しく使う。

　人称代名詞が正しく使えていないと採点者は混乱します。日本語では、話が進むにつれて主語を省略しても意味が通じますが、主語のない英文はありません。したがって、日本語より人称代名詞を使う頻度は多くなります。使い慣れていないからか、人称代名詞の間違いは非常に多いので、話すときに十分意識しながら使ってください。また、自分の発話を録音して、間違った人称代名詞を使っていないかチェックしてみましょう。例えば、He で文を始めたのに、次の文で同じ人を指すのに they を使っていないか、Professor が男性なのに she で話していないか、などです。また、人称代名詞は前に出てきた名詞を受ける語ですから、必ず何を指しているのかはっきりわかるように使ってください。it も必ず前述の名詞や名詞句、名詞節を指します。

(1) 自分の意見を述べる問題（Question 1）

自分の意見を話すのですから、主語は I で話します。一般的な事柄を話すときは we でもいいでしょう。

(2) 要約問題（Question 2、3、4）

これらの問題は Listening の話者を主語にしますから、3 人称（she/he）を使います。動詞の 3 人称単数現在形に気をつけましょう。

Writing Section 攻略

　Writing Section はふたつのパートから成り立っています。

　ひとつ目は Integrated Task で、Reading の文章を読み、その内容に関連する Listening を聞き、情報を要約します。ふたつ目は Writing for an Academic Discussion で、自分の考えを書く問題です。

　Integrated Task は制限時間 20 分で 150 ～ 225 語、また Writing for an Academic Discussion は制限時間 10 分で最低でも 100 語書くことが求められます。構成を考える時間、見直しの時間もこの制限時間に含まれます。テストでは解答をキーボードを使って PC にタイプします。

Integrated Task の問題と解答の組み立て方

Integrated Task
(Reading, Listening and Writing)
（読解時間 3 分、準備＋解答時間 20 分、語数 150 ～ 225 語）

　アカデミックな話題に関する文章を読んで、それに関する講義を聞き、それらの要点をまとめた文章を書く。

　まず Reading の文章を読みます。内容は大学の教養レベルの教科書に出てくるようなものです。読解時間は 3 分間で、文章の長さは 250 語程度です。そのあとで Reading の文章と関連のある講義の抜粋を聞きます。Listening が終わると、再び Reading の文章が画面に表示されます。両方の Passage の情報を基に、次のような質問に答えます。

> Summarize the points made in the lecture, being sure to explain how they cast doubt/challenge on specific points/claims/arguments made in the reading passage.
>
> (講義で述べられた要点をまとめてください。それらの要点がリーディングの文章での特定の要点／主張／議論に対してどのような疑問／異論を投げかけているかを説明してください)

Readingの文章では、あるひとつの話題について論じられます。Introductionと、body paragraphが3つという段落構成です。同じ話題に対して、ListeningのパッセージではReadingの3つの要点への反論が述べられます。Readingのポイントの補足の場合もあります。ひとつの例を見てみましょう。

Anasazi Indiansについて　先史時代〜1150年ごろまで栄えたが忽然と消えた。		
	Reading　戦争が原因か。	Listening　水の枯渇が原因か。
要点1	Anasaziの遺跡には焼けた跡が多く見られる。先住民は征服した部族の居住地を焼き払うことがあった。	Anasazi部族は新しい水源を神から与えてもらう儀式を行う際、自分たちの居住地を焼く習慣があった。
要点2	Anasazi族の価値の高い工芸品が出土している。Anasazi人は突然の戦争で殺されたか。	水を求めて移動する際、個人の所有物は持って動けなかったので、残していた。
要点3	Anasaziの居住地は水の豊かな地域であった。他の部族に追い出されたのでは？	水源はほとんど残っておらず、Anasazi族の大集団に行き渡らなかったのでは？

　現在出題されている大体の問題が、Readingの主張に対してListeningが反論する形になっています。Readingの文章を読んでいるときにListeningの内容を推測できると、次のListeningの理解が楽になります。Readingの文章の要点に対する反論を考えればいいわけです。

　解答では、3つの論点をそれぞれのParagraphにまとめます。構成はIntroductionとBody Paragraph 3つです。Readingがこの形で展開しているので、パラグラフごとに構成を意識しながらメモを取っていけばよいでしょう。Conclusionは必要ありません。

　では次ページからの練習問題をやってみましょう。Readingは、あとで読むこともできますから、最初の3分間ではそれぞれのパラグラフのキーワードを書き抜いておきます。第2〜第4パラグラフは最初のパラグラフ（Introduction）で述べた話題の理由づけなので、理由をリストしながらどんな反論が考えられるか予想してみてください。特にListeningにあまり自信のない受験者は、3分間でReadingの文章を全部読もうとせずに、要点を書き抜き、反対意見を推測しておくことが次のListening対策につながります。Listeningも3つのポイントをわかりやすい構成で述べていますから、First、Second、Finallyなどのつなぎの言葉

を聞き逃さないように気をつけて聞きます。これらの言葉のあとに Listening の主要な論点がきます。

Integrated Task 練習問題

　次のパッセージを3分間でメモを取りながら読んでください。前ページの表のように、左側に Reading で述べられている3ポイント、右側に Listening で述べられる反論を書き込めるようにメモを取るとよいでしょう。

Writing　　　　　　　　　Question 1　　

Reading Time: 3 minutes

Of all the sharks that swim in the oceans, none has such a distinct profile as the hammerhead shark. The hammer-shaped elongated head for which it is named makes it instantly recognizable, and it has invited speculation for centuries. Obviously, such a radical alteration in shape must be an adaptation, but for what purpose? Many theories have been proposed, and those which have garnered the most support include acting as a bludgeoning weapon, providing increased maneuverability, and improving sensory reception.

Due to the shape of their heads and their relatively small mouths, some have proposed that the hammer-shaped head is used as a weapon. Hammerheads typically hunt near the sea floor, and they could use their head to strike prey, slamming it into the ground. Indeed, some hammerheads have been observed holding their prey down while they devour it. A more normally shaped head would make this tactic difficult if not impossible to carry out.

The wide, flat shape of the head may serve another physical purpose—acting as a kind of hydrofoil. Other species of shark are dedicated to moving in more or less a straight line once they begin a strike. However, hammerheads have been observed rapidly changing direction, and their head could be the reason. Much like the wings of an airplane, the head shape could provide lift in the water. This additional energy could easily be channeled into making sharper turns while pursuing prey.

The hammer shape may also serve the purpose of increasing their sensory ability. Like most species of shark, hammerheads have electro-sensory organs located on the underside of their snouts. These sensitive organs allow them to detect the faint electrical signals that all animals emit, allowing the sharks to track their prey more easily. The increased number of sensory organs would compensate for the limited field of vision their eye placement would cause.

TOEFL iBT® とは | の各セクション 攻略 | Reading | Listening | Speaking | Writing | セクション別・レベル別 学習アドバイス | 模試 問題 | 模試 解説

 Writing **Question 1**

Directions: You have 20 minutes to plan and write your response. Your response will be judged on the basis of the quality of your writing and on how well your response presents the points in the lecture and their relationship to the reading passage. Typically, an effective response will be 150 to 225 words.

Question: Summarize the points made in the lecture you just heard, explaining how they cast doubt on the points made in the reading.

《メモ》の例

Hammerhead shark
unique shape → alteration? purpose?

Reading

1. weapon
   hunt near sea floor
   strike / slam prey

2. hydrofoil (change direction)
   head shape
   → provide (1) lift
          (2) sharper turns

3. sensor
   electro-sensory organs
   → track their prey/
   compensate vision

Listening

1. only great hammerhead
   uses head
   others smaller angled heads,
   ill-suited
   ✗ explanation

2. quickmove neck structure
   flexible spine / musculature
   bend and turn

3. eye placement
   60 degree vision
   angled forward
   advantage

The reading passage discusses three theories that have been commonly cited to explain the reason for the hammerhead shark's unique head shape.

The first theory suggests that the shark's head has evolved into such a shape to maximize its effectiveness as a weapon. The passage states that hammerhead sharks use their head to pin down their prey. However, the lecturer points out that only the great hammerhead shark – one out of nine species of hammerhead - uses its head to strike its prey in that manner. Therefore, the first theory doesn't provide an explanation that encompasses all nine species.

The second theory mentioned in the reading passage states that the unique head shape allows hammerhead sharks to change direction faster. While the lecturer does concede that hammerhead sharks are known to change direction more fluidly and rapidly than other sharks, the factor that allows for this increased maneuverability is not the head shape, but rather, the hammerhead's neck structure. Hammerheads have a more flexible spine, which allows them to change direction faster.

Lastly, the author of the reading passage states that the unique head shape allows hammerheads to be extremely sensitive to electro-sensory signals, and this heightened sensitivity allows hammerheads to track down prey more easily. The author says this also compensates for hammerheads' limited field of vision due to their eye placement. However, the lecturer contradicts this by saying that the hammerhead's eye placement actually allows for full 360-degree vertical vision. This is definitely an advantage, not a limitation.

練習問題の解説

　解答例の Introduction は「シュモクザメの独特な頭の形については３つの学説がある」と述べています。第２〜第４段落では、それぞれの学説を説明したあと、それに対する教授の反論を付け加えています。結論のパラグラフはありません。要求されている解答の全体の長さが 150 〜 225 語とあまり長くないので、Reading、Listening の主張の各ポイントは１〜２文でまとめます。Listening のポイントをできるだけ多く書くことが重要で、全体の長さは 250 語程度になっても問題はありません。また、Reading、Listening の内容を要約する際、特にReading のパッセージで使われている表現をそのまま使うと減点になります。必ず情報を自分の言葉で言い直すことが必要です。パッセージの内容をよく理解し

ていないと表面的な文章の書き換えになってしまいますから、時間をかけてじっくり読み、理解したところで、英語で、自分の言葉で書く練習をしましょう。

　例として、練習問題の Reading 第 2 パラグラフを基にどのようにまとめているかを見てみましょう。

　Due to the shape of their heads and their relatively small mouths, some have proposed that **the hammer-shaped head is used as a weapon**. Hammerheads typically hunt near the sea floor, and **they could use their head to strike prey, slamming it into the ground**. Indeed, some hammerheads have been observed **holding their prey down** while they devour it. A more normally shaped head would make this tactic difficult if not impossible to carry out.

　解答例では、上の太字で示したところの情報をまとめて、次のとおりの文章になっています。

　The first theory suggests that the shark's head has evolved into such a shape to maximize its effectiveness as weapon. The passage states that hammerhead sharks use their head to pin down their prey.

　問題の Reading、Listening それぞれのパラグラフをよく読み、1 ～ 2 文でまとめる練習をしてみてください。Passage を見ながら要約しようとすると、元の文章の構成や使われていた単語の影響を受けて、自分らしい文章が書けないので、何度もパラグラフを読み、メモを取り、そのメモだけをみて文章を書いてみてください。すべての情報を無理やりひとつの文に入れる必要はありません。2 ～ 3 文で必要な情報を書くようにします。

　Writing の Integrated Task では、ある程度決まった表現を使って、パラグラフを展開します。ひとつの解答の中で同じ表現を使うことはなるべく避けたいので、次ページに挙げている表現を覚え、Body Paragraph ごとに違う表現を使いましょう。質問は Listening の要約を求めていますから、Listening から得られた情報を先に述べて、「これは Reading の……の点に反する」のように書きます。Listening の情報から書きにくいようであれば、Reading の要点を先にまとめ、それに反して Listening では……、と書くこともできます。

Listening の論点から先に書く場合の使える表現

- 話し手を表す言葉
  The speaker / the lecturer / the professor /
- 使える動詞
  (The professor) says / states / claims / points out / insists /
  contends / argues / maintains / respons

講義の内容がテキストと相反しているという表現

counters / refutes / challenges / disputes / is in opposition to /
casts doubt on

Reading の論点を先に書く場合の表現

- パラグラフの書き出し
  (The reading passage) asserts / discusses / claims / argues
- 講義部分の書き出し
  (the speaker) refutes / provides evidence / says / asserts / declares

評価について

Writing Section では、次に示す点が評価のポイントになります。学習の参考
にしてください。

Integrated Task 評価のポイント

- 議論に一貫性があるか
- Reading の 3 つのポイントを自分の言葉で言い換えているか
- Listening の 3 つのポイントを自分の言葉で言い換えているか
- Listening の反論が、Reading のどの部分と関連しているか明らかになっ
  ているか
- 多様な語彙と文構成を使って書いているか
- 語彙の選択が適切か
- 文法的に正しい文か

Now, listen to part of the lecture on the topic you just read about.

M: In yesterday's reading assignment, you were presented with three theories that have been suggested to explain the unique head shape for which hammerhead sharks are named. All of these theories have received a good deal of support over the years; however, they do not stand up to closer scrutiny. Through thorough research, each of these theories has been discounted or refined.

Firstly, the author explains that the sharks may use their hammer-shaped heads as a weapon, and cites an example of just such behavior. However, the incidents he is referring to involve only one out of the nine total species of hammerheads: the great hammerhead. These sharks have a heavy, flat head which allows them to attack and pin their favorite prey, stingrays. However, the other eight species have smaller, often more angled heads that would be ill-suited to this technique. Therefore, this theory only applies to a further adaptation for one species, and does not explain the overall evolution of hammerheads.

Next, he discusses the possibility that their head shape may improve their maneuverability. While they definitely change direction more rapidly than other species, hammerheads do not owe this ability to their head shape. In fact, dissection has revealed that they owe their maneuverability to their neck structure. Hammerheads have a more flexible spine and unique musculature in their necks, which allow them to bend their bodies and turn much faster.

Finally, he mentions a theory proposing that their head shape allows them to have better sensory perception. While it is true that they have more widely spaced electro-sensory organs, an even greater benefit comes from their eye placement. He says that having eyes located at the ends of the hammer limits the sharks' vision. However, experiments have disproven this utterly. In fact, the placement of the eyes gives the shark full 360-degree vertical vision. Not only that, but the eyes are angled forward, which gives them an overlap of 48 degrees in their binocular vision, which is far superior to the 10 degrees observed in sharks with conventionally shaped heads.

指示：構想を立てて解答を書くために 20 分間あります。あなたの解答は、書かれたものの質と、講義の要点およびそれらとリーディングの文章との関連をどれほどよく示しているかによって評価されます。おおむね、よい解答は 150 語〜 225 語になります。

質問：今聞いた講義の要点をまとめてください。リーディングの中で示された要点にどのように疑問を呈しているかを説明してください。

present ……を示す

リーディングの文章は、シュモクザメがユニークな頭の形をしている理由を説明するときに一般的に挙げられる 3 つの学説を論じています。

第一の学説は、シュモクザメの頭が武器としての有効性を最大化するような形に進化したと述べています。文章には、シュモクザメは獲物を押さえつけるために頭を使うとあります。しかし、講義では、そのようにして獲物を頭で攻撃するのは、9 種いるシュモクザメの中の 1 種、ヒラシュモクザメだけだと指摘しています。したがって、第一の学説は 9 種すべてを包含する説明になっていません。

リーディングの文章で言及されているふたつ目の学説では、シュモクザメはユニークな頭の形をしているので、素早く方向転換ができると述べられています。講義でも、シュモクザメが他のサメよりも流れるように素早く方向を転換することは認めていますが、こうした機動性を生んでいるのは、シュモクザメの頭の形ではなく、首の構造です。シュモクザメは脊柱に柔軟性があるので、より速く方向転換ができるのです。

最後に、リーディングの文章の著者は、シュモクザメはユニークな頭の形をしているので電気信号に非常に敏感だと述べています。このように高められた感覚によってシュモクザメは獲物をより容易に追跡することができます。著者が言うには、これはまた、シュモクザメが目の位置のために視野が限られていることを補うものでもあるということです。しかし、講義は、シュモクザメは垂直に 360 度の視野がある目の配置になっていると、これに反論しています。これは間違いなく、利点であり、制約ではありません。

discuss ……を論じる／ theory 学説／ commonly 一般に／ cite（例などとして）……を挙げる／ hammerhead shark シュモクザメ（= hammerhead）／ evolve into ... ……へと進化する／ maximize ……を最大限にする／ effectiveness 有効性／ pin down ... ……を押さえつける／ prey 獲物／ lecturer 講師／ great hammerhead shark ヒラシュモクザメ／ species（生物の）種／ strike ……を攻撃する、攻撃／ encompass ……を包含する／ concede ……だと認める／ fluidly 流れるように、流麗に／ rapidly 素早く、急速に／ factor 要因、原因／ increased 増大した／ maneuverability 機動性／ structure 構造／ flexible 柔らかい／ spine 脊柱／ extremely sensitive 非常に敏感な／ electro-sensory signal 電気受容信号／ track down ……を追跡する／ compensates for ... ……を補う／ field of vision 視野／ contradict ……に反論する／ vertical 垂直の／ vision 視界、視野／ definitely 間違いなく

Reading 訳と語注

海で泳いでいるサメの全種類の中で、シュモクザメほど独特な姿をしたものはありません。名前の由来であるハンマーの形をした長い頭部は、ひと目で見分けがつきますし、何世紀にもわたって考察の対象となってきました。言うまでもなく、このような徹底的な外形の変化は、（進化の過程の）適応だということです。しかし、何のために？ 数多くの学説が提唱され、最も賛同を集めたものの中には、殴りつけるためのこん棒のような武器となる、機動性を増す、感覚を鋭くする、といったものがあります。

頭部の形と比較的小さい口から、ハンマーの形の頭部は武器として用いられるという説を提唱する者がいます。シュモクザメは通常、海底近くで狩りを行います。頭で獲物を叩いて獲物を得られるかもしれません。たしかに、シュモクザメが獲物を捕食する際に押さえつけているのが、複数観察されています。頭部の形がもっと一般的なものであったなら、こうしたやり方は、不可能ではないにしても、もっと難しかったでしょう。

幅が広く平らな形の頭部は、さらに別の物理的目的を果たすかもしれません。水中翼の役割です。他の種類のサメは、多かれ少なかれ、攻撃の際には直線的に動きます。しかし、シュモクザメは、急速に方向転換するのが観察されており、頭部がその理由かもしれません。飛行機の翼によく似た形の頭部が水中で揚力を発生させている可能性があります。この付加的なエネルギーは、獲物を追う際の鋭い方向転換に容易に利用できます。

ハンマーの形が感覚能力を増すために役立っていることも考えられます。たいていの種のサメと同様に、シュモクザメも鼻先の下に電気感覚器官を持っています。これらの敏感な器官によってサメは、どんな動物でも放出しているかすかな電気信号を感知することができ、獲物をより容易に追うことができるのです。増加した感覚器官は、目の位置のために視野に制限があることを補っているのでしょう。

distinct profile はっきりした特徴／**elongated**（不自然に）長い／**instantly recognizable** すぐに見分けられるような／**invite** ……の誘因になる／**speculation** 推論／**obviously** 言うまでもなく／**radical** 徹底的な／**alteration in shape** 形の変化／**adaptation** 順応、適応／**propose** ……を提唱する／**garner**（支持など）を集める／**bludgeon** ……をこん棒で何度も打つ／**sensory reception** 感覚の受容／**slam** ……を叩きつける／**into the ground** 倒れるまで、力が尽きるまで／**hold ... down** ……を押さえつける／**devour** ……をむさぼり食う／**tactic** 兵法、戦術／**carry out** ……を実行する／**hydrofoil** 水中翼／**species**（生物の）種／**be dedicated to -ing** もっぱら……する／**lift** 揚力／**be channeled into ...** ……に向けられる／**pursue** ……を追いかける／**serve**（目的）にかなう／**sensory ability** 感覚能力／**electro-sensory organ** 電気受容感覚器官／**snout** 鼻先、吻／**detect** ……を検知する／**faint** わずかな、かすかな／**electrical signal** 電気信号／**emit** ……を放出する／**track** ……を追跡する

では、いま読んだトピックについての講義の一部を聞いてください。

男性：きのうの読書課題で、みなさんは、シュモクザメの名前の由来であるユニークな頭の形について説明を試みている3つの学説を読みましたね。これらの学説はすべて、長年にわたって多くの支持を得てきました。しかしながら、より厳密な精査に耐えるものではありません。徹底的な調査を通して、これらの学説はどれも、疑われたり修正されたりしています。

第一に、著者はシュモクザメがハンマー型の頭を武器として用いるかもしれないと説明し、そのような行動の例を示しています。しかしながら、著者が述べているようなことは、9種いるシュモクザメの中で1種、ヒラシュモクザメのみに見られることなのです。ヒラシュモクザメは重くて平らな頭を持っており、それで大好物の獲物であるアカエイを攻撃し押さえつけることができます。しかし、他の8種の頭はもっと小さく、しばしばもっと角度がついていて、この技には向いていません。したがって、この学説は、ひとつの種の追加的な適応について当てはまることであり、シュモクザメの進化を全体的には説明しません。

次に、著者は、シュモクザメの頭の形が機動性を高めているかもしれないと論じています。シュモクザメは、たしかに、他の種よりも素早く方向転換しますが、それは頭の形によるものではありません。実際のところ、解剖によって、シュモクザメの機動性は首の構造によるものだと明らかになっています。シュモクザメの首は、脊柱に柔軟性があり、筋肉組織が独特なので、素早く体を曲げて回転することができるのです。

最後に、著者は、シュモクザメが頭の形によって、より知覚が高くなっていると主張する学説に言及しています。たしかに、シュモクザメはより範囲の広い電気受容感覚器官を持っていますが、さらに大きな利得は、目の位置からくるものです。著者は、ハンマーの端に目があることでシュモクザメの視界が制限されると述べています。しかし、実験の結果は、これが誤りだとはっきりと示しています。実際のところ、この目の位置により、シュモクザメは垂直に360度にわたる視界があります。それだけでなく、目の位置は前方に角度が付いており、両目の視野が48度重なり合っています。これは頭がふつうの形をしたサメと比較して10度も上回っています。

reading assignment 教科書などを読んでおくという宿題／stand up to ... ……に耐える・持ちこたえる／scrutiny 詳細な調査／thorough 綿密な／discount ……を疑う／refine 改善・改良する／cite （例などとして）……を挙げる／incident 出来事／refer to ... ……に言及する／involve ……と関わる／pin 押さえつける、組み伏せる／favorite 好物の／stingray アカエイ／angled 斜めの、角度のついた／apply to ... ……に当てはまる／further さらなる、追加的な／evolution 進化／definitely 間違いなく／owe ... to ~ ……は～のおかげだ／dissection 解剖／reveal ……を明らかにする／neck structure 首の構造／musculature 筋肉組織／bend ……を曲げる／sensory perception 知覚／electro-sensory organ 電気受容感覚器官／placement 配置／disprove ……の誤りを証明する／utterly 完全に／binocular 両眼の／be far superior to ... はるかに優れている／observed in ... ……において見られる／conventionally 慣例的に、従来通りに

Writing for an Academic Discussion Task の問題と解答の組み立て方

　Academic Discussion Task は、提示された情報に基づいて教授の質問にオンライン上で答える設定です。画面に表示される問題は教授の提示した質問とそれに対するふたりの学生の応答です。それを読んで自分の考えを 10 分以内に書きます。ある程度の点数を取るためには最低 100 語以上の文章を書く必要があります。

Academic Discussion Task
(Writing)
（準備＋解答時間 10 分、語数 100 語以上）
教授の示した質問に、ふたりの学生の意見と絡めながら、
理由と具体例を入れて自分の意見を述べる。

以下のような画面が現れます。

Your professor is teaching a class on（授業の名前）. Write a post responding to the professor's question.

In your response, you should do the following.

- Express and support your opinion.
- Make a contribution to the discussion in your own words.

An effective response will contain at least 100 words.

教授の質問

学生①の意見

学生②の意見

解答欄

このタスクでは、下に示した条件を満たした短いパッセージが書けるかどうか試されています。設定は次の週の授業の前のブレインストーミングと考えてください。学術的ではなく会話調で書いて構いませんが、あくまでも授業の中で使う英語ですから、スラングや砕けた表現は避けて書きます。

1. 教授の質問、他の学生の意見を読んだうえで、自分の意見を明確に示す。
2. 明確で一貫性のある意見を例を交えて詳しく示す。
3. 適切な文法、文構成、語彙を使用し、授業でふさわしい表現で書く。

以下の点に留意して解答を作成します。

1. 教授の質問をしっかり読んで何を聞かれているか把握する。
2. 学生①、学生②の意見を読んで、自分の意見を決める。
3. 解答の冒頭でどちらかの学生の考えについての意見に触れ、自分の立場を表明する。
4. 学生①②と同じ立場の意見の場合も反対意見の場合も、自分なりの視点で例を交えて理由を説明する。
5. 例は視覚化できる自分の経験、身近な事柄などを使用する。
6. 100 語は超えるようにする。Writing で 25 点以上を狙う場合には 125 語は越えるようにする。

　解答欄の上部に書いた語数と残り時間が表示されますので、確認しながら解答を書きましょう。

Academic Discussion Task 練習問題

この問題ではまず指示文が表示されます。これはどの問題でも統一された文言です。Your professor is teaching a class on のあとに何の授業か（この問題の場合は child development）が示されています。

教授の質問に続いて、それに対するふたりの学生の応答が続きます。これを参考にして自分の意見を書きます。教授の質問と学生の応答を読む時間、自分の考えをまとめる時間、書く時間すべてを含めて 10 分間で完成させます。

Writing　　　Question 2　　　

Directions: Your professor is teaching a class on child development. Write a post responding to the professor's question.

In your response, you should do the following.
- Express and support your opinion.
- Make a contribution to the discussion in your own words.

An effective response will contain at least 100 words.

 Dr. Andon

We often hear discussions about the benefits of youth participation in team sports. Some argue that parents should encourage their teenage children to actively engage in sports activities. However, others contend that sports activities can place excessive pressure on teenagers and interfere with their academic work. Should parents urge their teenage children to do sports? Why or why not?

John

I think team sports are important for teenagers as they can help young people develop many life skills and positive traits, including teamwork, discipline, and perseverance. Experiencing a competitive sports environment also helps enhance physical abilities and health. There are nothing but benefits to team sports activities!

 Serah

I think participation in competitive sports teams often puts pressure on teens, both mentally and physically. I don't think parents should urge teenage children to do sports unless they want to. They might have other talents they prefer to develop, like art or music.

解答欄

133

I completely agree with Serah's perspective. While sports can definitely be a great way for teenagers to acquire important life skills like teamwork and discipline, it's crucial for parents to recognize that not all teenagers are interested in sports. I think teenagers should be encouraged to explore different interests and hobbies to find what suits them best. Personally, I'm not very athletic and prefer to spend my time reading and playing the piano. Through these activities, I've learned discipline and focus. I also find them relaxing and fulfilling. I believe there are plenty of activities other than sports that teenagers can engage in to develop essential life skills, and parents need to support their children in finding what is best for them.

Academic Discussion Task の評価基準

この Task の評価基準を見てみましょう。採点はアメリカの ETS の採点官と e-rater と呼ばれる AI が行います。Score Report では Writing の点は Integrated Task と合わせて 30 点満点で示されますが、それぞれの Writing の Score は 0 〜 5 で 1 点刻みで評価されます。受験者にはこの Score は公開されません。

Score 5 を取るためには以下を満たす必要があるとされています。

1 教授の質問に的確に答える。
2 自分の意見をはっきり示す。
3 オンライン上の討議に貢献している。
4 言語の使い方が一貫している。

典型的な解答は

● 聞かれたことに的確に答えており、例、詳細を含めその理由が細かく説明されている。

● 多様な構文を効果的に使用し、適切な語彙、イディオムが効果的に使用されている。

● 語彙や文法のエラーがない。（よくあるタイプミス、スペリングミスなどは多少は仕方がないと考えられる）

これは最高点の Score 5 を取る場合です。全体で 80 点を目指すには Score 4 は欲しいところです。

Score 4 に関しては、次のように定義されています。
> 1 質問に的確に答えオンライン討議に参加してる。
> 2 自分の意見が伝わりやすい言葉の使い方ができる。

- 聞かれたことに的確に答えており、例、詳細を含めその理由が適切に説明されている。
- 多様な構文を使用し、適切な語彙を使用されている。
- 語彙や文法のエラーがほとんどない。

以下を念頭に置いて解答を組み立てましょう。
- 自分の意見をはっきり明記する。
- 自分の意見が前述の学生の意見と相反するか、同意するかを表明する。
  その際に学生の意見を違う言葉で表現する。
- 他の学生と同じ意見であっても、自分独自の視点で理由を説明する。
- 理由は例など詳細を示して詳しく述べる。
- 同じアイデアを繰り返さない。

問題の解答と解説

では解答例を見てみましょう。
解答例では評価基準で求められている点が以下のようにカバーされています。

---

① I completely agree with Serah's perspective. While sports can definitely be a great way for teenagers to acquire important life skills like teamwork and discipline, ② it's crucial for parents to recognize that not all teenagers are interested in sports. ③ I think teenagers should be encouraged to explore different interests and hobbies to find what suits them best. ④ Personally, I'm not very athletic and prefer to spend my time reading and playing the piano. ⑤ Through these activities, I've learned discipline and focus. I also find them relaxing and fulfilling. ⑥ I believe there are plenty of activities other than sports that teenagers can engage in to develop essential life skills, ⑦ and parents need to support their children in finding what is best for them.

①の文で他の学生の意見に同意していることを示している。

②③の文で自分の意見を表明している。

④⑤の文では自分の場合を例に出して他のアクティビティからもスポーツと同様に生活に役立つスキルを学べることを述べている。

①の文では副詞節（while sports can definitely be a great way for teenagers to acquire important life skills like teamwork and discipline）、③の文で名詞節 (that teenagers should be encouraged to explore different interests and hobbies, what suits them best)、⑥の文で形容詞節（that teenagers can engage in）が使われている。

質問の訳

教授が「子どもの発達について」の授業をしています。教授の質問に答える解答を書いてください。

解答では以下のことを行ってください。
- 自分の意見を述べ、その理由を述べる。
- 自分の言葉で議論に貢献する。

効果的な解答は、少なくとも100語が必要です。

Dr. Andon
青少年がチームスポーツに参加することの利点についての議論をよく耳にする。親は10代の子どもに積極的にスポーツ活動に参加するよう勧めるべきだという意見もある。しかし、スポーツへの参加はティーンエージャーに過度のプレッシャーを与え、学業に支障をきたすという意見もある。親は10代の子どもにスポーツをするよう勧めるべきか。それはなぜか。

John
チームスポーツは、チームワークや規律、忍耐といった多くの生涯役立つスキルを養うことができるので、ティーンエージャーにとって重要だと思う。競争的な環境を経験することで、より身体能力を養い、健康にもなる。チームスポーツにはメリットしかない！

Serah
競技スポーツチームは、精神的にも肉体的にも10代の若者にプレッシャーを与えることが多いと思う。本人がスポーツをやりたいと思わない限り、親は10代の子どもたちにスポーツをするよう勧めるべきでないと思う。彼らには芸術や音楽のような他の才能があるかもしれないから。

解答例の訳

私はセラの考え方に完全に同意する。スポーツは、ティーンエージャーがチームワークや規律といった重要なライフスキルを身につけるための素晴らしい方法であることは間違いありませんが、すべてのティーンエージャーがスポーツに興味を持つとは限らないことを親が認識することも重要です。ティーンエージャーは、自分に合ったものを見つけるために、さまざまな興味や趣味を探求するよう勧められるべきだと思います。個人的には、私はあまり運動が好きではなく、読書やピアノを弾くことに時間を費やしています。これらを通して、私は規律や集中を学びました。とてもリラックスできるし達成感もあります。ティーンエージャーが必要不可欠なライフスキルを身につけるために取り組める活動は他にもたくさんあると思います。親は、子どもたちが自分に合ったものを見つけられるようにサポートしてあげる必要があります。

　Academic Discussion Task ではいろいろな授業に関する問題が出る可能性があります。以下の ETS のサイトでは実際の問題が 28 題体験できます。
https://www.jp.ets.org/toefl/test-takers/ibt/prepare/practice-tests.html
（もしくは検索ボックスで「ETS TOEFL iBT 練習テストとセット」と検索）
テストと同じ条件で解答欄に解答を打ち込むと、Score 1 ～ 5 で e-rater の判定が即座に出ます。解答時間のカウンターも表示されますので、有効に利用しましょう。

　実際のテストでは聞かれている質問に対して意見をサポートする適切な理由や例が思い浮かばないと、時間はすぐに過ぎてしまいます。なるべく多くの問題に対する意見を考え、どのような例を使って説明すべきか考えておきましょう。

　次のページに 21 題例題を上げました。理由、具体例などを考えてみましょう。10 分間で解答を書いてみるのもよい練習になるでしょう。

❶ What do you think is the most significant effect that social media has on people? Why do you think social media has this effect?

❷ What do you think is the most significant effect on individuals and society resulting from Generative AI such as ChatGTP or Bard? Why do you think Generative AI has this effect?

❸ If you were a policy maker, which issue would you consider more critical: healthcare or the development of infrastructure such as roads and Wifi networks? Why?

❹ What medical or healthcare breakthrough or innovation from the last one hundred years would you choose as being very significant, and why?

❺ What advancement in technology or communication from the last one hundred years would you choose as being very significant? Why?

❻ What advancement in entertainment from the last one hundred years would you choose as being very significant? Why?

❼ Is social media primarily a tool for connecting people or a platform for spreading misinformation and fake news? Discuss your perspective on the role of social media in society.

❽ Suppose a country's government wants to promote the use of renewable energy. What strategy or approach could they adopt to encourage individuals and businesses to switch to renewable energy? Why do you think this strategy would be effective?

❾ Some managers evaluate employees based solely on their quantifiable achievements, such as sales results. Other managers consider factors like effort, collaboration, and personal growth when assessing their employees. Which approach do you believe is more effective? Why?

⑩ In the world of sports, there is an ongoing debate about selecting athletes for professional teams. Some team managers focus solely on athletes' performance in tryouts and competitions. Others consider additional factors such as teamwork, discipline, and attitude. In your view, which approach is better: selecting athletes based solely on performance, or taking into account their overall qualities and contributions to the team?

⑪ Think of one significant problem existing in the digital realm, such as cybersecurity, data privacy, misinformation, or a related concern. Then explain what you think would be an effective solution to this problem.

⑫ When discussing land management, the utilization of forests is an important consideration. Some people argue for preserving forests as untouched natural habitats, emphasizing their ecological importance. However, others propose utilizing forests for economic purposes, such as logging for timber production or land development for agricultural use. In your opinion, which is the better use of forests? Why?

⑬ We've been discussing the importance of immigrants' integration into their new country's society. How much support should the government provide them? Some argue that providing comprehensive resources, such as language classes, cultural orientation programs, and job training, is essential for successful integration. However, others assert that immigrants should primarily be responsible for their own integration, relying on their own resources. What are your thoughts on the matter?

⑭ Some people assert that introducing music education to young children brings various cognitive, emotional and social advantages. They say it helps nurture children's creativity, coordination, and self-expression. Critics of early music education argue that mastering a musical instrument requires significant investments of time and money. They believe that only individuals with a genuine interest in music should pursue it. Do you think it's a good idea for young children to spend time learning music? Why or why not?

⑮ Self-driving vehicles are becoming a reality and have the potential to benefit people in the future. Do you believe that autonomous driving systems greatly reduce the burden on drivers, or do you think they pose significant risks to pedestrians? Why?

⑯ There are many registered World Heritage Sites throughout the world. Some people say that obtaining World Heritage status brings a place numerous benefits, such as increased international recognition, tourism revenue, and conservation efforts. However, some contend that the designation can lead to the sites' overcrowding, excessive commercialization, and deterioration. In your opinion, does World Heritage status ultimately impact historically significant sites positively or negatively?

⑰ This week we will be discussing the shortage of medical facilities in many regions of the world. In some of these areas, there has been a significant decrease in both population and healthcare facilities, resulting in limited access to medical services. Now, think about places in your country that are facing a shortage of medical facilities. In your post, I would like you to discuss what you think is the most effective approach that the government can adopt to address this issue.

⑱ In the medical field, newly qualified doctors can choose to work in busy city hospitals or go to remote areas where medical services are lacking. Consider the advantages of each choice. Which do you think is the better path for a recent medical school graduate? Why?

⑲ What do you think is better for students in general: doing assignments by themselves or working together in a group? Some people contend that individual assignments enable students to develop independent thinking and take full responsibility for their work. On the other hand, group assignments promote collaboration, communication, and the sharing of diverse perspectives. Which do you think is better?

⑳ When it comes to attending classes, there are advantages and disadvantages of online learning versus traditional face-to-face classes. Some people argue that online classes provide flexibility and convenience and allow for self-paced learning. Others believe that face-to-face classes offer more effective interaction and immediate feedback from other students and teachers. Which mode of learning—online or face-to-face—do you think is more beneficial for students? Why?

㉑ In primary and secondary education, building a strong sense of community in school classes is important. Some say it is essential for students to engage in collaborative activities in order to enhance teamwork, communication, and mutual understanding among students. Do you agree or disagree with this viewpoint? Why?

❶ ソーシャルメディアが人々に与える最も大きな影響とは何だと思いますか。なぜソーシャルメディアがそのような影響を与えると思いますか。

❷ ChatGTP や Bard などの生成 AI が人々に与える最も大きな影響は何だと思いますか。また、なぜそのような効果があると思いますか。

❸ もしあなたが政策立案者だとしたら、医療と道路や無線 LAN などのインフラ整備、どちらがより重要な問題だと考えますか。なぜですか。

❹ 過去 100 年間の医学・医療の画期的な進歩や革新のうち、あなたが重要だと思うものを選び、その理由を教えてください。

❺ 過去 100 年間の技術や通信の進歩の中で、あなたが重要だと思うものは何ですか。その理由は？

❻ 過去 100 年間の娯楽の進歩の中で、あなたが重要だと思うものは何ですか。その理由は？

❼ SNS は主に人々をつなぐツールなのか、それとも誤った情報やフェイクニュースを広める基盤となるものなのか。社会におけるソーシャルメディアの役割について、あなたの見解を述べなさい。

❽ ある国の政府が再生可能エネルギーの利用を促進したいと考えているとします。個人や企業に再生可能エネルギーへの転換を促すために、どのような戦略やアプローチが考えられますか。なぜその戦略が効果的だと思いますか。

❾ 従業員を評価する場合、営業成績のような数値化できる成果のみに基づいて評価するマネージャーもいる一方、努力、協調性、個人の成長といった要素を考慮するマネージャーもいます。業績のみに基づいて従業員を評価するのと、努力や個人的な成長といった付加的な要素を考慮するのとでは、どちらのアプローチの方が効果的だと思いますか。なぜですか。

❿ スポーツの世界では、プロチームの選手選考に関する議論が続いている。一部のチームマネージャーは、トライアウトや大会での選手のパフォーマンスだけに注目します。対照的に、チームワーク、規律、態度といった付加的な要素を考慮する人もいる。あなたの見解では、パフォーマンスのみに基づいて選手を選ぶのと、総合的な資質やチームへの貢献度を考慮して選手を選ぶのとでは、どちらのアプローチが優れていると思いますか？

⓫ サイバーセキュリティ、データプライバシー、デマ情報、あるいはそれらに関連する問題など、デジタル領域に存在する重大な問題をひとつ考えてください。そして、その問題に対する効果的な解決策を説明してください。

⓬ 国土管理について議論する際、森林の利用は重要な検討事項となります。森林の生態学的重要性を強調し、手つかずの自然生息地として森林を保護することを主張する人もいます。しかし、木材生産のための伐採や農業用の土地開発など、経済的な目的のために森林を利用することを提案する人もいます。あなたの意見では、森林の用途としてどちらがよいと思いますか。それはなぜですか。

⓭移民が新しい社会に溶け込むことの重要性について議論してきました。政府は移民にどれだけのサポートを提供すべきなのでしょうか。統合を成功させるためには、語学クラス、文化オリエンテーション・プログラム、職業訓練などの包括的なリソースを提供することが不可欠だと主張する人もいます。しかし彼ら自身が自分の利用できるものを利用して社会に溶けこむ責任を担うべきだと主張する人もいます。あなたはこの問題についてどう考えますか。

⓮幼児に音楽教育を導入することは、認知的、情緒的、社会的にさまざまな利点をもたらすという意見もあります。創造性、協調性、自己表現力を育むのに役立つのです。しかし、楽器をマスターするには多大な時間と金銭的投資が必要だという批判もあります。彼らは、音楽に純粋な関心を持つ個人だけがそれを追求すべきだと信じています。幼い子どもたちが音楽を学ぶのに時間を費やすのはよい考えだと思いますか。その理由は何ですか。

⓯自動運転システムは現実になりつつあり、将来的に人々に恩恵をもたらす可能性を秘めています。自動運転システムはドライバーの負担を大きく軽減すると思いますか。それとも歩行者に大きなリスクをもたらすと思いますか。その理由は？

⓰世界には数多くの世界遺産が登録されています。世界遺産の認定を受けることで、国際的な認知度の向上、観光収入の増加、保護活動など、多くのメリットがもたらされるという意見もあります。しかし一方で、世界遺産に登録されることによって、過密化、過度の商業化、遺跡へのダメージがもたらされるという意見もあります。あなたの意見では、世界遺産に登録されることは、最終的に歴史的に重要な遺跡にプラスに作用するのでしょうか。それともマイナスに作用するのでしょうか。

⓱今週は、世界の多くの地域で医療施設が不足していることを取り上げます。これらの地域では、人口や医療施設の減少が著しく、その結果、医療サービスへのアクセスが制限されています。さて、あなたの国で医療施設不足に直面している場所を考えてみましょう。この問題に対処するために政府が採用できる最も効果的なアプローチについて考えてください。

⓲医療分野では、新米医師は忙しい都会の病院で働くか、医療サービスが不足している遠方に赴くかを選ぶことができます。それぞれの利点を考えてみましょう。新卒医師にはどちらの道がよいと思いますか。なぜですか。

⓳ひとりで課題をこなすのと、グループで取り組むのとでは、一般的にどちらが生徒にとってよいと思いますか。個人課題は、生徒がの自立した思考を養い、自分の課題に全責任を持つことを可能にするという意見があります。一方、グループ課題は、共同作業、コミュニケーション、多様な視点の共有を促進します。どちらがよいと思いますか。

⓴授業に出席する場合、オンライン学習と従来の対面式授業には長所と短所があります。オンライン授業は、柔軟性、利便性、自分のペースで学習する機会を提供するという意見があります。一方、対面式の授業のほうが、他の生徒や教師との交流が深まり、すぐにフィードバックが得られるという意見もあります。オンラインと対面式、どちらの学習方法が学生にとって有益だと思いますか。なぜですか。

㉑初等・中等教育では、学校のクラス内で強い絆を築くことが重要です。生徒同士のチームワーク、コミュニケーション、相互理解を高めるために、生徒が一緒に協力して行う活動が不可欠だという意見もあります。この意見に賛成ですか、反対ですか。なぜですか。

Writing for Academic Discussion で使える表現

Writing for Academic Discussion で使える表現をまとめました。同じ表現が続かないよう、多彩な語彙を使えるようになりましょう。ただし、下記の語の中でもあまり意味がピンとこない表現は残念ながらまだ使えません。

同意する	☐ I agree with Claire. ☐ I share Claire's viewpoint. ☐ My perspective is the same as Claire's. ☐ I support Claire's stance.
意見／視点	☐ opinion ☐ statement ☐ idea ☐ proposal ☐ standpoint ☐ viewpoint ☐ perspective ☐ point of view ☐ insight
～と確信する	☐ I firmly believe ☐ I have no doubt ☐ I am convinced that
重要な／必須の	☐ significant ☐ crucial ☐ vital ☐ indispensable ☐ valuable ☐ essential ☐ imperative
有益だ／貢献できる	☐ be beneficial ☐ contribute ☐ have a positive effect/impact

美しい／素晴らしい	☐ beautiful ☐ picturesque ☐ stunning ☐ breathtaking
要求などを受け入れる ために／ 対処するために	☐ to accommodate ☐ to deal with ☐ to respond to
うまくいかない	☐ struggle to do ☐ have trouble with ☐ fail to achieve
励ます／ やる気にさせる／ 促進する	☐ promote ☐ motivate ☐ prompt ☐ inspire ☐ boost ☐ foster ☐ encourage ☐ facilitate
注目を浴びる	☐ attract attention ☐ draw attention ☐ be the center of attention
関心を高める	☐ raise awareness ☐ generate interest ☐ increase interest ☐ enhance interest ☐ provoke interest

たくさん／いろいろな	☐ numerous ☐ various ☐ diverse
知り合う	☐ get to know ☐ familiarize oneself (with) ☐ build a relationship ☐ get/become acquainted ☐ form a connection
深い／核心をつく／ 思慮に富んだ	☐ profound ☐ deep ☐ meaningful ☐ thoughtful

第 3 章

セクション別・レベル別
学習アドバイス

TOEFL は簡単なテストではありません。どのセクションを取ってみても高度な英語力が要求されます。このテストは本来は英語圏の大学・大学院留学のための英語力を判定するためのテストですが、近年では日本の大学・大学院などの受験、企業内での英語力測定などにも使われていますので 60 点を目標にしている受験者も増えてきましたが、60 点を目標としている受験者はどこから手をつけてよいかわからない、という気持ちになるかもしれません。反対にどのレベルであってもTOEFL iBT に取り組むことで、英語力を多面的に向上させることができます。現在の高校の英語のカリキュラムでも 4 技能に力を入れていますので、このテストを通して英語 4 技能を向上させましょう。

　受験者の英語レベルによって学習に力を入れるべき点もさまざまです。以下にセクション別、レベル別にアドバイスをまとめました。自分に合ったものを選んで実践してください。

セクション別アドバイス

Reading

　Reading は日本の中学校、高校の授業で英語学習をしてきた受験者がいちばん時間をかけてきている分野ですが、Reading とは訳読と考える受験者がまだ多くいます。TOEFL iBT の Reading Section では、「18 分という時間内に、どれだけの情報を的確に得られるか」が試されますから、訳読をしている時間はありません。読み方を変えて時間をかけて勉強しましょう。いちばんの得点源になるはずです。文章の構成を正しく追いながら、それぞれのパラグラフが何を述べているか、まとめながら読めるようになると高得点が望めるでしょう。語彙力も大切です。一見わかっていそうな単語も文章の中でどのような意味で使われているのか、正しく理解できるようにならなくてはなりません。このセクションの得点を上げることが全体の点数を上げるうえで最も大切です。

1. TOEFL iBTのReading Passageの取り組み方

　TOEFL の練習問題を解く場合は、まず制限時間 18 分で試験と同じように問題を解いてみます。そのあとでそれぞれの設問の答えとなる箇所に下線を引いてみましょう。答えとなる情報は必ず文中にあります。Except 問題は正解の選択肢以外の情報が本文中にあるはずです。チェックしましょう。次に文の主節の主語・動詞などを確認しながら、精読を行ってください。訳読をするときのように枝葉

の情報から理解していくのではなく、まず主節の言わんとしていることを把握し、枝葉情報も理解する、という順序です。おのずと出てきた語順で読んでいくようになります。実際のテストのときには時間をかけてパッセージを読むことはできませんが、ふだんの練習で精読をしておけば、読むスピードを上げられるようになりますし、パッセージのどこに大切な情報があるかがわかるようになります。文章を文の頭から読めるようになるとリスニング力アップにもつながります。

2. 語彙力の強化

　Reading Section が 20 点以下の場合は、基礎的な語彙が足りていない可能性があります。分野ごとの語彙が大切だと思われるかもしれませんが、このレベルの受験者は基礎的な単語力が足りません。単語集を使ってもよいですし、パッセージの中に出てくる単語、特に動詞をリストアップして覚えてもよいでしょう。

　パッセージの音読も大切です。意味を考えながら繰り返し行ってください。文章の意味を取りながら新しい語を覚えるので、定着度が高くなります。音読をするときは文章のはじめから読まざるを得ないので、文章を頭から理解する癖もつきます。また類語問題に出てくる語の中には、一見同じような意味に思えても、使われる分野によって意味が違うものもありますので、辞書で意味を再確認し、インターネットでその語を含む文章を探して読んでみましょう。特に中学校で学んだ語は多くの意味を持つ語が多く、理解の妨げになっていることがあります。例えば、名詞 subject には、「主題」、「議題」、「主語」、「科目」、「題材」、「調査の対象」、「家臣」、「被疑者」などの意味があります。よくわかっていると思われる語も辞書で意味を確認してください。

3. アカデミックな話題に慣れる

　TOEFL テストの文章は、大学の一般教養の教科書で扱われている話題です。小説や新聞とは内容が違いますから、いろいろな学問分野の基礎的な知識を持つことが、テストの英文を読む上でかなり助けになります。知識といっても小中学校で学ぶ基本的な事柄です。例えば理系の教科に関するものを読みつけていない場合は、日本語でよいので、生物、天体、地学、気象学などについて読んでおきましょう。理系が専門で文系の知識が足りないと思われる場合は、歴史（特に古代文明）、芸術、心理学について読みましょう。専門的な知識は要求されませんから、インターネットなどで一般的な事柄を復習しておくとよいでしょう。それと並行して、その分野について英語で読むようにします。新聞の記事でもよいで

すし、インターネット上にも興味深い記事があります。

Listening

　世代によって、また学んできた英語学習のタイプによって、かなり実力に違いのあるスキルです。学習者の中で特に多いのは Listening そのものに今まであまり時間を割いてきていない人です。この場合は、とにかく英語を聞く時間を増やさなくてはいけません。ただ英語を流すように聞いているのでは効率が上がりませんから、「Listening 攻略」の 60 ～ 68 ページにある方法を参考に、日々練習を重ねてください。TOEFL iBT の点数はある程度 Listening 力で決まります。地道に時間をかけることが点数を伸ばす秘訣です。

1. 会話表現に慣れる

　Listening Section の会話文には口語的な表現が多く含まれています。慣用表現が多く、意味を知らないことには聞いて理解することはできません。スクリプトの意味を確認したら、自分が話している気持ちになって、音読を繰り返しましょう。音声を再生しながら音読するオーバーラッピングもよいでしょう。いずれにしても単に英語を口から出すのではなく、意味を自分に覚え込ませるように練習することが大切です。

2. 語彙力強化

　知らない語は何回聞いてもわかりませんから、とにかく語彙を増やさなくては、特に講義は理解できません。また、文字で見れば難なくわかる語が、音で聞くとわからないという場合も多々あるでしょう。パッセージを聞いたら、必ずスクリプトを見ながら聞いて内容を確認します。理解を妨げる原因は言葉と言葉の音のつながりが理解できていない、個々の単語の発音に慣れていない、などが考えられます。つながる音が妨げになっている場合は、その箇所だけ書き取りをしてみてください。その上で、スクリプトは見ずに繰り返し音声を聞き続け、自分でも同じ音が出せるようになると英語の音が理解できるようになります。自分の声を録音して音源と比べてみましょう。

　全体の内容がわかるようになったら、そこで聞くことをやめるのではなく、繰り返し聞くようにします。新しい語が耳から覚えられるようになります。

Speaking

多く受験者が、「スピーキングセクションは難しい」と感じていることと思います。このセクションでは英会話と違って、与えられた時間の中でひとりで話し続けなくてはいけませんし、論理立てて話すことも求められているからです。しかしながら、実はこのセクションはある程度まではいちばん点数の出やすいセクションなのです。Speaking Section の平均点は、他のセクションと同様に約 20 点なのですが、点数の分布を見てみると、90 パーセント近くの受験者が 15 点以上を出していることがわかります。一方で、8 割の受験者が 24 点以下です。すなわち、7 割の受験者の点数が 15 ～ 24 点に集中しているわけです。Reading、Listening の場合は 7 割の受験者の分布が大体 11 点から 27 点ですから、Speaking は、ある程度までは点数が出しやすい分野と言えます。

1. とにかく制限時間いっぱい話す

同じ問題を繰り返し何度も練習してください。内容を英語でメモしておいて、それに従って話します。文章を作っておいてそれを覚えることは、お勧めしません。その文章を言うことはできても、応用力が育たないからです。また採点官が解答が明らかに覚えたものだと判断すると、点数が下がってしまいます。ですから、メモも単語をリストするにとどめます。同じ問題を何度も練習してみます。その際、毎回自分の音声を録音しチェックしましょう。短い文で完全な文を話しているか。Independent 問題では具体例が理由をサポートしているか、理由が質問の答をサポートしているか、質問の答えが的を射ているか、などです。Integrated では時間内に重要な点だけを述べているか、確認してください。繰り返し練習するうちに、45 秒間または 60 秒間に自分はどの程度話せるかがわかってきます。

2. Independent Taskに対する答えをなるべく多く準備しておく

身近な話題について、何を聞かれても答えられるように話す内容を準備しておきましょう。自分の本当の意見を述べる必要はありません。理由を考えやすい立場を選び、具体例も考えておきます。具体例の思いつく意見を自分の意見としてもよいでしょう。90 ～ 91 ページの設問を参考に考えをまとめておきましょう。

3. Listening力を伸ばす

Integrated Task では、聞き取れないことには、話すこともできません。Speaking の教材も Listening 練習に使いましょう。1文1文止めながら、リピート練習を行います。

Writing

書く力を向上させるには？

Writing 問題では内容はもちろん、文法的に正しく文が書けているか、語彙を正しく使っているかも評価の対象になります。「Writing は誰かに添削してもらって間違いを正していくもの」と思っている学習者も多いのですが、Writing 力を伸ばすには自分で自分の Writing を添削できるようにならなくてはなりません。この項では最新のテクノロジーを駆使して Writing 力を上げていく方法をいくつか提案したいと思います。

書いた英文を自己チェック

文章を書いてすぐは自分の誤りはなかなか見つけられません。自分で一生懸命書いたのですから当然です。でも他の人の書いたものの間違いはすぐに指摘できるのではありませんか。他の人の書いたものは客観的に見ることができる

> 英文自己チェックの確認点
> **内容**について
> 1. 質問に正しく答えているか。
> 2. 意見の説明に説得力があるか。
> 3. 例は意見をサポートしているか。

からです。解答を書いたらまずは見直し、その段階で直せる間違いは直します。その後、少なくとも2時間は間をおいてから見直してみてください。時間をおいて読み直してみると自分の書いたものも客観的に読めるようになります。まずは内容のチェックです。

1. 質問に正しく答えているか。

Writing においても Speaking においてもこれが一番大切です。Integrated Task の場合は、講義の要約と、それがテキストのポイントとどのような関係にあるのかを説明することが求められていますから、その形で書けているかチェッ

クしてください。テキストのポイントを先に書いている場合でも、その論点が講義でどのように論じられているか、という形で書く必要があります。

Academic Discussion Task では質問に正しく答えることが特に重要です。書き出す前に教授の質問をしっかり読んで、聞かれていることを正しく理解しましょう。文頭で自分の意見をはっきり表明します。また、この Task ではふたりの学生の意見も表明されていますので、自分の意見は他の学生の意見に反対なのか同意できるのかという点も文章の冒頭で表しましょう。

2. 意見の説明に説得力があるか。

説得力を持たせるためには具体性のある例を出すことが不可欠です。例はなるべく視覚化できるものを使います。抽象的な言葉を並べても説得力を増すことはできません。例えば下の 2 文はどちらのほうが説得力があるでしょうか。

A : The government should organize diverse activities that enable residents to come together and enjoy themselves.

B : The government should organize diverse activities, such as sports events, festivals, and free concerts, that enable residents to come together and enjoy themselves.

B の文には具体的な事柄を表す sports events, festivals, and free concerts が入っているので、読み手がよりイメージを持ちやすくなります。

英文自己チェックの確認点

文章について

1. 完全な文が書けているか。
2. 一文が長すぎないか。
3. つなぎの言葉を効果的に使っているか。
4. スペリングミスはないか。
5. 人称代名詞を正しく使えているか。
6. 時制を間違えていないか。
7. 使い方に自信のない語を使っていないか。
8. 多彩な文が使えているか。

自分の書いた文章をチェックする際に辞書や文法書などを使って確認しますが、辞書を使うときには注意が必要です。

　自分の語彙のプールには「読んで、聞いてわかる語彙」、と「Speaking、Writing で使える語彙」のふたつの種類があります。研究ではひとつの単語はいろいろな文脈で最低 14 回出会わないと「使える語彙のプール」に移行しないと言われています。いろいろな文脈で読んで聞いて初めて使い方が身につくというわけです。

　　　　読んで、聞いてわかる語彙　　　　　　　　　　使える語彙

　和英辞典を引くといろいろな英語表現が出てきますが、Writing のときは（Speaking ももちろんですが）、自信をもって使える語を選びます。使い方に自信のない語は実際のテストでは使えないので、和英辞典を引いてみて「そうだ、この言葉があった」と思える語を使って直してみましょう。

1. 完全な文が書けているか

　簡単なことのようですが、主語、動詞の関係をチェックします。意外と間違いの多い点です。

・主語と動詞の単複は一致しているか。
・動詞の 3 人称単数現在の s を落としていないか。
・動詞が他動詞の場合、目的語があるか。（この間違いは特に多い）
・＜従属接続詞（Because など）＋主語＋動詞＞の形で文を終えていないか。（Because I was late. は完全文ではない。Because は従属接続詞なので、必ず主節が必要となる。Because I was late, I missed the opportunity.[遅刻をしたので、私はチャンスを逃した]）

2. 一文が長すぎないか

　Writing の文章は Speaking よりは構成も複雑になりますが、ひとつの文が 3 行にわたっているようであれば長すぎます。ひとつの文の中に関係代名詞を 2 回

以上使っていたり、従属節がいくつも入っている場合には、2文に分けます。また and で節をつなげて文が長くなってしまっている場合も、ふたつに分けましょう。

3. つなぎの言葉を効果的に使っているか

Integrated Task では特につなぎの言葉が効果的に入っていないと、それぞれの文が孤立してしまい、論理的なつながりがわかりにくくなってしまいます。つなぎの言葉と言っても、副詞、前置詞、接続詞と品詞はいろいろですから、品詞を確かめて文法的に正しく使いましょう。

- 前置詞は後ろに名詞、代名詞、動名詞、名詞句、名詞節がくる。
- 接続詞は後ろに節（主語、動詞を含む節）がきて、その前か後に主節がくる。
- 副詞は文頭、主語と動詞の間、文尾にくる。節と節を結ぶことができない。
  Academic Discussion Task でも、例を示す場合、説明を加える場合などに効果的につなぎの言葉を入れるよう考えてみましょう。

つなぎの言葉	
順序を表す	First【副】（まず）、Second【副】（2番目に）、Finally【副】（最後に）、To begin with ...（まず第一に〜）、One reason is ...（ひとつの理由は〜）、Another reason is ...（もうひとつの理由は〜）
時を表す	next【副】（次に）、then【副】（それから）、after【接・前】（〜のあとに）、before【接・前】（〜の前に）、since【接・前】（〜以来）
比較・対象を表す	even though ...【接】（〜だとしても）、although【接】（〜だけれども）、also【副】（〜もまた）、unlike【前】、otherwise【副】、however【副】（しかしながら）、at the same time（同時に）、in the same way（同じ方法で）、on the other hand（これに反して、他方では）、in contrast（これに対して）
原因・結果を表す	because【接】（〜なので）、because of...【前】（〜のために）、since【接】（〜なので）、due to...【前】、therefore【副】、consequently【副】、for this reason（この理由で）、as a result（結果として）

説明を加える	moreover【副】（そのうえ、さらに）、furthermore【副】（なお、そのうえ）、additionally【副】（加えて、そのうえに）、in other words（言い換えれば）、for instance（例えば）、for example（例えば）、to illustrate（説明すると）、to clarify（明らかにすると）、in addition（さらに、そのうえ）、in fact（実のところ、もっとはっきり言えば）
結論を表す	In conclusion（結論として）、In summary（まとめると、要約すると）、For these reasons（これらの理由によって）

4. スペリングミスはないか

実際のテストのときはスペルチェッカーがありません。ふだんの練習のときからスペルチェッカーをオフにして、スペリングに注意を払いながら書く練習をしましょう。またタイピングに慣れていないとタイプミスが多くなります。明らかにタイプミスわかる誤りはひとつふたつなら減点にはなりませんが、数が多くなれば当然減点対象となります。

5. 人称代名詞を正しく使えているか

Speaking Section でも述べましたが、人称代名詞は日本語母語の学習者の間違いの多いひとつです。Integrated Task では自分の意見を示すわけではないので、I は出てこないはずです。話者を表す人称代名詞を使う場合は性別に気をつけて使いましょう。Academic Discussion Task は自分の意見を表明しますから I が主体で構いません。もし友だちの体験談などを例に出す場合は、人称代名詞を正しく使っているか、常に気を配りましょう。

6. 時制が間違っていないか

時制も使い方が間違っていると読み手が混乱する原因のひとつになります。Integrated Task では lecturer の話を要約するときは原則現在形を使います。Academic Discussion Task で例を書くときは、自分の過去の体験を書くのであれば時制は過去、一般的なことを例に使用するのであれば時制は現在形になります。

7. 使い方に自信のない語を使っていないか

適切な使い方ができていれば、レベルの高い語彙を使うことは点数アップにつながります。反対に語彙の使い方が適切でない場合は、当然ながら減点対象となってしまいます。全体で 80 点をめざしている受験者の場合は、自信の持てない表

現を使うことは避けたほうが安定した点数を取れるでしょう。反対に Writing で 25 点以上を狙っている場合は、多少使い方に自信がない語でも積極的に使うことも必要になります。英和辞典でそれぞれの語の使い方―どの文型を取るか、目的語に不定詞を取るか、動名詞を取るかどの語との連語関係が自然か―などを日ごろから調べ、使える語彙を増やしていきましょう。

8. 多彩な構文が使えているか

英語の文には単文と複文、重文があり、複文の中にも名詞節、形容詞節、副詞節を伴う文があります。「多彩な構文を使う」とは、ひとつの文の形に偏らずにまんべんなく以下の形の文が使えているか、という意味です。

① **単文** ……… 主語、動詞が一組しかない文。力強く内容を伝えるので、自分の意見を述べたり、大切な場面で使う。

② **複文** ……… 主節に従属節を伴う文で、名詞節、形容詞節、副詞節を伴う。

● **名詞節** ……… 節そのものが名詞の役割を果たす。(主語、目的語、補語、前置詞の目的語など)
　・ What I said then **was not true.**　　青字の名詞節が主語。
　・ **He didn't know** when it happened.　青字の名詞節が目的語。

● **形容詞節** …… 前の名詞を説明する関係代名詞節、関係副詞節。
　・ **Researchers identified the substance** that has been contaminating drinking water sources.　青字の形容詞節が名詞 cause を説明。

● **副詞節** ……… 時、理由など副詞的なことを表す従属節。
　・ While the statement sounded plausible, **more studies were needed.**　青字の副詞節は逆接を表す

③ **重文** ……… and、but、or、so などの等位接続詞を使った主節が複数ある文
I was about to go for a walk in the park, but it suddenly started raining heavily.

このページの英文の和訳
・そのとき私が言ったことは真実ではなかった。
・彼はそれがいつ起こったか知らなかった。
・研究者たちは、長い間飲料水源を汚染してきた物質を特定した。
・その発言はもっともらしく聞こえたが、さらなる研究が必要だった。
・公園を散歩しようと思ったが、大雨が降ってきた。

AI を効果的に使って学習しよう

　今は世の中にたくさん便利なツールがあります。文法の間違いを指摘してくれるツール、翻訳ソフトなども身近な存在となってきましたが、便利な反面、不適切な使い方をすれば、英語力を上げるどころか、学習者の英語力の向上を阻害することもあります。ここでは、自分の英語力を伸ばすためにどのようにこれらのツールと付き合っていけばよいか考えてみましょう。

1. 文法チェック AI

　Writing 力向上に最も役立つのが文法チェック AI です。文法チェック AI はいくつかありますが、ここでは Grammarly を紹介します。自分が書いた英文をコピーペーストすると基本的な英文法の誤りとスペリングミスのチェックをしてくれます。Microsoft Office® やブラウザに組み込むこともできます。無料版と有料版がありますが、無料版でも基本的なミスは必ず指摘してくれます。Generative AI という無料版でも使えるチャット機能も加わりました。

　このツールを使って自分の書いた文章を直すことのいちばんの利点は、使い続けているうちに、自分のミスの傾向を把握できることです。「主語と動詞の単複の一致の間違いが多い」、「時制を間違えることが多い」など、自分の弱点がわかれば、気をつけて書けるようになります。無料版ではすべてを訂正してくれるわけではありませんが、誤りには下線が引かれているので、自分で直すことができます。

　有料版では添削の精度が上がり、より自然な表現の文構成、単語のチョイスなどを提案してくれます。また点数が下がる要因のひとつでもある、回りくどい文、あいまいな文、内容が繰り返されている文、長い文なども指摘してくれますので、自分の英文の弱点を知ることができます。

　もちろん AI は書き手の意図を十分にくんでいるとは限らないので、的外れな提案をしてくる場合もあります。提案された訂正をだだそのまま受け入れるのではなく、自分の意図とした訂正になっているかどうかを確認しましょう。

2. 生成 AI を使った学習

　生成 AI はいろいろなサービスがあり、日に日に進化しています。どのように利用したら自分の英語力の向上に役立てることができるでしょうか。

連語関係を調べる

　英語で書き、話すうえでいちばん難しいのが連語関係を正しく使うことです。例えば日本語では「電話をかける」と言いますが、日本語が母語ではない人にとっては、「電話」と「かける」という動詞はなかなか結びつきにくいでしょう。同様に英語でも、主語と動詞の関係、形容詞と名詞の関係など長年慣用的に使われてきた用法を学習者が修得するのはかなり時間がかかります。多くの物を読み、聞き、いろいろな場面で使われる表現に出合うことで初めて身につくことだからです。辞書などでもなかなか調べられません。これを AI を使って調べてみましょう。

　ここでは ChatGPT を使って連語関係を調べる方法を紹介します。ChatGPT は英語で質問すれば英語で答えてくれますから必ず英語で質問します（多少英語が間違っていても言いたいことを汲み取ってくれますから、心配せずに聞いてみましょう）。

質問　Tell me some adjectives that are commonly used with "friend."

返答　Sure! Here are some common adjectives used to describe a friend:

Loyal: A friend who stands by you and supports you no matter what.
Trustworthy: A friend you can confide in and rely on to keep your secrets safe.
Caring: A friend who shows genuine concern and compassion for your well-being.
Understanding: A friend who empathizes with your feelings and perspectives.
Supportive: A friend who encourages and helps you achieve your goals.
Kind: A friend who is considerate and treats others with warmth and respect.

Reliable: A friend you can count on to be there when you need them.
Funny: A friend who brings joy and laughter into your life.
Honest: A friend who speaks the truth and is upfront with you.
Generous: A friend who is giving and willing to share with others.
Empathetic: A friend who understands and shares in your emotions.
Adventurous: A friend who is open to trying new things and exploring with you.
Positive: A friend who brings a positive attitude and outlook to your interactions.
Thoughtful: A friend who remembers important occasions and considers your feelings.
Respectful: A friend who shows consideration and regard for your opinions and boundaries.

　いかがでしょう。知っていたけれど、自分が書くときには使えていないな、と思う語がたくさん並んでいませんか。もちろん使い慣れていない語は使ってはダメなのですが、それぞれの意味も提示してくれていますから、ちょっとしたニュアンスの違いもわかり、自分が最も使いたい言葉を選ぶことができます。

3. 自分の解答をグレードアップする

　解答を書いてみたけれど、文法も直してみたけれど、これ以上どうやって文をよくしたらよいのかわからない、というのが学習者の次の共通した悩みです。以下に ChatGPT や Grammarly のチャット機能を使った方法を紹介します。自分の書いた文章を少しよくして書き直してもらいましょう。ただし、よくなった文章をそのまま覚えてもなかなか次のときに使えるわけではありません。それぞれの学習者にはそれぞれの英文のスタイルがあるからです。母語にもスタイルがあるように、第二言語でも今までの長い学習歴の中でそれぞれのスタイルが出来上がっています。どんなによい文章でも、人の書いた文章をそのまま取り入れて使う、というのでは自分の Writing 能力は向上しないのです。ChatGPT が提案してくれている文章の中から、自分が使えそうな表現を身につけていくのが最もよ

いやり方です。

　以下は 137 ページで紹介した ETS のサイトの Question 2 で 4.0 をとった解答です。これを ChatGPT と Grammraly Generative AI を使って書き直してもらいましょう。

質問　Can you paraphrase the following?< ←この質問を入力します >

I do agree that students who do well on tests and assignments should get higher grades, but I think how well they contribute to the class is also important. For example, there is one classmate who always asks questions. His questions and teacher's responses have provoked my interest and deepened my understanding. For some reason, he does not perform well on tests, but I am sure he works hard because he asks profound questions. Therefore, I think when giving grades, teachers should consider not only the results of tests and assignments but also how hard students work and how well they contribute to the class.

ChatGPT の返答（無料版）

While I do agree that students who **excel** in tests and assignments **deserve** higher grades, I firmly believe that their **active contributions** to the class should also be **taken into account**. Take, for instance, a classmate who consistently **engages** teachers **with insightful** questions. Although his test scores may not **reflect** his efforts, the way he provokes my interest and deepens my understanding is truly remarkable. Clearly, he puts in **considerable effort**, and his profound inquiries showcase his dedication to learning. Hence, I strongly advocate for teachers to consider not only test results but also the students' hard work and their **positive impact** on the class when awarding grades.

Grammarly Generative AI の返答（無料版）

I completely agree that doing well on tests and assignments **should be a factor in determining** a student's grade.

161

However, I also think that it's important to consider how well students contribute to the class as a whole. For instance, one student in my class doesn't do well on tests but always asks **thought-provoking questions** that deepen my understanding of the **material**. I believe that this student works hard and should be recognized for his contributions to the class, even if his test results aren't **as strong as others**. Overall, I think that teachers should **take into account** a variety of factors when determining grades, not just test scores and assignments.

　いかがでしょうか。太字にした単語は「わかっているけれどもなかなか使えない表現」ではないでしょうか。ChatGPT や Grammarly の返答をそのまま覚えるのではなく、このように示された回答の中から、自信をもって使えそうだ、と思える語彙、文の構成などを取り入れて自分の解答を書き直してみましょう。

　翻訳ソフトなども役に立ちますが、文全体を入力するのではなく、どうしてもうまく英語にできないフレーズを日本語で入力してみて、示された候補の中から自分が使えそうな表現を選ぶという使い方をおすすめします。

　どのツールを使うにしても、まず自分で解答を書き、できる限り自力で誤りを直し、それから AI に頼る、という順序が英語力向上の鍵となるでしょう。

　解答例の訳

テストや課題をきちんとこなした生徒がより高い成績を取るべきだということには同意しますが、授業にどれだけ貢献しているかも重要だと思います。例えば、いつも先生に質問しているクラスメートがいます。彼の質問と先生の回答が私の興味をそそり、理解を深めてくれます。彼はなぜかテストの成績はよくないのですが、的を射た質問をするので、きっと頑張っているのだと思います。ですから、成績をつける際には、テストや課題の結果だけでなく、生徒がどれだけ努力し、授業に貢献しているかを考慮すべきだと思います。

効果的なメモの取り方

TOEFL iBT ではメモを取ることが奨励されています。できるだけ高いスコアを取るために、メモを取ることは欠かせません。ただし Listening 力によっては、書いていると聞けない、聞いていると書けないということが起こります。レベル別アドバイスで述べますように自分の能力にあったメモ取りを考える必要があります。

受験者は入室の際に、A4 用紙 3 枚と鉛筆を受け取ります。どのセクションでもメモを取ることができます。用紙の交換もできますので、Listening では大問ひとつに 1 ページ使うつもりでメモを用意しておきます。どの区切りで交換をお願いするか、考えておくことも大切です。

メモはできるだけ英語で取ります。特に Speaking や Writing の場合は聞こえた内容を自分が話したり書いたりするわけですから、必ず英語で書き取ります。意味がわからないけれど何度も聞こえる言葉などはその音のとおりにカタカナで書いておくのも一案です。Listening は、パッセージを聞いている間はまだ設問を見ることができませんから、どの情報を書き留めるべきか迷うところです。何度も聞こえる言葉、人名などは書き留めておきましょう。

Listening

Listening のパッセージは 2 分半〜 4 分と長いので、パッセージひとつに A4 用紙 1 枚を使ってメモを取ります。会話の場合も講義の場合も、縦に紙を使い、中心に線を引いて二分して使うとよいでしょう。どちらも整理した形でメモを取ることが大切です。

conversation

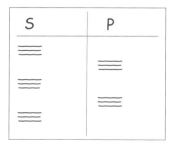

lecture

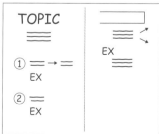

会話の場合は片側に女性か男性を、もう一方の側に残りの人物の発話をメモしていきます。講義は会話より長いので、１枚に収まりきるようにメモを取りますが、こちらもただ聞こえた言葉を羅列するのではなく、番号や矢印といった記号など整理した状態で書き残します。設問は会話、講義ともに、聞こえた話の順番に問われますから、メモを取るときも用紙のあちらこちらに書くのではなく、あとで話の流れがわかるようにメモを取ります。

　Listening の設問は全体問題から、詳細を聞く問題までいろいろあります。それに対応するために、メモを取りながらでも聞ける場合はできるかぎり丹念にメモを取ります。ものや人物の名前は、カタカナでもよいのでメモを取ります。その際、文で書いていては時間がかかりますから、単語だけをメモしておきましょう。

Listening Section で、特に気をつけてメモすべき事柄

・ **主題、大まかな説明**
　Today と聞こえたら、主題が続いて説明されるサイン。

・ **画面に表示される語句の説明**
　語句そのものを覚えておく必要はないが、意味を聞かれることがある。

・ **リストされる事柄**
　There are three reasons. などと聞こえたら３つの理由を聞き逃さないように気をつける。

・ **具体例**
　詳しく書き取る必要はないが、どの項目を説明するときにどの例が出されていたかを書き取っておくとよい。

・ **繰り返し聞こえる語句**
　主題に関する事柄である可能性が高いので、なるべくその語に関する情報を書き留める。

　メモを取っていると内容が聞けないという場合は、極力メモ取りの量を減らします。主題、リストされる重要事項、人の名前、場所の名前、などの具体的な情報についてのみにメモを絞り、あとは書かずに内容を聞くことに意識を向けます。このレベルでは、メモを取れば取るだけ聞けない箇所が増えることになり、せっかくのメモがあとで役立ちません。また、聞こえてくる言葉だけをメモに取っていても、情報としては意味をなさないので、テストの間は聞くことに集中しましょう。

　メモ取りができるようになるための対策としては、すでに聞いたことのある
パッセージを使ってメモ取りの練習を行います。内容はある程度わかっているは
ずですから、なるべく整理した状態で上に挙げた事柄をパッセージを聞きながら
書き取ります。そのあとで、スクリプトを見て、取り忘れている情報がないか確
認しましょう。

Speaking

　Speaking Section の Listening は、Listening Section と比べて短く、構成
もわかりやすくなっています。Question 2では Reading に対する意見がふた
つの理由と共に述べられます。Reading を読んでいる際にタイトルや主題とな
る語を書き取っておき、Listening で意見とその理由を書き取ります。Question
3は Reading で概念を、Listening で具体例が示されますので具体例がどのよ
うに概念を説明しているか、関連を考えながらメモを取ります。Question 4は
Listening の中で概念、具体例双方が述べられています。メモを取るときは、そ
の構成を意識しながら書き取ります。特に、主題とそれをサポートする理由を整
理してメモしておけば、話すときにその構成で話すことができます。この場合も、
決して文を書き取ろうとはせずに、名詞だけリストアップして、使い慣れた動詞
でつなげて話します。Listening Section の場合とは違い、細かい事項を書き取
る必要はありません。重要な点だけをメモしておきましょう。

Writing

　Writing Section の Integrated Task の Listening の内容は Reading で論
じられた3つのポイントについての反論であることがほとんどです。まず、
Reading を読む際に、ポイントに分けて重要な語句を書いておき、その下また
は右側に Listening で述べられるそれぞれのポイントへの反論を書き込んで
いくようにしましょう。Reading のパッセージはまた読むことができますから、
Reading のメモ取りはポイントだけを押さえておけばよいでしょう。

記号・省略形

　よく使われる表現は、自分なりの記号を決めておきます。使えそうな記号を決
めたら、それを使ってメモを取る練習を重ねてください。不慣れなまま記号を使

うと、あとで混乱します。自信を持って使えるものだけを使ってください。

記号			
増加を表す	↑	否定を表す	X
減少を表す	↓	with	w /
追加を表す	+	without	w /o
原因・結果を表す	→	at	@

単語を省略して書けば時間の節約になりますが、これも使えるようになるまで練習が必要です。基本的には単語の省略は、下記の例のように母音を抜いて作ります。自信が持てるまで練習してから使ってください。

単語の省略			
単語	省略形	単語	省略形
appreciation	app	attention	attn
statistics	sta	Earth	Eth
students	sts	hypothesis	hypo

レベル別アドバイス

60点目標 セクション別目標点　・Reading 18　・Listening 12
　　　　　　　　　　　　　　　・Speaking 15　・Writing 15

このレベルの学習者は、TOEFL のどの問題を見ても難しく感じられると思います。語彙力も TOEFL レベルにはまだまだ足りません。すべてのセクションの基礎力をつける必要がありますが、特に力を入れるべきなのは Reading と Listening です。読むこと、聞くことを通して語彙力を高めます。文を読むときに主節に目が行くようにすること、主節の中の主語一語と動詞を正確にとらえ、意味を取る癖をつけることが大切です。

　また自分の読みにくい分野について、小、中学校で習った知識を復習するとよいでしょう。例えば、天体、地学などは日常話題にすることが少ないので、急に英語で読んでもわかりにくい分野ですから、日本語で関連するものを読んでおくと役立ちます。

　Speaking と Writing はまずそれぞれの問題形式を正しく理解します。Speaking も Writing も短い文章を正しく作れるようにすることがさしあたっての目標です。日本語から訳して文を作る癖のある人は、日本語で考えた文の最初にきた語を主語に文を作ろうとする傾向があります。これでは英語らしい文は作れません。「誰が何した」、と考えてなるべく人を主語にし、多彩な動詞が使えるように気をつけましょう。受動態、無生物主語の文は極力入れないようにします。Speaking はとにかく 1 分間話し続けられるようになること、Writing では、短くてもよいので完全な文章を書けるようになることと、説得力のある理論展開ができるよう、内容を考えることを目指します。

80点目標	セクション別目標点	・Reading 24　・Listening 18 ・Speaking 18　・Writing 20

　このレベルの学習者が特に時間をさくべきセクションは、一番目に Listening、次に Reading です。上の配分では Reading が高すぎるように思われるかもしれませんが、Reading 力がつかないと Listening 力も伸びません。Listening 力は短期間では身につかないので、かける時間は Listening が多くなります。インプットが足りない状況では十分なアウトプットはできないので、このふたつのスキルがまずは重要です。Reading は、まだこの段階では、文章を全部読んでいては時間が足りなくなってしまいます。設問を先に読んで、その解答に該当する箇所を探して答える、という読み方で 24 点を目指します。

　Listening、Reading で読み、聞いたものを 3 〜 4 文ずつ自分の言葉で言い換えてみる練習をします。これが Speaking、Writing の Integrated Task に役立ちます。言い換えをするときは、あくまでも原文は見ずに、自分の記憶に残っていることだけを自分の言葉で書いたり話したりしてみます。原文を見てしまうと、その構文に引きずられてしまい、自分らしい表現ができなくなります。元の文章がしっかり理解できていないとアウトプットはできません。最初は難しく感じる

167

でしょうが、文章が簡潔になって内容が薄くなっても、何とか自分の言葉で説明する練習をします。

100点目標 セクション別目標点　・Reading 28　・Listening 24　・Speaking 23　・Writing 25

　100点は、多くの英語圏の大学院で授業が受けられるレベルですから、どの分野もまんべんなく点数を出すのが理想ですが、現実には、時間をかけた分だけ点数が上がりやすいのが Reading Section で、反対にかけた時間が反映されにくいのが Speaking です。大学に提出する際、セクション別に何点以上という指定がない場合は、Reading と Listening に時間を割くべきでしょう。Listening はある程度メモ取りをしながら聞けるように同じパッセージを使って練習します。Reading は段落ごとに文章を読んでから解答できるようになるのが理想です。各段落の内容を英語で要約する練習も役立ちます。この際も原文を見ながらではなく、読んだあとの記憶から自分の言葉で話す／書く作業を行います。

　Speaking、Writing は数をこなすよりも、それぞれの問題に対する解答のレベルを引き上げましょう。Speaking は使い慣れていない表現を入れることは避け、流暢さに重きを置いて練習します。発音とイントネーションで減点されないよう、音源のある文章を使って自分の発話を録音し、イントネーションや発音の違いを比べてみましょう。Writing で高得点を狙う場合は、使い慣れていない表現を使う努力も必要です。リスクもありますが、練習の段階でインパクトのある表現を入れられるようにします。できれば、その使い方が適切か否かを、誰かにチェックしてもらえるとよいですが、ひとりで学習する場合は、152 ～ 162 ページで述べた方法を参考にして、インターネットなどを利用して用法を確認しましょう。

第4章

TOEFL iBT® 実戦模試

Reading
Section

Passage 1

Passage 2

下記の Directions は ETS（Educational Testing Sercive）が提供する *Free Practice Test* の Directions を、ETS の許可を得て転載したものです。実際の Directions と非常に近いものですが、模擬テスト用の Directions のため、実際の本試験の Directions とは異なります。

Reading Section Directions

In this section, you will be able to demonstrate your ability to understand academic passages in English. You will read and answer questions about **two passages**. In the actual test, you will have 36 minutes total to read the both passages and respond to the questions. A clock will indicate how much time is remaining.

Some passages may include an underlined word or phrase. Select the word or phrase to see a definition, and explanation, or an illustration.

Move to the next question by selecting **Next.** You can skip questions and go back to them later if there is time remaining. Return to previous screens by selecting **Back**.

Select **Review Questions** at any time to see which questions you have answered and which questions you have not answered. From the Review screen, you may go directly to any question in the section In the actual test, you may go only to question you have already encountered.

Select **Continue** to go on.

Passage 1

The Fall of the Mayan Civilization

The Mayan civilization that once covered much of modern-day Guatemala and Southern Mexico was inarguably one of the greatest civilizations ever to exist in Pre-Columbian America. Mayan settlements date back to around 2000 BCE, and some existed until the Spanish conquest of the region. The Maya are known for their monumental step-pyramids, stonemasonry, understanding of astronomy and mathematics, and fully developed hieroglyphic writing system. Their civilization reached its peak during what is called its Classical Period, extending from 250 CE to around 900 CE, when their cities reached their highest state of development. However, their flourishing society suffered a catastrophic collapse at this time from which they never fully recovered. Many theories have been suggested to explain such a sudden decline including natural disasters, war and plague. While these may have contributed to the overall decline, the root cause appears to have been an interconnected series of events involving agriculture, conflict and climate change.

In the Classical Period, the Maya experienced rapid expansion and their population reached into the millions. Most of their large religious and political complexes were built during this time, and their civilization developed into a large politically and economically interconnected society comprised of many small kingdoms and empires. By the 8th century, populations surrounding the central lowlands had reached new peaks of in size and density. This is also the area that held the most political influence. The growing aristocracy, which enjoyed luxuries and the best food, is believed to have expanded rapidly. The outlying kingdoms served as the primary centers for trade, and they brought in goods from throughout Mesoamerica. While relationships with neighbors were not always peaceful and warfare did indeed occur, they were generally friendly. The greatest danger to the Maya, although they were probably oblivious to the fact, came from within.

Early in the Classical Period, from about 440 to 660 CE, the area the Maya lived in experienced significantly higher rainfall than it had in the past. This extended wetter period allowed them to expand their agriculture and produce unprecedented amounts of food. The food surplus allowed the population to grow, and fueled the civilization's rapid expansion. The Maya used permanent farms and raised terraces for cultivation, and their usual method of crop rotation involved fallow cycles, leaving the land uncultivated in order to allow it to recover. However, the increased rainfall would have meant that the minerals and nutrients in the soil of their farms would be replenished more quickly by the mountain runoff, and the temptation to shorten fallow cycles must have been nearly irresistible in a climate that fostered rapid growth. In addition, the Maya began cutting down expanses of rainforest to clear land for farming and to provide lumber and firewood, reducing the amount of groundcover. Since they raised little livestock, they were also rapidly depleting the area of the animals they relied on for meat. The Maya were overtaxing the carrying capacity of their environment, but they would not realize this until it was too late.

As their civilization continued to expand throughout the 8th and 9th centuries CE, the advantageous rainfall began to lessen. As this trend continued, pressures began to grow within Mayan society. The large urban centers with their aristocratic populations were a huge drain on agriculture, so as output decreased they had to compensate by importing food. This transferred the burden onto the surrounding communities, which increased competition and conflict between cities and regions. As the societal and economic divide between the peasants and the aristocrats widened further, the lower classes began to revolt against the established order, and food shortages only worsened the situation. The whole society was teetering on the brink of an abyss.

Then, around 1000 CE, the already faltering civilization was struck by true disaster: a prolonged drought struck the southern regions. The drought was a symptom of a global shift in climate that seriously affected other areas in the world, but for the Mayan civilization it was devastating. Their practice of clearing forest exacerbated the problem in two ways. The land that had been cleared was poor for farming, and the lack of trees disrupted the normal evaporation cycle. Internal warfare escalated as supplies dwindled, and eventually the whole system collapsed. The Mayan civilization was ultimately a victim of its own unchecked expansion. The drought did not completely destroy the culture, as some of the city-states in the north survived and continued to expand, but they too fell after the arrival of the Spanish.

1. The word monumental in paragraph 1 is closest in meaning to
   (A) ancient
   (B) grand
   (C) famous
   (D) mortal

2. According to paragraph 1, what can be inferred about the Mayan civilization?
   (A) Nobody truly knows how the Mayan civilization collapsed.
   (B) The golden age of Mayan civilization began at the end of the Classical Period.
   (C) Most of the Mayan population lived in cities.
   (D) The Mayan civilization eventually recovered from the Spanish conquest.

3. According to paragraph 2, which of the following is NOT true of the Classical Period?
   (A) It was a period of constant warfare with neighbors.
   (B) It was a period during which the number of aristocrats grew.
   (C) It was a period of flourishing trade.
   (D) It was a period during which a lot of buildings were constructed.

The Fall of the Mayan Civilization

P1   The Mayan civilization that once covered much of modern-day Guatemala and Southern Mexico was inarguably one of the greatest civilizations ever to exist in Pre-Columbian America. Mayan settlements date back to around 2000 BCE, and some existed until the Spanish conquest of the region. The Maya are known for their monumental step-pyramids, stonemasonry, understanding of astronomy and mathematics, and fully developed hieroglyphic writing system. Their civilization reached its peak during what is called its Classical Period, extending from 250 CE to around 900 CE, when their cities reached their highest state of development. However, their flourishing society suffered a catastrophic collapse at this time from which they never fully recovered. Many theories have been suggested to explain such a sudden decline including natural disasters, war and plague. While these may have contributed to the overall decline, the root cause appears to have been an interconnected series of events involving agriculture, conflict and climate change.

P2   In the Classical Period, the Maya experienced rapid expansion and their population reached into the millions. Most of their large religious and political complexes were built during this time, and their civilization developed into a large politically and economically interconnected society comprised of many small kingdoms and empires. By the 8th century, populations surrounding the central lowlands had reached new peaks of in size and density. This is also the area that held the most political influence. The growing aristocracy, which enjoyed luxuries and the best food, is believed to have expanded rapidly. The outlying kingdoms served as the primary centers for trade, and they brought in goods from throughout Mesoamerica. While relationships with neighbors were not always peaceful and warfare did indeed occur, they were generally friendly. The greatest danger to the Maya, although they were probably oblivious to the fact, came from within.

4. According to paragraph 3, what is a direct cause of the increase in population?
   (A) Significantly higher rainfall
   (B) Shorter fallow cycles
   (C) Reduced expanses of rainforest
   (D) Increased food production

5. What is the main purpose of paragraph 4?
   (A) To demonstrate the positive effects of expansion
   (B) To discuss the effects of rainfall on competition between large urban centers
   (C) To explain what began the downfall of the Mayan civilization
   (D) To highlight the social divide between peasants and aristocrats

6. According to paragraph 4, what was the likely result of importing food?
   (A) It increased the number of aristocrats.
   (B) The farmers began to revolt against the traders.
   (C) It caused conflicts amongst those in large urban centers.
   (D) The social divide between the upper class and lower class widened.

P3   Early in the Classical Period, from about 440 to 660 CE, the area the Maya lived in experienced significantly higher rainfall than it had in the past. This extended wetter period allowed them to expand their agriculture and produce unprecedented amounts of food. The food surplus allowed the population to grow, and fueled the civilization's rapid expansion. The Maya used permanent farms and raised terraces for cultivation, and their usual method of crop rotation involved fallow cycles, leaving the land uncultivated in order to allow it to recover. However, the increased rainfall would have meant that the minerals and nutrients in the soil of their farms would be replenished more quickly by the mountain runoff, and the temptation to shorten fallow cycles must have been nearly irresistible in a climate that fostered rapid growth. In addition, the Maya began cutting down expanses of rainforest to clear land for farming and to provide lumber and firewood, reducing the amount of groundcover. Since they raised little livestock, they were also rapidly depleting the area of the animals they relied on for meat. The Maya were overtaxing the carrying capacity of their environment, but they would not realize this until it was too late.

P4   As their civilization continued to expand throughout the 8th and 9th centuries CE, the advantageous rainfall began to lessen. As this trend continued, pressures began to grow within Mayan society. The large urban centers with their aristocratic populations were a huge drain on agriculture, so as output decreased they had to compensate by importing food. This transferred the burden onto the surrounding communities, which increased competition and conflict between cities and regions. As the societal and economic divide between the peasants and the aristocrats widened further, the lower classes began to revolt against the established order, and food shortages only worsened the situation. The whole society was teetering on the brink of an abyss.

7. The word exacerbated in paragraph 5 is closest in meaning to
   (A) evoked
   (B) placated
   (C) aggravated
   (D) controlled

8. According to paragraph 5, why was the drought especially devastating for the Mayan civilization?
   (A) It was a symptom of a global shift in climate.
   (B) Deforestation worsened the drought.
   (C) The Mayans fought for water.
   (D) It was a result of unchecked expansion.

9. Look at the four squares [■] that indicate where the following sentence could be added to the passage.

   Therefore, when the drought reduced rainfall by 25 to 40%, their agricultural system became completely unsustainable.

   Where would the sentence best fit?
   (A)
   (B)
   (C)
   (D)

P5 Then, around 1000 CE, the already faltering civilization was struck by true disaster: a prolonged drought struck the southern regions. [■A] The drought was a symptom of a global shift in climate that seriously affected other areas in the world, but for the Mayan civilization it was devastating. [■B] Their practice of clearing forest exacerbated the problem in two ways. [■C] The land that had been cleared was poor for farming, and the lack of trees disrupted the normal evaporation cycle. [■D] Internal warfare escalated as supplies dwindled, and eventually the whole system collapsed. The Mayan civilization was ultimately a victim of its own unchecked expansion. The drought did not completely destroy the culture, as some of the city-states in the north survived and continued to expand, but they too fell after the arrival of the Spanish.

10. **Directions:** An introductory sentence for a brief summary of the passage is provided below. Complete the summary by selecting the THREE answer choices that express the most important ideas in the passage. Some sentences do not belong in the summary because they express ideas that are not presented in the passage or are minor ideas in the passage. This question is worth 2 points.

> **While there are many theories that attempt to explain the fall of Mayan civilization, there seem to have been several interlinked factors that led to the sudden decline of one of the greatest civilizations ever to exist in Pre-Columbian America.**
>
> •
>
> •
>
> •

Answer Choices

(A) The Maya reached the peak of their civilization by the 9th century CE.

(B) The widening gap and deepening conflict between the aristocrats and peasants worsened the economic situation.

(C) Relying heavily on increased rainfall, the Maya overtaxed the natural resources of the land.

(D) The drought was the final straw for the weakened Mayan society, completely collapsing their already dysfunctional agricultural system.

(E) The prolonged drought forced the Mayans to import food from surrounding communities.

(F) With less rainfall, the farms were not able to produce enough food, resulting in food shortages that applied critical pressure to Mayan society.

Drag your answer choices to the spaces where they belong. To remove an answer choice, click on it. To review the passage, click on **View Text**.

Passage 2

New York City Urban Planning

Originally settled by the Dutch under the name of New Amsterdam, New York is one of the oldest planned cities in the United States. Like many early colonial cities, it began its existence as a fortification and was constructed along military guidelines. They eventually surrendered it to England, which in turn lost it when the United States achieved its independence. As the city expanded, a great deal of effort went into keeping the city organized. In fact, in 1811, the city council adopted a plan that divided up the mostly undeveloped northern portion of Manhattan Island and employed a strict grid pattern, regardless of terrain. However, due to the city's rampant growth, these measures often proved insufficient, and there were many serious problems involving health, sanitation and safety.

New York City has always been an important port city, but few anticipated the number of immigrants it would receive, and many buildings had to be rapidly constructed to accommodate the new arrivals. By 1800, the city's population had reached 30,000 people, most of whom lived in an area that comprises only a fraction of the modern city. Some historians estimate that New York's population increased at a rate of around 100 percent every ten years, which meant that ever more people were forced to live in hastily constructed tenements. Such massive immigration and overcrowding inevitably created perfect conditions for infectious diseases to ravage the city. Epidemics of cholera, malaria, and typhoid swept through the population in the early nineteenth century, killing thousands in some of the worst outbreaks the country has ever seen. The demolition of many apartment buildings and the development of the northern part of the island served to alleviate the overcrowding, but these diseases would return again. One famous case was an outbreak of typhoid in the early 1900s. A woman whom the press labeled Typhoid Mary was a carrier of the disease who caused the deaths of over fifty people while working as a maid.

Along with overcrowding, New York also suffered from an inadequate sanitation system. All of the cabs and wagons that transported people and goods through the city streets were pulled by horses, and an estimated 200,000 of them were living there by the beginning of the twentieth century. By necessity, most of these animals lived on the island of Manhattan, often in residential areas. These animals generated large amounts of waste that piled up throughout the city due to a lack of infrastructure. This waste made the streets reek in the summer, and it mixed with heavy snow in the winter, sometimes accumulating in frozen piles up to two meters high. Not only that, but the horses were often overworked and otherwise mistreated to the extent that many of them died in the streets, where their bodies would remain since no one was charged with the responsibility of cleaning them up. This situation was not remedied until 1909, when the Queensboro Bridge was opened to traffic. This allowed the waste to be transported over to rural Queens, where it was used to fertilize farmland.

Waste from animals and humans led to an even more serious health problem: contaminated drinking water. Manhattan Island had never had a reliable water supply, with its brackish rivers forcing people to rely upon well water. Already insufficient, as the population grew, the aquifer those wells reached into became seriously polluted, which led to severe outbreaks of cholera. To cope with this problem, people had to look far outside of the city to find a viable source of water. The city undertook a large and complex project to bring fresh water from the Croton River to the island. Built between 1837 and 1842, the Old Croton Aqueduct brought water 66 kilometers to reservoirs in the city. Life in the city rapidly improved, but its growth did not slow down, and many additional aqueducts have been built since.

As serious as the health and sanitation issues were, a serious safety issue went largely ignored until disaster struck. After years of construction, the Erie Canal opened, successfully linking the Hudson River to the Great Lakes in 1825. This shipping lane dramatically increased trade in New York, and warehouses sprang up throughout the financial district to accommodate the merchants' goods. Unfortunately, like most of the city's other buildings, these warehouses were made of wood, and a calamitous fire started in a warehouse on the bitterly cold and windy evening of December 16, 1835. Before its flames were finally put out, the Great Fire of New York razed southeastern Manhattan, destroying most of the buildings on Wall Street and the New York Stock Exchange. The builders had ignored the dangers of constructing so many wooden buildings in such close proximity, and the fire took full advantage of their oversight. Following the conflagration, city planners regulated the minimum distance between buildings and created newer, stricter fire prevention policies.

1. The word inevitably in paragraph 2 is closest in meaning to
   (A) relentlessly
   (B) unavoidably
   (C) perversely
   (D) allegedly

2. According to paragraph 2, what can be inferred about the epidemic outbreaks?
   (A) The population did not decline despite the high death tolls.
   (B) It deterred immigrants from settling in New York City.
   (C) No measures were taken after each epidemic outbreak.
   (D) The buildings where epidemics broke out were demolished.

New York City Urban Planning

P1   Originally settled by the Dutch under the name of New Amsterdam, New York is one of the oldest planned cities in the United States. Like many early colonial cities, it began its existence as a fortification and was constructed along military guidelines. They eventually surrendered it to England, which in turn lost it when the United States achieved its independence. As the city expanded, a great deal of effort went into keeping the city organized. In fact, in 1811, the city council adopted a plan that divided up the mostly undeveloped northern portion of Manhattan Island and employed a strict grid pattern, regardless of terrain. However, due to the city's rampant growth, these measures often proved insufficient, and there were many serious problems involving health, sanitation and safety.

P2   New York City has always been an important port city, but few anticipated the number of immigrants it would receive, and many buildings had to be rapidly constructed to accommodate the new arrivals. By 1800, the city's population had reached 30,000 people, most of whom lived in an area that comprises only a fraction of the modern city. Some historians estimate that New York's population increased at a rate of around 100 percent every ten years, which meant that ever more people were forced to live in hastily constructed tenements. Such massive immigration and overcrowding inevitably created perfect conditions for infectious diseases to ravage the city. Epidemics of cholera, malaria, and typhoid swept through the population in the early nineteenth century, killing thousands in some of the worst outbreaks the country has ever seen. The demolition of many apartment buildings and the development of the northern part of the island served to alleviate the overcrowding, but these diseases would return again. One famous case was an outbreak of typhoid in the early 1900s. A woman whom the press labeled Typhoid Mary was a carrier of the disease who caused the deaths of over fifty people while working as a maid.

3. According to paragraph 3, what was the main role of horses in New York?
   (A) Pulling cabs and wagons
   (B) Disposing of waste in residential areas
   (C) Fertilizing farmland
   (D) Clearing snow in the winter

4. The word brackish in paragraph 4 is closest in meaning to
   (A) healthy
   (B) muddy
   (C) salty
   (D) polluted

5. Which of the following best expresses the essential information in the highlighted sentence? Incorrect answer choices change the meaning in important ways or leave out essential information.
   (A) The population was unable to filter the water from the polluted wells, leading to severe cholera outbreaks.
   (B) The wells were used as sewers, polluting the aquifer and causing severe outbreaks of cholera amidst the growing population.
   (C) The aquifer which the wells reached into, already insufficient due to population growth, became polluted and led to increased disease.
   (D) As the population grew, the wells could no longer reach the aquifer, which led to epidemics.

6. According to paragraph 4, what did the Old Croton Aqueduct achieve?
   (A) It linked the Croton River to the Great Lakes.
   (B) It provided an ample supply of clean water for the animals.
   (C) It paved the way for additional population growth.
   (D) It improved the quality of life in the city.

7. Which of the following is NOT mentioned as a cause of disease in New York City?
   (A) Massive immigration
   (B) Poor sanitation systems
   (C) Lack of aqueducts
   (D) Wooden buildings

P3   Along with overcrowding, New York also suffered from an inadequate sanitation system. All of the cabs and wagons that transported people and goods through the city streets were pulled by horses, and an estimated 200,000 of them were living there by the beginning of the twentieth century. By necessity, most of these animals lived on the island of Manhattan, often in residential areas. These animals generated large amounts of waste that piled up throughout the city due to a lack of infrastructure. This waste made the streets reek in the summer, and it mixed with heavy snow in the winter, sometimes accumulating in frozen piles up to two meters high. Not only that, but the horses were often overworked and otherwise mistreated to the extent that many of them died in the streets, where their bodies would remain since no one was charged with the responsibility of cleaning them up. This situation was not remedied until 1909, when the Queensboro Bridge was opened to traffic. This allowed the waste to be transported over to rural Queens, where it was used to fertilize farmland.

P4   Waste from animals and humans led to an even more serious health problem: contaminated drinking water. Manhattan Island had never had a reliable water supply, with its brackish rivers forcing people to rely upon well water. Already insufficient, as the population grew, the aquifer those wells reached into became seriously polluted, which led to severe outbreaks of cholera. To cope with this problem, people had to look far outside of the city to find a viable source of water. The city undertook a large and complex project to bring fresh water from the Croton River to the island. Built between 1837 and 1842, the Old Croton Aqueduct brought water 66 kilometers to reservoirs in the city. Life in the city rapidly improved, but its growth did not slow down, and many additional aqueducts have been built since.

8. Why does the author mention the Great Fire of New York in paragraph 5
   (A) To prove that fire has a more disastrous effect on society than poor sanitation
   (B) To highlight the unexpected consequences of constructing the Erie Canal
   (C) To point out an aspect of urban planning the city planners neglected
   (D) To introduce the history of fire safety regulations in New York City

9. Look at the four squares [■] that indicate where the following sentence could be added to paragraph 3.

   Most often, waste was left in the middle of the street, as horse owners were far less likely to clean up after their horses if they were not on their own property.

   Where would the sentence best fit?
   (A)
   (B)
   (C)
   (D)

P5 As serious as the health and sanitation issues were, a serious safety issue went largely ignored until disaster struck. After years of construction, the Erie Canal opened, successfully linking the Hudson River to the Great Lakes in 1825. This shipping lane dramatically increased trade in New York, and warehouses sprang up throughout the financial district to accommodate the merchants' goods. Unfortunately, like most of the city's other buildings, these warehouses were made of wood, and a calamitous fire started in a warehouse on the bitterly cold and windy evening of December 16, 1835. Before its flames were finally put out, the Great Fire of New York razed southeastern Manhattan, destroying most of the buildings on Wall Street and the New York Stock Exchange. The builders had ignored the dangers of constructing so many wooden buildings in such close proximity, and the fire took full advantage of their oversight. Following the conflagration, city planners regulated the minimum distance between buildings and created newer, stricter fire prevention policies.

P3 Along with overcrowding, New York also suffered from an inadequate sanitation system. All of the cabs and wagons that transported people and goods through the city streets were pulled by horses, and an estimated 200,000 of them were living there by the beginning of the twentieth century. By necessity, most of these animals lived on the island of Manhattan, often in residential areas. These animals generated large amounts of waste that piled up throughout the city due to a lack of infrastructure. This waste made the streets reek in the summer, and it mixed with heavy snow in the winter, sometimes accumulating in frozen piles up to two meters high. [■A] Not only that, but the horses were often overworked and otherwise mistreated to the extent that many of them died in the streets, where their bodies would remain since no one was charged with the responsibility of cleaning them up. [■B] This situation was not remedied until 1909, when the Queensboro Bridge was opened to traffic. [■C] This allowed the waste to be transported over to rural Queens, where it was used to fertilize farmland. [■D]

10. **Directions:** An introductory sentence for a brief summary of the passage is provided below. Complete the summary by selecting the THREE answer choices that express the most important ideas in the passage. Some sentences do not belong in the summary because they express ideas that are not presented in the passage or are minor ideas in the passage. This question is worth 2 points.

New York, one of the oldest planned cities in the United States, underwent significant trial and error in tackling problems such as public health, sanitation, and fire safety during its development.

-
-
-

Answer Choices

(A) The huge number of immigrants settling in New York increased the city's population at a rate of 100 percent every ten years, and this resulted in overcrowded living situations and epidemic outbreaks.

(B) The lack of a proper sanitation system or a reliable water supply resulted in outbreaks of cholera, prompting the city council to build aqueducts to transport clean water to the island.

(C) The horse owners did not clean up after their horses, and often left the remains of dead horses on the streets, providing a trigger for epidemic outbreaks.

(D) Even though frequent outbreaks of infectious diseases led the city council to demolish apartment buildings and develop other parts of the island as residential areas, it proved ineffective in curbing the death tolls.

(E) After the disastrous fire in 1835, a greater awareness of fire safety led to stricter regulations about constructing densely packed wooden buildings.

(F) The building of the Queensboro Bridge allowed the waste accumulated in Manhattan to be transported to Queens, where it was used as fertilizer.

Drag your answer choices to the spaces where they belong. To remove an answer choice, click on it. To review the passage, click on **View Text**.

Listening
Section

Set 1

Set 2

下記の Directions は ETS（Educational Testing Sercive）が提供する *Free Practice Test* の Directions を、ETS の許可を得て転載したものです。実際の Directions と非常に近いものですが、模擬テスト用の Directions のため、実際の本試験の Directions とは異なります。

Listening Section Directions

In this section, you will be able to demonstrate your ability to understand conversations and lectures in English.

You will hear each conversation or lecture only one time. In the actual test, the Listening section is divided into two separately timed parts, and a clock indicates how much time is remaining. The clock counts down only while you are answering questions, not while you are listening.

For this parctice test, a useful guideline is to spend no more than 35 seconds to answer a question.

Answer the questions based on what is stated or implied by the speakers.

In some questions, you will see this icon: 🎧 This means that you will hear, but not see, part of the question.

You must answer each question. After you answer, select **Next**.

In the actual test, you cannot return to previous questions. In this practice test, you can select **Review Questions** to go to other questions in the set. The Review screen will show you which questions you have answered correctly or incorrectly and which questions you have not answered. There is no Review screen in the Listening section in the actual test.

Set 1

Questions 1-5. Listen to a conversation between a student and a professor.

 file_16

1. What is the conversation mainly about?
   (A) How to look for a faculty advisor
   (B) The necessary steps for establishing a club
   (C) Participating in different club activities
   (D) How to find an old source from the library

2. Listen again to part of the conversation. Then answer the question.
   (A) To identify her role in the classroom as a hard worker
   (B) To clarify that she has never seen him before
   (C) To show the professor that he is right about his doubt
   (D) To complain to the professor that he is too busy to see his students

3. According to the woman, what information did she get from the original charter?
   (A) The names of the former club members
   (B) Steps for organizing club meetings
   (C) The contact information of university staff
   (D) A list of films showing at the university

4. What does the man imply about the club the student is talking about?
   (A) He does not understand the need for a movie club.
   (B) He knows it will be hard to get the dean's permission.
   (C) He is surprised the club lasted for such a long time.
   (D) He thinks the club will be successful in the future.

5. What is the professor's attitude about the club's first meeting?
   (A) He feels sorry that he has to miss the event.
   (B) He thinks he should help the club get started.
   (C) He is certain that he will attend the meeting.
   (D) He is reluctant to go there since he is busy.

Questions 6-11. Listen to part of a lecture in an earth science class.

file_17

6. What is the lecture mainly about?
   (A) A method used for discovering Earth's climatic history
   (B) Stalagmites that are formed in different climates
   (C) Types of cave structures found in different continents
   (D) The impact of the Mandate of Heaven on Chinese society

7. What is true about the characteristics of stalagmites?
   Click on two answers.
   (A) They are usually formed during a period of heavy rainfall.
   (B) They are useful for determining past amounts of rainfall.
   (C) Minerals like calcium carbonate in the water make them grow.
   (D) They are dangerous because of their radioactive nature.

8. According to the professor, what information did the Wanxiang cave in China reveal?
   (A) The climate of the region dating back 2,000 years
   (B) Records written about four droughts in the last 2,000 years
   (C) The size that stalagmites can reach inside of a cave
   (D) The origin of the philosophy of the Mandate of Heaven

9. Why is uranium important to the study described?
   (A) It leaves a residue when it decays, which forms stalagmites.
   (B) It helps in detecting stalagmites underground.
   (C) It is what keeps the stalagmites in caves intact.
   (D) It allows the stalagmite to be accurately dated.

10. Why does the professor mention the Mandate of Heaven?
    (A) To explain how the climate of Gansu Province affected the whole of China
    (B) To show that climate changes in China coincided with its political situation
    (C) To compare different methods of determining the amount of rainfall
    (D) To point out that severe drought in the region was a common thing

11. What can be inferred about studying caves in order to determine the amount of rainfall?
    (A) It has revealed that the sun is the sole factor for in the growth of stalagmites.
    (B) It leads to more accurate results than analyzing tree rings and ice cores.
    (C) It shows that some countries do not depend on caves to study rainfall.
    (D) It supports the evidence that the amount of rainfall depends on stalagmites.

Set 2

Questions 1-5. Listen to a conversation between a student and a professor.

 file_18

1. Why did the student want to talk to the professor?
   (A) He tried to see if the professor would allow him to participate in a field project.
   (B) He wanted to discuss how he should include research material in his paper.
   (C) He came to persuade the professor to give him more time for an assignment.
   (D) He feels worried that his paper will need to include some maps and charts.

2. What feature of his paper is the student concerned about?
   (A) The relevance of some of his sources
   (B) The data collected from his field project
   (C) The conciseness of his writing style
   (D) The number of pages the paper will have

3. Listen again to part of the conversation. Then answer the question.
   (A) She is thrilled to have such a student in her class.
   (B) She thinks the student still needs to follow the guidelines she provided.
   (C) She thinks the student's enthusiasm makes him a good candidate.
   (D) She is uncertain if the student could be the right candidate for the project.

4. According to the professor, what is true about the upcoming project that she mentioned?
   (A) It needs more donations from historians.
   (B) It requires 50 staff members to complete.
   (C) It will provide the student with housing.
   (D) It will begin during the winter vacation.

5. What is the student's next step for participating in the project?
   (A) He is going to do the required paperwork sometime next week.
   (B) He will start applying for housing to stay in during the winter vacation.
   (C) He is going to have a meeting with Judith regarding the project.
   (D) He will collect more information about Gerhard Foch and his work.

Questions 6 -11. Listen to part of a lecture in an ancient history class.

6. What is the main subject of the lecture?
   (A) The complex construction process of conduits
   (B) The features of an ancient Roman technology
   (C) The Roman Empire's need for water sources
   (D) The difficulties of building and maintaining aqueducts

7. What is the professor's opinion about the importance of Roman aqueducts?
   (A) She doubts that it was necessary to build them with arches and bridges.
   (B) She is amazed at how rapidly the water moved inside the conduits.
   (C) She believes they contributed to the advancement of the empire.
   (D) She thinks they put a limit on the population of the empire.

8. Why does the professor mention the size of ancient Rome's population?
   (A) To explain why the Romans needed to transport so much water
   (B) To point out that the water source had to come from a higher elevation
   (C) To emphasize why water was so important for their survival
   (D) To describe the various methods of bringing water into the city

9. What aspect of aqueducts was NOT mentioned in the lecture?
    (A) The great distances they covered
    (B) Their aesthetic value
    (C) How well constructed they were
    (D) The amount of time they took to build

10. According to the professor, what were the requirements for building an effective aqueduct? Click on two answers.
    (A) A gradual degree of descent
    (B) A water source located far from the city
    (C) A water source near a mountain
    (D) A downward route from the water source to the city

11. What qualities of aqueducts were praised in the lecture?
    Click on two answers.
    (A) Productivity
    (B) Functionality
    (C) Beauty
    (D) Concealment

201

Questions 12-17. Listen to a lecture in a part of an art history class.

12. What is the lecture mainly about?
   (A) Many tricks and devices that architects invented for gardens to impress visitors
   (B) How the ancient Roman gardens impressed the French and English people
   (C) The elaborately designed fountains that impressed the people of the Renaissance
   (D) How people of the Renaissance showed their social status by decorating gardens

13. According to the lecture, what helped the Italian Renaissance begin to spread? Click on two answers.
   (A) Temples
   (B) Palaces
   (C) Gardens
   (D) Cathedrals

14. Why did Renaissance people start decorating their gardens?
   (A) To grow fresher fruits and vegetables at home
   (B) To show their wealth and status to others
   (C) To examine and study nature more closely
   (D) To observe the rediscovery of ancient art

15. Why does the professor mention Leon Batista Alberti?
    (A) To discuss his invention of various tools for garden owners
    (B) To introduce one of the best-known Italian Renaissance architects
    (C) To explain the guidelines for gardens during that time period
    (D) To show how the ancient Romans spent their leisure time

16. How did Hero of Alexandria contribute to the adornment of gardens?
    (A) He created machines that were used in garden decoration.
    (B) He shocked many people by his water shows.
    (C) He entertained guests by constructing impressive mazes.
    (D) He imported exotic plants from all around the world.

17. What can be inferred about gardens during the Italian Renaissance?
    (A) Seeing large gardens was a rare opportunity for ordinary people.
    (B) Only royalty and politicians were allowed to have their own gardens.
    (C) Gardening was no longer a popular pastime during that era.
    (D) France was the home country of grand, lavish gardens.

Speaking
Section

下記の Directions は ETS（Educational Testing Sercive）が提供する *Free Practice Test* の Directions を、ETS の許可を得て転載したものです。実際の Directions と非常に近いものですが、模擬テスト用の Directions のため、実際の本試験の Directions とは異なります。

Speaking Section Directions

In this section, you will be able to demonstrate your ability to speak in English about a variety of topics by answering four questions.

The first question is about a familiar topic. In the next two questions, you will read a passage. The text will go away, and you will then listen to either a conversation or a lecture on the same topic. you will then be presented with a question that asks you to combine information about what you have read and heard. in the final question, you will listen to a lecture. You will then be asked to summarize the lecture.

In the actual test, your responses will be scored on your ability to speak clearly and coherently and to accurately convey the information that you have read and/or heard. It is important to use your own words and provide an original response. Including memorized reasons and examples may result in a lower score.

In the actual test, you will be given a short time to prepare your response. When the preparation time is up, you will be told to begin your response. A clock will indicate how much time is remaining.

In this practice test, your responses will not be scored. Instead, you will hear sample responses to the four questions.

Question 1

Do you agree or disagree with the following statement: Young children should be allowed to have cell phones. Why or why not? Please include specific details in your explanation.

| Preparation time : 15 seconds |
| Response time : 45 seconds |

 file_21

Question 2

Reading Time: 45 seconds

Athletes-Only Gym

Since the addition of the women's and men's football teams, there is a serious lack of training facilities. The university's athletic teams usually work out together, so they need plenty of space and equipment to do so. Unfortunately, this means that athletes have to compete for space with other students who are exercising. We understand that everyone needs to exercise to stay healthy, but if athletes cannot exercise regularly, they cannot compete. Therefore, we recommend that an athletes-only gym be established. The old science hall has extensive plumbing and other factors that would make it an ideal building to convert.

- Terry Hawkes

The woman expresses her opinion about establishing an athletes-only gym. State her opinion and explain the reasons she gives for holding that opinion.

| Preparation time : 30 seconds |
| Response time : 60 seconds |

Question 3

Cyclic Disturbances

Every ecosystem in the world is subject to environmental disturbance, which is defined as a temporary change in normal environmental conditions that leads to a significant change in an ecosystem. These disturbances are typically divided into two kinds: natural disturbances and anthropogenic, or manmade, disturbances. Human-caused disturbances include mining, forest clearing and the introduction of invasive species. Natural disturbances may be relatively minor ones like flooding, fires and insect outbreaks, or major ones like earthquakes and volcanic eruptions. On the other hand, natural disturbances often result in cyclical changes, in which the ecosystem eventually returns to the previous state and then repeats the process.

 file_24

The professor explains cyclic disturbance by giving some examples. Explain how the examples demonstrate it.

 file_25

| Preparation time : 30 seconds |
| Response time : 60 seconds |

Question 4

In the lecture, the professor describes two methods of demonstrating a product. Explain the two methods by providing examples.

Preparation time : 20 seconds
Response time   : 60 seconds

209

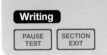

Writing Section

Integrated Task

Academic Discussion Task

以下の Directions は ETS（Educational Testing Service）が提供する *Free Practice Test* の Directions を、ETS の許可を得て転載したものです。実際の Directions と非常に近いものですが、模擬テスト用の Directions のため、実際の本試験の Directions とは異なります。

Writing Section Directions

In this section, you will be able to demonstrate your ability to use writing to communicate in an academic environment.

In this practice test, you will be able to practice writing a response to each task and review sample responses.

If you wish to compare your responses to the sample responses, you will need to copy your response to another document before continuing. Once you select **Continue** to view the sample responses, your response will no longer be available.

In the actual test, your responses will be scored on your ability to write correctly, clearly, and coherently, as well as on your ability to respond to the questions as fully as possible.

Now listen to the directions for the first writing task.

Writing Based on Reading and Listening

First, read a passage about an academic topic. In the actual test, you will have 3 minutes to read the passage. Then listen to a lecture about the same topic.

When the lecture has ended, you can start writing your response. In the actual test, you will have 20 minutes to write. In your response, provide a detailed summary of the lecture and explain how the lecture relates to the reading passage. While you write, you will be able to see the reading passage again. You should try to make your response as complete as possible using information from the lecture and the reading passage.

Now you will see the reading passage. It will be followed by a lecture.

Select **Continue** to go on.

Reading Time: 3 minutes

Around 1000 BCE, the wave of Celtic expansion reached England, and the various Celtic tribes that crossed the channel eventually inhabited all of the British Isles. Their control went unquestioned until the Romans invaded during the reign of Claudius, and they abandoned it in 410 CE as their empire declined. Then the Angles, Saxons, and Jutes of northern Europe saw an opportunity, invaded, and took over. In light of this history, it is easy to see why it is unclear whom the people of England are descended from. However, there is strong evidence that points to the Anglo-Saxons as the ancestors of the majority of modern English people.

To begin with, the Anglo-Saxons did not invade the British Isles simply to control them, as the Romans did. Rather, this was a resettlement as the majority of the people left their former homes on the mainland in what is now Germany and Denmark. Written accounts from around that time give the impression that this wave of immigration quickly overwhelmed the Celts and forced them to retreat into what is now Wales and Scotland. They also tell of the Anglo-Saxons crushing any resistance they encountered and securing the land for themselves.

This is further supported by the fact that English developed from the language of the Anglo-Saxons and not the earlier Celts. A simple comparison of English with Welsh or Gaelic, both Celtic tongues, clearly shows how drastically different these languages are. As the Anglo-Saxons exerted their dominance over the island, their languages replaced those of the Celtic peoples. This linguistic shift supports the belief that today's population came from the Germanic invaders.

Even more conclusive proof was gained by studying the DNA of people living in several villages in eastern England. Their DNA was compared to samples from modern people with Celtic and Germanic backgrounds, and was found to be almost identical to that of people living in the areas where the Anglo-Saxon migration began. This provides inarguable proof that the people of modern-day England are more closely related to the Anglo-Saxons than to the original Celtic population.

Directions: You have 20 minutes to plan and write your response. Your response will be judged on the basis of the quality of your writing and on how well your response presents the points in the lecture and their relationship to the reading passage. Typically, an effective response will be 150 to 225 words.

Question: Summarize the points made in the lecture you just heard, explaining how they cast doubt on the points made in the reading.

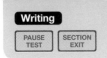
下記の Directions は ETS（Educational Testing Sercive）が提供する *Free Practice Test* の Directions を、ETS の許可を得て転載したものです。実際の Directions と非常に近いものですが、模擬テスト用の Directions のため、実際の本試験の Directions とは異なります。

Writing for an Academic Discussion

For this task, you will read an online discussion. A professor has posted a question about a topic, and some classmates have responded with their ideas.

Write a response that contributes to the discussion. In the actual test, you will have 10 minutes to write your response. It is important to use your own words in the response. Including memorized reasons or examples will result in a lower score.

In this practice test, write your response and then select **Continue** to see the sample responses.

Select **Continue** to go on.

Your professor is teaching a class on career readiness. Write a post responding to the professor's question.

In your response, you should do the following.

- Express and support your opinion.

- Make a contribution to the discussion in your own words.

An effective response will contain at least 100 words.

Dr. Lucas
When students begin considering their career paths, there are a number of possible options for exploring opportunities that match their personal interests and values. One is to undertake an internship, usually during their junior year. Some people assert that internships offer practical experience and networking opportunities. Others claim they are counterproductive, as they take valuable time away from the student's academic work and university life. In your opinion, do internships have more advantages or disadvantages for students? Why?

Sophia:
I think internships are great opportunities to gain insight into what it is like to work in a business setting every day. They help deepen your awareness of different working styles and the kind of work that would be most interesting and fulfilling for you personally. This is beneficial, especially for those who are unsure about their career interests.

Matt:
I actually don't think internships are the best way to use the limited time we have as students. Spending time on things we can only do as students—like playing sports with our peers, staying up late debating various topics with our friends, and exploring new opportunities without risk—is a better way to gain an understanding of our own values and interests.

Reading

Passage 1

1. B	**2.** A	**3.** A	**4.** D	**5.** C	**6.** D	**7.** C	**8.** B
9. D	**10.** C, D, F						

Passage 2

1. B	**2.** A	**3.** A	**4.** C	**5.** C	**6.** D	**7.** D	**8.** C
9. A	**10.** A, B, E						

Listening

Set 1

1. B	**2.** C	**3.** A	**4.** C	**5.** C	**6.** A	**7.** B, C	**8.** A
9. D	**10.** B	**11.** B					

Set 2

1. B	**2.** D	**3.** C	**4.** C	**5.** A	**6.** B	**7.** C	**8.** A
9. D	**10.** A, D	**11.** B, C	**12.** D	**13.** B, D	**14.** B	**15.** C	**16.** A
17. A							

第5章

TOEFL iBT®
実戦模試
解答と解説

Reading Section 解答と解説

Passage 1

(Paragraph 1)

The Mayan civilization that once covered much of modern-day Guatemala and Southern Mexico was inarguably one of the greatest civilizations ever to exist in Pre-Columbian America. Mayan settlements date back to around 2000 BCE, and some existed until the Spanish conquest of the region. The Maya are known for their monumental step-pyramids, stonemasonry, understanding of astronomy and mathematics, and fully developed hieroglyphic writing system. ²⁻²<u>Their civilization reached its peak during what is called its Classical Period, extending from 250 CE to around 900 CE, when their cities reached their highest state of development.</u> However, their flourishing society suffered a catastrophic collapse at this time from which they never fully recovered. ²⁻¹<u>Many theories have been suggested to explain such a sudden decline including natural disasters, war and plague. While these may have contributed to the overall decline, the root cause appears to have been an interconnected series of events involving agriculture, conflict and climate change.</u>

語注

fall 没落、衰退／ Mayan civilization マヤ文明／ inarguably 議論の余地なく／ pre-Columbian コロンブス以前の／ settlement 居住地／ BCE 紀元前。= before Common Era ／ conquest 征服／ region 地方、地域／ be known for ... ……で知られている／ monumental 巨大な、堂々とした、きわめて重要な／ step-pyramid 階段式ピラミッド／ stonemasonry 石細工／ astronomy 天文学／ mathematics 数学／ hieroglyphic 象形文字の／ development 発展、発達／ flourishing 栄えている／ suffer ……に苦しむ／ catastrophic 壊滅的な／ collapse 崩壊（する）／ theory 学説／ decline 衰退／ natural disaster 天災／ plague 疫病／ contribute ……の一因となる／ root cause 根本的原因／ appear to ... ……のように見える／ interconnected 相互に連結した／ involve ……に関連する／ agriculture 農業／ conflict 争い

1.

英文の質問と選択肢の訳

1. 第1段落にある monumental という単語の意味に最も近いものは、

(A) 古代の   **(B) 壮大な**   (C) 有名な   (D) 死すべき

解説 monumentalは「歴史的に価値のある、非常に大きい」という意味なので、「壮大な、威厳のある」という意味の(B)が正解です。(A)のancientは「古代の」、(D)のmortalは「死ぬべき運命の、致命的な」という意味。

2.

英文の質問と選択肢の訳

2. 第1段落によれば、マヤ文明についてどのようなことが推測されますか。

(A) マヤ文明がどのように没落したのか本当に知っている人はいない。
(B) マヤ文明の黄金期は古典期の終盤に始まった。
(C) マヤの人々のほとんどは都市に住んでいた。
(D) マヤ文明はスペイン人による征服から最終的に復興した。

解説 下線部2-1に「マヤ文明の突然の終焉について説明する学説は多々あり、自然災害、戦争、伝染病の大発生、などが挙げられるが、根本的な原因は農業、闘争、気候変動などが相互に関連したのではないかと思われる」とあります。the root cause appears to have beenと、はっきりした原因を定義しているわけではないので答えは(A)。(B)に関しては、下線部2-2に「文明が最高潮に達したのはClassical Period」とありますが、それが「Classical Periodの最後の時期に栄え始めた」とは特に述べられていないので不正解。(C)の記載はどこにもありません。(D)も「スペインの占領から立ち直った」という記載はないので不正解。

(Paragraph 2)

In the Classical Period, the Maya experienced rapid expansion and their population reached into the millions. ³⁽ᴰ⁾<u>Most of their large religious and political complexes were built during this time</u>, and their civilization developed into a large politically and economically interconnected society comprised of many small kingdoms and empires. By the 8th century, populations surrounding the central lowlands had reached new peaks of in size and density. This is also the area that held the most political influence. ³⁽ᴮ⁾<u>The growing aristocracy, which enjoyed luxuries and the best food, is believed to have expanded rapidly.</u> ³⁽ᶜ⁾<u>The outlying kingdoms served as the primary centers for trade, and they brought in goods from throughout Mesoamerica.</u> While relationships with neighbors were not always peaceful and warfare did indeed occur, they were generally friendly. The greatest danger to the Maya, although they were probably oblivious to the fact, came from within.

語注

rapid 急速な／ expansion 拡大／ religious 宗教の／ comprised of ... ……からなっている／ surround ……を囲む／ density 密度／ aristocracy 貴族階級、上流階級／ luxury ぜいたく品／ outlying 中心から離れた／ primary 主要な／ Mesoamerica メソアメリカ（アメリカ先住民の文明が栄えた地域）／ warfare 戦争／ indeed 確かに／ occur 起こる／ oblivious 気づかないで、無頓着で

3.

英文の質問と選択肢の訳

3. 第 2 段落によれば、古典期について正しくないものはどれですか。

(A) 近隣諸国との戦争が絶えなかった時期である。
(B) 貴族の数が増えた時期である。
(C) 貿易が盛んになった時期である。
(D) 多くの建物が建てられた時期である。

解説 (B)、(C)、(D)は下線部に記載があるので、正解は(A)です。complexは「建物群」のこと。(A)の戦争については、波線の部分に「近隣諸国との関係は常に穏やかだったわけではなく、戦争も起きた」と記載がありますが、did

TOEFL iBT®とは
各セクションの攻略
Reading
Listening
Speaking
Writing
セクション別・レベル別 学習アドバイス
模試 問題
模試 解説

はindeedを強めており、「戦争が起きることもあった」という意味で、(A)の constant warfareを指すものではありません。

(Paragraph 3)

　　Early in the Classical Period, from about 440 to 660 CE, the area the Maya lived in experienced significantly higher rainfall than it had in the past. <u>⁴This extended wetter period allowed them to expand their agriculture and produce unprecedented amounts of food.</u> The food surplus allowed the population to grow, and fueled the civilization's rapid expansion. The Maya used permanent farms and raised terraces for cultivation, and their usual method of crop rotation involved fallow cycles, leaving the land uncultivated in order to allow it to recover. However, the increased rainfall would have meant that the minerals and nutrients in the soil of their farms would be replenished more quickly by the mountain runoff, and the temptation to shorten fallow cycles must have been nearly irresistible in a climate that fostered rapid growth. In addition, the Maya began cutting down expanses of rainforest to clear land for farming and to provide lumber and firewood, reducing the amount of groundcover. Since they raised little livestock, they were also rapidly depleting the area of the animals they relied on for meat. The Maya were overtaxing the carrying capacity of their environment, but they would not realize this until it was too late.

語注

come from within 内部から出てくる／ CE 西暦紀元（= Common Era）／ significantly 著しく／ extended 長期の、延長された／ unprecedented 前例のない／ amount 量／ surplus 余剰／ fuel ……に勢いを与える／ permanent 常設の／ terrace 段々畑／ cultivation 耕作／ crop rotation 輪作／ fallow 休耕の／ nutrient 栄養素／ soil 土壌／ replenish ……を補充する／ runoff 流出する水／ temptation 衝動、誘惑／ irresistible 抑えがたい／ foster ……を助長する／ expanse 広がり／ rainforest （熱帯）雨林／ lumber 材木／ firewood 薪／ groundcover 下生え／ livestock 家畜／ deplete ……を激減させる／ overtax ……に無理を強いる

4.

英文の質問と選択肢の訳

4. 第3段落によると、人口増加の原因のひとつと考えられるものは何ですか。

(A) 著しく多い降雨量
(B) 短縮された休耕間隔
(C) 熱帯雨林の面積の減少
(D) 食料生産の増加

解説 下線部4に「雨量の増加が農業の拡大につながり、今までにない量の食料を生産した」とあるので、正解は(D)です。

(Paragraph 4)

[5-1]As their civilization continued to expand throughout the 8th and 9th centuries CE, the advantageous rainfall began to lessen. As this trend continued, pressures began to grow within Mayan society. The large urban centers with their aristocratic populations were a huge drain on agriculture, so as output decreased they had to compensate by [6-1]importing food. This transferred the burden onto the surrounding communities, which increased competition and conflict between cities and regions. [6-2]As the societal and economic divide between the peasants and the aristocrats widened further, the lower classes began to revolt against the established order, and food shortages only worsened the situation. [5-2]The whole society was teetering on the brink of an abyss.

語注

trend 傾向／ **pressure** 困窮、切迫／ **drain** ……の枯渇のもと／ **compensate** ……を補う／ **transfer ... onto ~** ……を~に移す／ **competition** 競合／ **societal** 社会の／ **peasant** 小作人／ **revolt against ...** ……に反抗する／ **established order** 既存の体制／ **worsen** ……をさらに悪くする／ **teeter on the brink of ...** ……の瀬戸際にある／ **abyss** どん底、危機的状況

5.

英文の質問と選択肢の訳

5. 第4段落の主な目的はどれですか。

(A) 拡大の好影響を説明すること
(B) 降雨が大きな都市間の競争に与えた影響を議論すること
(C) マヤ文明の没落のきっかけとなったことを説明すること
(D) 農民と貴族の間の社会的格差を強調すること

解説 この問題のようにパラグラフ全体の要旨、目的を聞く問題は、パラグラフの最初と最後の文から判断します。下線部5-1に「降雨量の減少で、マヤの社会の中で困窮が増し始めた」とあり、下線部5-2の文で「社会全体がどん底に落ちる寸前の、危うい状態にあった」とあるので、答えは(C)。

6.

英文の質問と選択肢の訳

6. 第4段落によると、食料を輸入したことの影響と思われることは何ですか。

(A) 貴族階級の数を増やした。
(B) 農民たちが貿易商に反感を持った。
(C) 大きな都市の住民同士に対立を引き起こした。
(D) 上流階級と下層階級の間の社会的格差が広がった。

解説 下線部6-1、6-2から、「食料の輸入の影響のひとつとして、社会の中で小作人と上流階級の差がさらに増した」ということがわかるので、正解は(D)です。

(Paragraph 5)

Then, around 1000 CE, the already faltering civilization was struck by true disaster: a prolonged drought struck the southern regions. [■A] The drought was a symptom of a global shift in climate that seriously affected other areas in the world, but for the Mayan civilization it was devastating. [■B] ⁸Their practice of clearing forest exacerbated the problem in two ways. [■C] ⁷The land that had been cleared was poor for farming, and the lack of trees disrupted the normal evaporation cycle. [■D] Internal warfare escalated as supplies dwindled, and eventually the whole system collapsed. The Mayan civilization was ultimately a victim of its own unchecked expansion. The drought did not completely destroy the culture, as some of the city-states in the north survived and continued to expand, but they too fell after the arrival of the Spanish.

> **語注**
>
> faltering 行き詰まった／ be struck by ... ……に襲われる／ disaster 惨事、天災／ prolonged 長期にわたる／ drought 干ばつ／ symptom 症状、徴候／ affect ……に影響を与える／ devastating 破壊的な／ practice 習慣／ exacerbate ……を悪化させる／ lack of ... ……の不足・欠乏／ disrupt ……を存続不可能にさせる／ evaporation 蒸発／ Internal 国内の／ dwindle 衰える／ ultimately 究極的には／ a victim of ... ……の犠牲者／ unchecked 野放しの／ destroy ……を破壊する／ city-state 都市国家／ survive 生き残る

7.

> **英文の質問と選択肢の訳**
>
> 7. 第 5 段落にある exacerbated という単語の意味に最も近いものは、
>
> (A) 呼び起こした　　(B) 落ち着かせた　　**(C) 悪化させた**　　(D) 抑制した

解説 exacerbateは「悪化させる」という意味ですが、単語の意味がわからない場合も先を読んで意味を考えましょう。下線部7に、「農業に適さない」、「木がないことで通常の蒸発サイクルを乱した」と、よくないことがリストされているので、否定的な意味であることはわかります。4つの選択肢の中で否定的な意味を持つのは(C)のaggravated「悪化させた」です。

224

8.

英文の質問と選択肢の訳

8. 第5段落によると、なぜ干ばつがマヤ文明にとって特に壊滅的だったのですか。

(A) それは気候の世界的変動の兆候だった。
(B) 森林破壊が干ばつを悪化させた。
(C) マヤ人は水を求めて争った。
(D) それは歯止めのない拡大の結果だった。

解説 第3段落に「耕作地などのために、マヤ人が熱帯雨林の木を切った」ことが挙げられていました。この第5段落では、下線部8に、「熱帯雨林の木をなくしてしまうことが（Their practice of clearing forest）さらに問題を悪化させた」とあるので、(B)の「森林破壊が干ばつを悪化させた」が正解。

9.

英文の質問と選択肢の訳

9. この文章に次の文を付け加えることのできる箇所を示した4つの四角形（■）を見てください。

したがって、干ばつで降水量が25～40パーセント減ったとき、彼らの農業システムはまったく持続不可能となった。

この文はどこに最もよく当てはまるでしょうか。

解説 挿入する文の冒頭にあるつなぎの言葉Therefore「……なので」に注目しましょう。(B)の前の文では「干ばつが特にマヤに破壊的な影響を与えた」とありますが、どのような影響を与えたのかについてはまだ述べられていません。(C)の前の文では「問題点がふたつある」と述べ、(C)のあとの文でその2点についての説明があるので、(C)に挿入すると前後のつながりが分断されてしまいます。「耕作地を広げたことでどのような被害があったのか」を述べている文のあとに、挿入文が入ると流れがよいので、正解は(D)です。

10.

10.指示：この文章の簡潔な要約の書き出しの文を以下に示します。文章の最も重要な考えを表す３つの選択肢を選んでこの要約を完成させてください。要約に合わない文は、文章の中に示されていない考えや、文章の中で重要ではなかったりする考えを述べています。この問題の配点は２点です。

マヤ文明の没落を説明しようとする数多くの理論があるものの、コロンブス到来以前のアメリカに存在した偉大な文明のひとつに突然の衰退をもたらしたいくつか密接に関連した要因があるように思われる。

選択肢
(A) マヤ族は西暦９世紀までに文明のピークに達した。
(B) 貴族と農民の間で広がる格差と深まる対立が経済状態を悪化させた。
(C) 増加した降雨に大きく依存していたため、マヤ族はその土地の天然資源に過度な負担をかけた。
(D) 疲弊したマヤ社会にとって干ばつが最後の一撃となり、すでに機能不全に陥っていた彼らの農業システムを完全に崩壊させた。
(E) 長期化した干ばつは、マヤ人に周辺の地域社会から食料を輸入することを余儀なくさせた。
(F) 降雨量が減ったために農地は十分な食料を生み出せず、マヤ社会に大きな圧力をかけた食料不足を招いた。

解説 要約問題は、最初に与えられている1文をよく読み、それに関連する選択肢のみを選びます。正解は(C)、(D)、(F)です。３つ選択肢を選んだあとで、選ばなかった選択肢が、なぜ不正解であるか検証を行います。(A)はマヤ文明の最盛期について述べていますが、要約の最初の1文は、「マヤ文明の崩壊について」述べているので、(A)は要約文にはそぐいません。小作人と上流階級の格差が開いたことは本文で述べられていますが、(B)のように経済状況が悪くなったとは述べていないので、(B)も不正解。干ばつが続いたためにマヤ人が周りの諸国から食料を輸入せざるを得なかったわけではないので、(E)も不正解です。

問題文の訳

マヤ文明の没落

　かつて、現在のグアテマラの大部分とメキシコ南部をその領域としていたマヤ文明は、コロンブス到来以前のアメリカ大陸に存在した最も大規模な文明のひとつであることは疑いの余地がない。人々による開拓地の起源は紀元前2000年ごろまでさかのぼり、そのいくつかは、スペインによるこの地域の征服のときまで存続していた。この文明は、巨大な階段式ピラミッド、石細工、天文学や数学の深い知識、そして高度に発達した象形文字による文字体系などの特徴によって知られている。この文明は、西暦250年から900年ごろまでの「古典期」と呼ばれる時代に頂点に達し、都市が最高度に発展していた。しかしながら、その繁栄した社会はこの時期に壊滅的な崩壊を経験し、そこから再び復興することはなかった。そのような突然の衰退を説明するために、自然災害、戦争、疫病などいくつもの説が唱えられてきた。そうしたことは全体的な衰退を推し進める役割を果たしたかもしれないが、根本的な原因は、農業や紛争や気候変動などにまつわるさまざまな事象がいくつも複雑にからみあったためのようである。

　古典期において、マヤ人は急速な拡大を経験し、その人口は数百万人にも達した。彼らの宗教や政治に関係する巨大建築物のほとんどはこの時期に建てられ、その文明は数多くの王国や帝国からなる政治的経済的に統合されたひとつの社会へと発展した。8世紀までには、中央低地周辺の人口は、その大きさと密度でそれまでで最大となっていた。ここはまた、最も大きな政治的権力を握っていた地域だった。ぜいたく品や最高の食べ物を享受する貴族階級が生まれ、急速に拡大していったと考えられている。辺境にある王国は、主要な交易地としての役割を果たし、メソアメリカ各地からの物品をもたらした。近隣諸国との関係は必ずしも平和的なものではなく、実際に戦争が起こったこともあるが、おおむね友好的だった。マヤ人たちにとって最大の危機は、おそらく彼ら自身は気づかなかっただろうが、内部から生じた。

　西暦440年ごろから660年ごろにかけての古典期の初期にマヤ人が住んでいた地域は、それ以前になかったほどの多くの降雨に見舞われていた。この長期化した雨期のおかげで農業生産が拡大し、かつてないほどの食料を生み出すことができた。この食物の余剰が人口の増加を促し、文明の急速な拡大に拍車をかけた。マヤ人は常設の農地を使って耕作のための段々畑を設け、土壌を回復させるための定期的な休耕を含む輪作という手法を取り入れていた。しかしながら、降雨の増加によって彼らの農地に含まれるミネラル分や栄養分が山から流れ下る水によってより早く補充されることになったはずで、このような生産拡大を促した気候の中で、輪作の間隔を短くした

いという誘惑はほとんど抑えきれなかったに違いない。それに加え、マヤ人は農地を切り開いたり木材や薪を手に入れたりするために熱帯雨林を広範囲に伐採し始めたため、下生えを減少させた。これは、ほとんど家畜を育てていなかったマヤ人が食肉として頼っていた野生動物の生息地を激減させることにもなった。マヤ人は、自分たちの環境が耐えられる以上の負荷をかけたが、そのことに気づいたときはもはや手遅れだった。

　西暦8世紀から9世紀にかけて彼らの文明が拡大を続けていたときに、有利に働いていた降雨が次第に減り始めた。この傾向が続くと、マヤ社会の中で困窮が増してきた。貴族階級が住む都市の中心部は農産物の巨大な消費地であり、生産が減るにつれて食料を外部から持ち込むことで補わなければならなくなった。そのため、負担が周辺の地域社会に転化されることとなり、都市と地方の間での競争や対立が増えていった。農民と貴族階級の間の社会的・経済的格差がさらに拡大すると、下層階級は既存の体制に反抗するようになり、食料不足が状況をさらに悪化させた。社会全体が破綻の瀬戸際にあった。

　やがて西暦1000年ごろには、すでに衰退し始めていた文明は、深刻な災厄に見舞われた。長引く干ばつが南部の諸地域を襲ったのである。この干ばつは世界の他の地域にも深刻な影響を及ぼした地球規模の気候変動の前兆だったが、マヤ文明にとってそれは壊滅的なものだった。彼らが絶えず森林を伐採してきたことが、ふたつの点で問題をより厳しいものにした。切り開かれた土地は耕作には適さず、樹木がなくなったことで正常な蒸発サイクルを乱してしまった。したがって、干ばつで降水量が25〜40パーセント減ったとき、彼らの農業システムはまったく持続不可能となった。食料供給量が低迷すると内戦が激化し、とうとう社会体制全体が崩壊してしまった。マヤ文明は結局のところ、自らの無制限な拡大の犠牲となったのである。干ばつは完全に彼らの文化を破壊したわけではなく、北部にあるいくつかの都市国家は存続して拡大を続けたが、それらもスペイン人が到来すると滅亡することになった。

Passage 2

(Paragraph 1)

Originally settled by the Dutch under the name of New Amsterdam, New York is one of the oldest planned cities in the United States. Like many early colonial cities, it began its existence as a fortification and was constructed along military guidelines. They eventually surrendered it to England, which in turn lost it when the United States achieved its independence. As the city expanded, a great deal of effort went into keeping the city organized. In fact, in 1811, the city council adopted a plan that divided up the mostly undeveloped northern portion of Manhattan Island and employed a strict grid pattern, regardless of terrain. However, due to the city's rampant growth, these measures often proved insufficient, and there were many serious problems involving health, sanitation and safety.

語注

urban planning 都市計画／ settle ……に植民する・定住する／ Dutch オランダ人／ planned city 計画都市／ colonial 植民地の／ existence 存在／ fortification 要塞／ eventually 結局／ surrender ... to ~ ……を~に明け渡す／ in turn 今度は逆に／ achieve ……を達成する／ independence 独立／ expand 発展する、拡張する／ great deal of ... 多大な……／ effort 努力／ organized 整理された、組織された／ In fact 実際のところ／ city council 市議会／ adopt ……を採用する／ divide up 分ける／ undeveloped 未開発の／ portion 部分／ employ （手段など）を採用する／ strict 厳密な、厳格な／ grid pattern 格子状のパターン／ regardless of ... ……にかかわらず／ terrain 地形／ rampant 猛烈な／ measures 措置／ prove ……だとわかる／ insufficient 不十分な／ sanitation 公衆衛生

(Paragraph 2)

New York City has always been an important port city, but few anticipated the number of immigrants it would receive, and many buildings had to be rapidly constructed to accommodate the new arrivals. By 1800, the city's population had reached 30,000 people, most of whom lived in an area that comprises only a fraction of the modern city. Some historians estimate that [2-1]New York's population increased at a rate of around 100 percent every ten years, which meant that ever more people were forced to live in hastily constructed tenements. [7]Such massive immigration and overcrowding inevitably created perfect conditions for infectious diseases to ravage the city. Epidemics of cholera, malaria, and typhoid swept through the population in the early nineteenth century, [2-2]killing thousands in some of the worst outbreaks the country has ever seen. The demolition of many apartment buildings and the development of the northern part of the island served to alleviate the overcrowding, but these diseases would return again. One famous case was an outbreak of typhoid in the early 1900s. A woman whom the press labeled Typhoid Mary was a carrier of the disease who caused the deaths of over fifty people while working as a maid.

語注

port city 港湾都市／ anticipate ……を予期する／ immigrant 移住者、入植者／ rapidly 急速に／ construct ……を建設する／ accommodate ……を住まわせる、……を収容する／ new arrival 新参者／ population 人口／ comprise ……を構成する／ fraction ほんの一部／ historian 歴史学者／ estimate ……と見積もる／ every ten years 10年ごとに／ hastily constructed tenement 急ごしらえの安アパート／ massive 膨大な／ immigration 移民、移住／ overcrowding 過密の状態／ inevitably 必然的に／ infectious disease 感染症／ ravage ……を荒らす／ epidemic （伝染病の）流行／ typhoid 腸チフス／ sweep through ... 急速に広まる／ outbreak （伝染病などの）発生／ demolition 取り壊し／ development 開発／ serve to ... ……に役立つ／ alleviate ……を軽減する／ label ……と呼ぶ／ carrier 保菌者、キャリア／ cause ……の原因となる

1.

英文の質問と選択肢の訳

1. 第2段落にある inevitably という単語の意味に最も近いものは、

(A) 容赦なく　　　　　**(B) 不可避的に**　　　(C) ひねくれて　　　(D) 伝えられるところでは

解説　inevitablyは「必然的に、否応なく」という意味なので、(B)の unavoidablyが正解です。(A)の relentlesslyは「容赦なく、冷酷に」、(C) の perverselyは「ひねくれて」、(D)のallegedlyは「伝えられるところでは」。

2.

英文の質問と選択肢の訳

2. 第2段落によると，伝染病の発生についてどのようなことが推測されますか。

(A) 死者数の多さにもかかわらず人口は減らなかった。
(B) それによって移民がニューヨークに住むことを思いとどまった。
(C) 伝染病が発生するたびに対抗措置が取られることはなかった。
(D) 伝染病が発生した建物は取り壊された。

解説　下線部2-2から、伝染病による死者が何千人にも上ったことがわかりますが、下線部2-1から、人口増加の割合が「10年毎に100パーセントにおよんだ」と述べられているので、(A)の「死者の数が多かったにもかかわらず、人口は減少しなかった」が正解となります。

(Paragraph 3)

Along with overcrowding, New York also suffered from an inadequate sanitation system. ³All of the cabs and wagons that transported people and goods through the city streets were pulled by horses, and an estimated 200,000 of them were living there by the beginning of the twentieth century. By necessity, most of these animals lived on the island of Manhattan, often in residential areas. These animals generated large amounts of waste that piled up throughout the city due to a lack of infrastructure. This waste made the streets reek in the summer, and it mixed with heavy snow in the winter, sometimes accumulating in frozen piles up to two meters high. Not only that, but the horses were often overworked and otherwise mistreated to the extent that many of them died in the streets, where their bodies would remain since no one was charged with the responsibility of cleaning them up. This situation was not remedied until 1909, when the Queensboro Bridge was opened to traffic. This allowed the waste to be transported over to rural Queens, where it was used to fertilize farmland.

語注

suffer from ... ……に苦しむ／ inadequate 不適当な／ sanitation system 公衆衛生システム／ cab 辻馬車／ wagon 荷馬車／ transport ……を運ぶ／ estimated およそ／ residential area 住宅地区／ generate ……を発生させる／ pile up 積もる／ reek 強烈な悪臭がする／ accumulate 蓄積する／ mistreat 酷使する、虐待する／ to the extent that ... ……の程度まで／ body 死体／ be charged with ... ……の責任を負う／ responsibility 責任／ remedy ……を改善する、……に対処する／ rural 田舎の／ fertilize (土地) を肥沃にする

3.

英文の質問と選択肢の訳

3. 第3段落によると，ニューヨークにおける馬の主な役割は何でしたか。

(A) 辻馬車や荷馬車を引くこと
(B) 住宅地のゴミを捨てること
(C) 農地に肥料をやること
(D) 冬に除雪をすること

解説 下線部3から、人や物資を運ぶ車両を馬に引かせていたことがわかります。答えは(A)です。

(Paragraph 4)

Waste from animals and humans led to an even more serious health problem: contaminated drinking water. ⁴Manhattan Island had never had a reliable water supply, with its brackish rivers forcing people to rely upon well water. Already insufficient, as the population grew, ⁵the aquifer those wells reached into became seriously polluted, which led to severe outbreaks of cholera. To cope with this problem, people had to look far outside of the city to find a viable source of water. The city undertook a large and complex project to bring fresh water from the Croton River to the island. Built between 1837 and 1842, ⁶the Old Croton Aqueduct brought water 66 kilometers to reservoirs in the city. Life in the city rapidly improved, but its growth did not slow down, and many additional aqueducts have been built since.

語注

contaminated 汚染された／ reliable 信頼できる／ supply 供給／ brackish 半塩水の／ rely upon ... ……に頼る／ well water 井戸水／ insufficient 不足している／ aquifer 帯水層／ cope with ... ……に対処する／ viable 成功の見込める、実現可能な／ undertake ……に着手する／ reservoir 貯水池／ aqueduct 送水路

4.

英文の質問と選択肢の訳

4. 第4段落にある brackish という単語の意味に最も近いものは、

(A) 健康によい　　　(B) ぬかるんだ　　　**(C) 塩気のある**　　　(D) 汚染された

解説　下線部4に、「マンハッタンは信頼できる水源を持ったことがなかった」とあるので、(A)が不正解なのはわかると思います。(B)、(C)、(D)はどれでも文意が通じてしまうので、brackish「半塩水の」の意味がわからないと正解(C)を選ぶのは難しいかもしれません。下線の前の文に、「人間や馬の排泄物が飲み水を汚染した」とあるので、(D)ははずせます。

5.

英文の質問と選択肢の訳

5. 次の文のうち、どれがマーカーの付けられた文の最も重要な内容を表していますか。誤った選択肢は、その意味を大きく変えたり本質的な内容を抜かしています。

(A) 住民は汚染された井戸からの水をろ過することができず、それが深刻なコレラの発生につながった。
(B) 井戸が下水道として使われ、帯水層を汚染して増え続ける人口の間に深刻なコレラを発生させた。
(C) 井戸が掘られている帯水層は、増加する人口にはもはや十分ではなく、汚染されて疫病の増加をもたらした。
(D) 人口が増えるにつれて井戸はもはや帯水層に届かなくなり、それが伝染病をもたらした。

　ハイライトされている文をよく読んでみると、主節の骨子となるところは aquifer became seriously polluted ですから、これに合う選択肢を探します。(A) は「汚染された井戸の水をろ過できなかった」とあるので、本文とは内容が合いません。(B) は「井戸は下水として使われた」とあるので不正解。(D) は「井戸は水源に届かなかった」とありますが、本文の下線部 5 に「井戸が到達していた水源」とあるので、これも不正解。正解は (C) です。

6.

英文の質問と選択肢の訳

6. 第 4 段落によれば、オールド・クロトン水路は何を成し遂げましたか。

(A) クロトン川と五大湖を結びつけた。
(B) 動物のために十分な量のきれいな飲料水をもたらした。
(C) さらなる人口増加の下地を作った。
(D) 都市での生活の質を向上させた。

解説 詳細について答える問題です。下線部6に、「the Old Croton Aqueduct はマンハッタンの貯水池まで66キロ水を運び、それによって都市の生活が急速に向上した」とあるので、答えは(D)。Aqueductは「送水路」という意味です。

7.

7. 次のうち、ニューヨーク市での疫病の原因として言及されていないものはどれですか。

(A) 大規模な移民　　(B) 貧弱な下水設備　　(C) 水路の不足　　**(D) 木造の建物**

解説 (A)については、第2パラグラフの下線部7に記載があります。(B)については第3パラグラフで述べられています。(C)の「水路の不足」は第4パラグラフにあります。(D)は大火事の原因になっていますが、伝染病の原因ではないので、これが正解です。

(Paragraph 5)

　As serious as the health and sanitation issues were, a serious safety issue went largely ignored until disaster struck. After years of construction, the Erie Canal opened, successfully linking the Hudson River to the Great Lakes in 1825. This shipping lane dramatically increased trade in New York, and warehouses sprang up throughout the financial district to accommodate the merchants' goods. Unfortunately, like most of the city's other buildings, these warehouses were made of wood, and a calamitous fire started in a warehouse on the bitterly cold and windy evening of December 16, 1835. Before its flames were finally put out, the Great Fire of New York razed southeastern Manhattan, destroying most of the buildings on Wall Street and the New York Stock Exchange. The builders had ignored the dangers of constructing so many wooden buildings in such close proximity, and the fire took full advantage of their oversight. Following the conflagration, city planners regulated the minimum distance between buildings and created newer, stricter fire prevention policies.

語注

ignore ……を無視する／ disaster 惨事／ strike 突然襲う、起こる／ link ... to ~ ……と~をつなぐ／ shipping lane 航路／ warehouse 倉庫／ spring up 現れる／ financial district 金融街／ merchant 商人／ calamitous 悲劇的な／ bitterly cold 身を切るように寒い／ windy 風の強い／ flames 炎／ raze 完全に破壊する／ builder 施工者／ in close proximity ごく接近して／ oversight 見落とし、手落ち／ conflagration 大火／ regulate ……を規制する／ minimum distance 最小距離／ fire prevention 防火

8.

8. 筆者は、なぜ第5段落でニューヨーク大火について言及しているのですか。

(A) 貧弱な下水設備よりも火事のほうが社会に壊滅的な被害を与えることを示すため
(B) エリー運河の建設による予期しなかった影響を強調するため
(C) 都市計画の立案者が見過ごしていた都市計画の一面を指摘するため
(D) ニューヨーク市の火災予防のための規制を紹介するため

解説 「厳しい規制がなく、建設業者が危険を無視して近接して木造の建物を建てたために、マンハッタンの南東部を焼き尽くす結果となった」と述べているので、(C)が正解となります。(D)も内容的に間違ってはいませんが、パラグラフの最後の文で触れられているだけで、パラグラフ全体としては、「なぜ大火事が起きたか」を説明していますから、(C)のほうが適切です。

(Paragraph 3)

Along with overcrowding, New York also suffered from an inadequate sanitation system. All of the cabs and wagons that transported people and goods through the city streets were pulled by horses, and an estimated 200,000 of them were living there by the beginning of the twentieth century. By necessity, most of these animals lived on the island of Manhattan, often in residential areas. These animals generated large amounts of waste that piled up throughout the city due to a lack of infrastructure. This waste made the streets reek in the summer, and it mixed with heavy snow in the winter, sometimes accumulating in frozen piles up to two meters high. [■A] Not only that, but the horses were often overworked and otherwise mistreated to the extent that many of them died in the streets, where their bodies would remain since no one was charged with the responsibility of cleaning them up. [■B] This situation was not remedied until 1909, when the Queensboro Bridge was opened to traffic. [■C] This allowed the waste to be transported over to rural Queens, where it was used to fertilize farmland. [■D]

9.

英文の質問と選択肢の訳

9. この文章に次の文を付け加えることのできる箇所を示した4つの四角形（■）を見てください。

ほとんどの場合、排泄物は街路の真ん中に残されたままだったが、それは自分の土地の上でなければ馬の後始末をしようとする馬主はほとんどいなかったからである。

この文はどこに最もよく当てはまるでしょうか。

解説 挿入文は馬の排泄物の処理についてですから、この文の前に馬のことについて書かれているはずです。(A)の前の文で、道に放り出された排泄物が夏や冬にどのような状態にあったかを述べているので、答えは(A)。

10.

英文の質問と選択肢の訳

10.指示：この文章の簡潔な要約の書き出しの文を以下に示します。文章の最も重要な考えを表す3つの選択肢を選んでこの要約を完成させてください。要約に合わない文は、文章の中に示されていない考えや、文章の中で重要ではなかったりする考えを述べています。この問題の配点は2点です。

ニューヨークは、米国の中で最も古い計画都市のひとつだが、その発展の過程で公衆衛生や下水設備、防火などの問題の取り組みにおいて重大な試行錯誤を経験した。

選択肢
(A)ニューヨークに定着した莫大な数の移民が、この都市の人口を10年ごとに100パーセントの割合で増加させたが、このことが過密した生活環境と伝染病の流行をもたらした。
(B)適切な下水設備や水の安定供給がなかったためにコレラが発生し、市議会は浄水を島に運ぶ水路を建設することにした。
(C)馬主は馬の後始末をせず、しばしば死んだ馬を街路に放置したままにして伝染病の発生の原因を作った。
(D)伝染病が何度も発生したことにより、市議会はアパートを取り壊したり島の別の地域を住宅地として開発したりしたが、死者の数を抑えることに効果はなかった。
(E)1935年の壊滅的な火事のあとに高まった防火の意識が、密集して建てられる木造建築物に関するより厳しい規則を生み出した。
(F)クイーンズボロ橋の建設により、マンハッタンで積み上げられていた排泄物はクイーンズに運べるようになり、そこで肥料として使われることになった。

解説 要約の最初の文で、このパッセージはpublic health「公衆衛生」、sanitation「衛生状態」、fire safety「防火性」についてであると書かれているので、それぞれの説明になる選択肢を選びます。public healthは(A)、sanitation は(B)、fire safetyは(E)です。(C)は衛生状態が悪かった原因についてで、(D)は本文の内容と違います。(F)は衛生状態を改善したひとつの例についてですから要約には適しません。

ニューヨーク市の都市計画

　もともとオランダ人が入植してニューアムステルダムと呼ばれていたニューヨークは、米国の中で最も古い計画都市のひとつである。初期の多くの植民地都市と同様に、ニューヨークも要塞として誕生し、軍事的な指針に基づいて建設された。オランダ人は結局、その地を英国に明け渡したが、その後アメリカが独立を達成したときに今度は英国がそれを失った。都市が拡大するにつれて、市内の秩序を保つために多大の努力が払われた。実際、1811 年には市議会が、ほとんど開発されていなかったマンハッタン島北部の土地を区分する計画を可決し、土地の形状にかかわらず厳格な格子状の道路網が整備された。しかしながら、都市の歯止めのきかない拡大のために、そうした措置だけでは不十分なことが多く、住民の健康や衛生、治安にとって数々の深刻な問題が生じてきた。

　ニューヨーク市は常に重要な港湾都市だったが、受け入れることになる移民の数を予測していた者は少なく、新たにやって来る者たちを収容するために数多くの建物を急いで建設しなければならなかった。1800 年までに市の人口は 3 万人に達しており、その大部分は現在の都市のごく一部にしか住んでいなかった。ニューヨークの人口が10 年ごとに 100 パーセントの割合で増加したと見積もる歴史家もおり、このことは、ますます多くの人々が急ごしらえの住居に住まざるを得ないことを意味していた。そうした大規模な移民と過密状態は不可避的に、伝染病が都市を襲うおあつらえ向きの状況を生み出した。コレラ、マラリア、チフスなどの伝染病が 19 世紀初頭に住民の間に蔓延し、この国にかつてなかったほど深刻な流行により数千人の命が奪われた。多くのアパートの取り壊しと島の北部地域の開発によって過密状態は和らいだが、こうした伝染病は再び発生することになった。よく知られた一例は、1900 年代初頭のチフスの流行だった。報道機関が「チフスのメアリー」と名づけたひとりの女性がこの疫病の保菌者で、メイドとして働いていた彼女は 50 人以上の人々が死亡する原因となった。

　過密とともに、ニューヨークはまた不十分な下水設備にも悩まされていた。市内の街路で人や物品を運んでいた辻馬車や荷馬車のどれもが馬によって引かれていたため、20 世紀の初頭までに推定では 20 万頭の馬がそこにいた。必要上、こうした動物たちのほとんどは、しばしばマンハッタン島の住宅街で暮らしていた。こうした動物たちは大量の排泄物を生み出したが、下水設備の不足のためにそれが街中に積み上げられていた。この排泄物のために街路は夏になると悪臭がひどく、冬にはまとまった雪と混じり合って、その凍ったかたまりが 2 メートルの高さまで積み上がることもあっ

た。馬主たちが自分の土地の上でなければ馬の後始末をしようとしなかったので、ほとんどの場合、排泄物は街路の真ん中に残されたままだったのだ。それだけではなく、馬はしばしば酷使され、場合によっては虐待されて路上で死ぬこともあり、そうなると誰も死骸を片づける責任を取らないのでそのまま放置されていた。このような状況は1909年にクイーンズボロ橋が開通したときにようやく改善された。これによって、この排泄物は農業地帯のクイーンズに運べるようになり、農地に肥料をやるために使われた。

　動物や人間の排泄物は、さらにもっと深刻な健康問題も引き起こすことになった。飲料水の汚染である。マンハッタン島はそれまで安定した水源がなく、塩分の多い河川のせいで、人々は井戸水に頼るしかなかった。すでに不足していたうえに、人口が増えるにつれて井戸が掘られていた地下水層の汚染が進み、深刻なコレラの流行をもたらした。この問題に対処するために、人々は市のかなり外側に有望な水源を探さなければならなかった。市当局は、クロトン川から島へ浄水を供給するために大規模で複雑な計画にとりかかった。1837年から1842年にかけて建設されたオールド・クロトン水路によって、水が66キロメートル先にある市内の貯水場まで運ばれた。市内での生活は急速に改善されたが、都市の拡大ペースが衰えることはなかったので、それ以降も多くの追加の水路が建設されてきた。

　健康と衛生の問題は深刻だったにもかかわらず、ひとつの深刻な安全上の問題が大きな災害の起こるまでほとんど無視されていた。長年にわたる建設工事のあとでエリー運河が開通し、1825年にハドソン川と五大湖が首尾よくつながった。この航路はニューヨークの交易を劇的に増加させ、貿易商の商品を保管するための倉庫が金融街に次々に建てられた。不幸なことに、市内の他の建物と同様に、そうした倉庫は木造で、1835年12月16日の寒さが厳しく風の強い夜に大災害を引き起こす火事がひとつの倉庫から起こった。その火事がようやく消し止められるまでに、ニューヨーク大火はマンハッタン南東部を焼き尽くし、ウォールストリートとニューヨーク証券取引所のほとんどの建物を崩壊させた。建設業者はこれほど近接して多くの木造建築物を建てることの危険性を軽視していたため、火がその隙を完璧に突いたのである。この大火のあと、都市計画の立案者たちは建物の間の最小距離を定め、新たにより厳格な防火対策を作り上げた。

Listening Section 解答と解説

Set 1

Questions 1-5

スクリプトと語注 file_16

Man: Professor | Woman: Student

Listen to a conversation between a student and a professor.

W: Excuse me, Professor DeWitt? Can I speak with you for a minute?

M: Of course, young lady. Have we met before?

W: No, not that I know of, sir. My name is Laura Alvarez, and I'm a sophomore history major.

M: History major, huh? Well, that explains why our paths haven't crossed before, since I teach geology. What can I help you with, Ms. Alvarez? I take it you haven't come to ask me to be your advisor.

W: No, not to ask you to be my advisor. Some of my friends and I want to revive an old club that used to exist on this campus. We are all interested in classic films, and we already meet about once a week to watch them together. We want to become an official club so we can use an auditorium to view them in. We've learned that such a club already existed.

M: Yes, indeed it did. Which I guess explains why you came to talk to me. You are aware that I was one of the founding members of that club?

W: Yes, I viewed the original charter and compared the names to university alumni. How is it that you ended up teaching at the same university you graduated from?

M: Actually, I only returned here a few years ago. I taught at a few other colleges first. But, I guess I really always wanted to return here at some point. It seems you know more about me than I do about you. What kind of help were you looking for?

W: As you know, all clubs need to have a faculty advisor. And, we were hoping that you would be able to fill that position for us.

M: I'm flattered, but why didn't you go to one of the drama professors? They seem a more likely choice than me, even if I was in the original club.

W: Some of the other members tried to, but they were all too busy with classes and theater productions. Since you are a film lover like us, I suggested that we ask you, and they sent me to do so personally.

M: I accept. Have you already filled out the basic application form?

W: Yes, I have a copy of it with me.

M: May I see that? Ok… you already have your officers appointed…and you have more than the minimum number of members. Have you written out your club constitution?

W: Yes, sort of. We mostly just updated the original one that you and your friends wrote twenty years ago.

M: Updated? How so?

W: Well, there are new regulations and requirements that have been put into effect, even since the club disbanded five years ago.

M: It lasted for that long? Wow, I had no idea. I guess you just need my signature then, right?

W: Yes. Everyone will be so pleased that you've agreed to be our faculty advisor.

M: Have you decided what film you will be showing for the first official club meeting?

W: We have. It's the same movie that was shown at your first official meeting. We were hoping you could attend.

M: Two questions—how do you know what we showed, and where did you manage to get a copy of that film?

W: Well, the club kept very accurate records, so finding out which film was shown was pretty easy. However, actually finding the film was much more difficult. So, will you be joining us?

M: I wouldn't miss it.

for a minute 少しの間／ not that I know of 私の知る限り、そうではありません／ sophomore （大学の）2年生／ major 専攻／ our paths haven't crossed before 「前に私たちの道が交差したことはない」→会うのははじめてだ／ geology 地質学／ advisor 指導教官／ revive ……を復活させる／ old club that used to exist かつて存在していた古いクラブ／ classic film 名作映画、古典映画／ once a week 週に一度 ／ official 公式の、公認された／ auditorium 講堂／ indeed 本当に、たしかに／ be aware that ... ……であることを知っている／ founding member 創立メンバー／ view ……を調べる／ charter 設立許可書／ alumni 卒業生（alumnus の複数形。本来 は男性形で、女性形は alumnae）／ end up -ing 結局は……に落ち着く／ at some point いつか、ある時点で／ you know more about me than I do about you 私 があなたについて知っているよりもっとあなたは私について知っている／ look for ... ……を探す・求める／ fuculty advisor 顧問教官／ fill that position その役目につく ／ be flattered うれしく思う／ drama professor 演劇の教授／ likely choice あり そうな選択／ theater production 劇の演出／ accept ……を受諾する／ fill out …… に必要事項を記入する／ basic application form 基本申請書／ officer 幹部、役員 ／ appoint ……を選任する・任命する／ write out 完全に書く／ constitution 規約 ／ sort of まあ、一応は／ update ……を改訂する・更新する／ regulations 規則／ requirements 必須要件／ be put into effect 施行される／ disband 解散する

1.

1. この会話は主として何に関するものですか。

(A) 顧問教官をどうやって探すか
(B) クラブを設立するために必要な手続き
(C) 他のクラブ活動への参加
(D) 図書館から古い資料をどうやって見つけるか

解説 教授の部屋を訪ねている学生は、以前大学にあった「昔の映画を見るクラブ」を復活させたいと考えています。教授が昔のクラブの創設メンバーのひとりであることを知って、クラブを公式に立ち上げるため、顧問になってもらえないか頼んでいます。申込書にサインをもらう段階まで学生側の用意もできているので、「クラブの立ち上げに必要な手続き」という(B)が正解です。

2.

スクリプト

W: Excuse me, Professor DeWitt? Can I speak with you for a minute?

M: Of course, young lady. Have we met before?

W: No, not that I know of, sir.

Why does the woman say this:

W: No, not that I know of, sir.

英文の質問と選択肢の訳

2. もう一度会話の一部を聞き、質問に答えてください。
(A) 勉強熱心な学生としての教室での役割を見極めるため
(B) 彼にこれまで会ったことがないことををはっきりさせるため
(C) 教授に、彼の疑義が正しかったと知らせるため
(D) 忙しすぎて学生の面倒を見られないことについて教授に苦情を言うため

解説 教授が「どこかでお会いしたことがありますか」と聞いているのは、会った記憶がないからです。それに対して女子学生は、No, not that I know of.と答え、教授の記憶が正しいことを示唆しています。したがって、答えは(C)。

3.

英文の質問と選択肢の訳

3. 女性によれば、元の設立許可書から彼女はどんな情報を得ましたか。

(A) かつてのクラブ員の名前
(B) クラブの会合を設けるための手順
(C) 大学職員の連絡先
(D) 大学で上映されている映画のリスト

解説 質問にあるoriginal charterは、元のクラブの設立許可書のこと。教授に「自分が設立時のメンバーであることを知っているんだね」と言われた際に、女子学生は、「はい、最初の設立時の許可書と、卒業生名簿を照らし合わせました」と答えているので、答えは(A)。contact informationは「連絡先」で、そこまでの詳細は述べられていないので(C)は不適切です。

4.

英文の質問と選択肢の訳

4. 学生が話しているクラブについて、男性は何を暗示していますか。

(A) 彼は映画クラブの必要性を認識していない。
(B) 彼は、学生部長の承認を得るのが難しいと知っている。
(C) クラブがそれほど長い間続いたことに驚いている。
(D) クラブが先々、成功するだろうと思っている。

解説 学生が、even since the club disbanded five years ago「クラブが5年前に廃部になってからも」と述べたのに対して、教授は、It lasted for that long? Wow, I had no idea.「そんなに長くつづいたのか。思っても見なかった」と驚いた様子なので、答えは(C)。

5.

英文の質問と選択肢の訳

5. クラブの第1回の会合について、教授はどういう姿勢ですか。

(A) その催しに出られないので、残念に思っている。
(B) クラブがスタートを切るのを助けたいと思っている。
(C) その会合にぜひ出席しようと思っている。
(D) 忙しいので、それに行くのは気が進まないと思っている。

243

会話の訳

男性＝教授、女性＝学生

学生と教授の会話を聞いてください。

女性：すみません、ドゥイット教授ですか。少しお話ししてもよろしいでしょうか。

男性：もちろんですよ、お嬢さん。以前に会ったことがあったかな。

女性：いいえ、お目にかかった記憶はありません。私はローラ・アルバレスといいます。歴史学専攻の2年生です。

男性：歴史学だって？　そうか、それで会ったことがないんだね。私が教えているのは地質学だから。どんな用事かな、アルバレスさん。あなたの指導教官になってほしいということではないと思うけど。

女性：ええ、指導教官のお願いではありません。友だち何人かと私で、以前に学内にあったクラブを復活させたいと思っているのです。私たちはみな名作映画に関心があって、これまでも、週に一度集まって、いっしょに映画を見ているのです。公式のクラブになれば映画を見るのに講堂を使えるので、そうしたいのですが、前に同じようなクラブが存在したことがわかったのです。

男性：そう、たしかにあったね。それで私のところに来たというわけか。私がそのクラブの創立メンバーのひとりだと、あなたは知っているのだね。

女性：はい、そのクラブの設立許可書を見て卒業生名簿と付き合わせたのです。どういういきさつで、母校で教えることになったのですか。

男性：実のところ、2、3年前に戻ってきたばかりなんだよ。以前は、いくつか他の大学で教えていた。いつかは戻ってきたいと、どこかで思っていたね。私はあなたのことを知らないけれど、あなたは私のことをかなり知っているようだ。私に何をしてほしいのかな。

女性：ご存じのように、クラブには教員の顧問が必要です。そこで、先生に顧問になっていただけないかと思って。

男性：それは光栄だけど、どうして演劇の教授に頼まなかったの？　演劇の先生たちのほうが、私よりふさわしいのではないかな。私が元のクラブにいたとはいえ。

女性：他の部員が何人かお願いに行ったのですが、どの先生も講義と劇の演出で忙しかったのです。先生は私たちと同じく映画がお好きなので、お願いしてはと私

　　が提案し、私がみなを代表して個人的にお願いにあがりました。

男性：わかりました。もう基本申込書は記入済みですか。

女性：はい、一部お持ちしました。

男性：見せてください。うん……責任者は選任済みだ……最少限度を超える人数も集まっているね。会の規約はもう書き上がっていますか。

女性：ええ、一応は。大部分は、20年前に先生やお友だちが書かれたものを手直ししただけですが。

男性：手直しを？　どうしてですか。

女性：そうですね、新しい規則や要件があるので。前のクラブが解散してから5年しか経っていませんけれど。

男性：あのクラブはそんなに長く続いたのか。なんてこった、ちっとも知らなかった。で、私の署名が必要なのですね。

女性：はい。先生に顧問になっていただけて、みなとても喜ぶと思います。

男性：最初の公式会合で上映する作品は決まっているの？

女性：決めてあります。先生たちが最初に上映したのと同じ作品です。先生もぜひいらしてください。

男性：ふたつ質問があります。私たちが何の作品を上映したか、どうやって知ったのか、そして、どうやってフィルムを入手したのか、ね。

女性：それは、クラブが正確な記録を残していたので、上映した作品は簡単にわかりました。フィルムを見つけるのは、はるかにむずかしかったのですが。来ていただけますか。

男性：必ず行きますよ。

Questions 6-11

Man: Student | Woman: Professor

Listen to part of a lecture in an earth science class.

W: We have been keeping accurate records of weather and climate change for, well, not for all that long, really. Just a few centuries. The first thermometers were invented in the early to mid seventeenth century. In order to find out what happened with the world's weather before those records began, we can go by written eyewitness accounts, but those are very subjective. To gain an accurate picture of the climate before that time, we must look to nature. There are many ways to do this, but all of the ways rely on determining the amount of precipitation at a given time in the past.

One way is by analyzing tree rings. Every year a tree will add a ring of growth, and its width indicates how much water was available. This is fairly accurate, but it has its limitations. Such climate information tends to only apply to a small geographic area, and we can usually only trace it back a few thousand years. We can also take ice cores, and these can give us data applicable to the world climate going back hundreds of thousands of years. But, well, they're ice, so they're only available at the poles. Thankfully, there is a third source for such data, and this source is located all over the world: caves.

In caves, there are often fantastic sculptures created by dripping water called stalagmites. For paleoclimatologists, scientists who study the past of Earth's weather, these sculptures of nature are a valuable resource. Some even rank them among the most important records of the planet's past climate that we have.

M: Professor, what about stalactites? They are made in the same way, aren't they?

W: True, they are. Water filters down through the soil and bedrock and drips from the ceiling of the cave. This water contains minerals, mostly calcium carbonate, which is deposited on the floor, but some stays on the ceiling as well. Over time, these deposits grow into spikes on the floor called stalagmites and spikes on the ceiling called stalactites. Given sufficient time, they can merge into a column of stone. So, yes, stalactites would be equally useful, except that they form from the ceiling, so it is hard to take samples from them.

Along with the calcium carbonate contained in the water, there are also trace amounts of the radioactive element uranium. Like other radioactive elements, uranium decays at a stable rate, and the by-product is thorium. Thorium is not soluble in water. So, any thorium found in a layer of calcite in a stalagmite is formed from radioactive decay in that stalagmite, and it tells us precisely how old that layer is. The thickness of that layer of calcite tells us how much rain there was that year. Therefore, each layer of calcite in a stalagmite can tell us precisely when it was formed and how much precipitation there was at that time. One such stalagmite came from Wanxiang Cave in Gansu Province, China, and it has revealed some very interesting information.

By analyzing the layers of the stalagmite, scientists have created an incredibly accurate record of rainfall in China spanning nearly 2,000 years. This record showed three periods of severe drought that lasted for decades: from 860 to 930, 1340 to 1380, and 1589 to 1640 CE. During these periods the usual monsoon weather pattern from the Indian Ocean was interrupted, which drastically reduced rainfall in central and northern China. When these periods are compared to the historical record, a startling pattern is revealed. Each of these massive droughts corresponded with the fall of a Chinese dynasty: the Tang, Yuan, and Ming respectively.

Since around 1100 BCE, Chinese philosophers have discussed a concept called the "Mandate of Heaven." According to this idea, emperors rule only with the consent of the gods. If the emperor is just and wise, then he receives their blessings. But if he becomes tyrannical, their support is withdrawn, and the dynasty will collapse. Looking at the data revealed by analyzing the stalagmite, it seems that they may have been correct. During these periods of severe drought famine swept the land, leading to rebellion and intense warfare, which ultimately toppled the dynasties. So, the Mandate of Heaven actually did determine the fate of the empire, but it was through rainfall rather than the will of the gods.

accurate 正確な／ **climate** 気候／ **thermometer** 温度計、寒暖計／ **invent** ……を発明する／ **go by ...** ……によって行う／ **eyewitness account** 目撃者の証言／ **subjective** 主観的な／ **rely on ...** ……に頼る／ **determine** ……を究明する、……を決定する／ **the amount of ...** ……の総量／ **precipitation** 降水（量）／ **given time** 一定の時間、所定の時間／ **analyze** ……を分析する／ **tree ring** 木の年輪／ **available** 入手可能な／ **fairly** かなり／ **limitation** 限界／ **tend to ...** ……しがちだ、……に傾きがち

だ／ **apply to ...** ……に当てはまる／ **geographic area** 地理的地域、= geographical area ／ **trace** さかのぼって探る／ **ice core** 氷床コア（氷床から取り出された筒状の氷。年に1枚ずつ縞状に堆積しており、下の堆積ほど古い）／ **applicable to ...** ……に当てはまる・適用できる／ **the poles** 南極と北極の両極地／ **source** 情報源、原典、根源／ **cave** 洞窟、洞穴／ **sculpture** 彫像／ **dripping water** 滴り落ちる水／ **stalagmite** 石筍（鍾乳洞で炭酸カルシウムが溶けた水が天井から滴り落ち、床面に生じるたけのこ状の沈殿物）／ **paleoclimatologist** 古気候学者／ **valuable** 価値のある／ **resource** 資源／ **rank ... among ~** ……を～の中のひとつと位置付ける／ **stalactite** 鍾乳石（鍾乳洞の天井にできる石灰質のつらら）／ **filter down through ...** ……までにじみ出る・浸透する／ **soil** 土、土壌／ **bedrock** 岩盤／ **ceiling** 天井／ **mineral** 無機物、ミネラル、鉱物／ **calcium carbonate** 炭酸カルシウム、炭酸石灰／ **be deposited on the floor** 床面に堆積する／ **spike** 長く先のとがったもの／ **given sufficient time** 十分な時間を与えられて／ **merge into ...** 結合して……になる／ **column** 円柱、柱／ **radioactive** 放射性の／ **element** 成分／ **decay** （放射性物質が）崩壊する／ **at a stable rate** 安定した速度で／ **by-product** 副生成物、副産物／ **thorium** トリウム／ **layer of ...** ……の層／ **calcite** 方解石（成分は炭酸カルシウム）／ **radioactive decay** 放射性崩壊／ **precisely** 正確に／ **thickness** 厚さ、太さ／ **reveal** ……を明らかにする／ **incredibly** 信じられないほどに／ **spanning** ……にわたって／ **severe** ひどい、厳しい／ **drought** 干ばつ／ **last** 持続する、続く／ **decade** 10年間／ **CE** = Common Era、西暦／ **monsoon** モンスーン、季節風／ **be interrupted** さえぎられる／ **drastically** 抜本的に、思い切って／ **reduce** ……を減少させる／ **be compared to ...** ……と比較される／ **startling** はっとするような、びっくりさせるような／ **massive** 巨大な／ **correspond with ...** ……と一致する、……に合う／ **the fall of ...** ……の滅亡／ **dynasty** 王朝／ **Tang** 唐／ **Yuan** 元／ **Ming** 明／ **respectively** それぞれに／ **BCE** = before (the) Common Era、紀元前／ **philosopher** 哲学者／ **concept** 概念／ **Mandate of Heaven** 天命／ **emperor** 皇帝／ **rule** ……を統治する・支配する／ **with the consent of ...** ……の同意・賛同を得て／ **just** 公正な、妥当な／ **wise** 賢明な／ **blessing** 神の加護・祝福、承認、支持／ **tyrannical** 圧政的な、暴虐な／ **support** 支持、支援／ **be withdrawn** 取りやめられる、反故にされる／ **collapse** 崩壊する、倒壊する／ **famine** 飢饉／ **sweep** ……に急速に広まる、……を席巻する／ **leading to ...** ……に導いて／ **rebellion** 反乱／ **intense** 猛烈な／ **warfare** 戦闘、武力行使、戦争／ **ultimately** 最終的には／ **topple** （政府など）を倒す／ **fate** 行く末、運命／ **the will of gods** 神々の意志

6.

英文の質問と選択肢の訳

6. 講義は主として何についてのものですか。

(A) 地球の気候の歴史を明らかにするために用いられるメソッド
(B) 異なる気候の下で形成される石筍
(C) 異なる大陸に見られる洞窟のタイプ
(D) 中国社会における天命の影響

解説 この問題は講義が主に何についてであるかを聞いています。この類の質問の答えは、大体最初のパラグラフで述べられます。To gain an accurate picture of the climate before that time, we must look to nature. There are many ways to do this, but all of the ways rely on determining the amount of precipitation at a given time in the past.という箇所から、記録のない時代の気候を知るための方法は、降雨量を知ることであることがわかります。したがって、答えは(A)。

7.

英文の質問と選択肢の訳

7. 石筍の特徴として正しいのはどれですか。**ふたつ**選択してください。

(A) 通常、降雨の激しい時期に形成される。
(B) 過去の降雨量を調べるのに役立つ。
(C) 水中の炭酸カルシウムのような無機物によって大きくなる。
(D) 放射性物質なので、危険だ。

解説 stalagmiteは「鍾乳洞で床から上に向かってできる石灰石の石筍」。これの特徴に関して、there are often fantastic sculptures created by dripping water called stalagmite. ...This water contains minerals, mostly calcium carbonate「ぽたぽたと落ちる水によって作られる石筍があり、その水は炭酸石灰を含む」という説明と、By analyzing the layers of the stalagmite, scientists have created an incredibly accurate record of rainfall「石筍を分析することで、科学者はかなり正確な降雨量を記録してきた」という説明があります。したがって、(B)と(C)が正解。

8.

8. 教授によれば、中国のワンシャン洞窟は何の情報を明らかにしましたか。

(A) 2千年前の、この地方の気候
(B) 過去2千年の4回の干ばつについての書き残された記録
(C) 洞窟内で石筍が育つことのできる大きさ
(D) 天命という哲学の起源響

解説 By analyzing the layers of the stalagmite, scientists have created an incredibly accurate record of rainfall in China spanning nearly 2,000 years. This record showed three periods of severe drought that lasted for decades ....which drastically reduced rainfall in central and northern China.の部分で、「Wanxiang洞窟の石筍から、2千年間に及ぶ降雨量が明らかになり、この間に何十年にもわたる干ばつが3回起き、中国中央部と北部では降雨量が減少したことがわかる」と述べられているので、答えは(A)。

9.

9. ここに述べられている研究で、なぜウラニウムが重要なのですか。

(A) 崩壊する際に残留物を残し、それが石筍を形成する。
(B) 地中の石筍を探知するのに役立つ。
(C) ウラニウムによって石筍が洞窟内で無傷に保たれる。
(D) ウラニウムによって、石筍ができてどれだけ経っているかわかる。

解説 ... there are also trace amounts of the radioactive element uranium. Like other radioactive elements, uranium decays at a stable rate, and the by-product is thorium. Thorium is not soluble in water. So, any thorium found in a layer of calcite in a stalagmite formed from radioactive decay in that stalagmite, and it tells us precisely how old that layer is. 「ウラニウムの放射線量は一定の割合で減少し、副産物としてトリウムを作る。石筍に残留するトリウムの量から石筍の層の年代測定ができる」とあるので、ウラニウムは石筍の年代測定に大切であることがわかります。答えは(D)。

10.

英文の質問と選択肢の訳

10. 教授は、なぜ天命について言及しているのですか。

(A) 甘粛省の気候が中国全土にどのような影響を与えたのか説明するため
(B) 中国の気候変動が政治の状況と連動していことを示すため
(C) 降雨量を明らかにする異なったメソッドを比較するため
(D) その地方では厳しい干ばつがよくあることだったことを指摘するため

解説 When these periods are compared to the historical record, a startling pattern is revealed. Each of these massive droughts corresponded with the fall of a Chinese dynasty: the Tang, Yuan, and Ming respectively. 「10数年にわたる深刻な干ばつの時期と、中国の王朝の没落の時期が一致する」ので、Mandate of Heaven「天命」によるものでは、という議論が続きます。したがって、答えは(B)。

11.

英文の質問と選択肢の訳

11. 降雨量を明らかにするために洞窟の研究をすることについて、何が暗に示されていますか。

(A) 石筍の成長については、太陽が唯一の要因だと明らかにした。
(B) 木の年輪と氷床コアを分析するよりも正確な結果を導き出す。
(C) 国によっては、降雨を研究するのに、洞窟に依存していないことを示している。
(D) 降雨量は石筍に依存していることの証拠を示している。

解説 パッセージの最初のほうで、This is fairly accurate, but it has its limitations. Such climate information tends to only apply to a small geographic area, and we can usually only trace it back a few thousand years. 「年輪の分析から降雨量はわかるが、地域が限られ、年代も数千年前までしかさかのぼれない」とあります。それに対して、続く部分で、「洞窟は世界中にあり、石筍の分析から正確な降雨量と年代がわかる」とあるので、答えは(B)です。

男性＝学生、女性＝教授

地球科学のクラスの講義の一部を聞いてください。

女性：私たちは、天候と気候の変化の正確な記録を、そうですね、そう長い期間取ってきたわけではありません。2〜3世紀だけです。最初の温度計は、17世紀の初期から中期に発明されました。こうした記録が開始される前に世界の天候に何が起こっていたのかを知るためには、書き残された目撃者の証言を読むことができますが、これらは、とても主観的です。記録の残される前の時代の気候の正確な実態を知るには、自然に目を向ける必要があります。それには、さまざまな方法がありますが、どの方法も、過去の一定の期間にどれだけの降水量があったかを特定することによっています。

方法のひとつは、樹木の年輪を分析することです。樹木は、毎年ひとつ年輪が増え、その幅がどれだけ水を得ることができたかを示します。これはかなり正確ですが、限界もあります。こうした気候についての情報は、適用できるのが小さな地理的範囲に限られがちですし、2〜3千年前までしか遡ることができません。氷床コアを採取することもできます。氷床コアによって数十万年前の世界の気候に関するデータを得ることができます。けれども、氷床コアは氷ですから、北極・南極でしか取ることができません。ありがたいことに、こうしたデータの第三の情報源があり、それは世界中に存在しています。洞窟です。

洞窟には、滴り落ちる水によって作られた、石筍と呼ばれる素晴らしい彫刻があります。古気候学者、つまり地球の過去の天気を研究している科学者にとっては、こうした自然の彫刻は、価値ある資料です。地球の過去の気候を記録するものとしてわれわれの手に入るものの中で最上級に重要なものと位置付けている人たちさえいます。

男性：教授、鐘乳石についてはどうですか。鐘乳石も同様にできているのではありませんか。

女性：そのとおりです。同様です。水が土と岩盤から染み出して、洞窟の天井から滴り落ちます。この水は無機物、大部分は炭酸カルシウムを含んでいて、床面に堆積しますが、いくぶんかは天井にも残ります。長い時間をかけて、堆積は床面に石筍と呼ばれる突起物を形成し、天井には鐘乳石と呼ばれる突起物を形成します。十分な時間が経てば、石筍と鐘乳石は合体して、円柱になります。

ですから、そうですね、鐘乳石も同じように役立ちます。天井にできるのでサンプルを採取しにくいのですが。

水には炭酸カルシウムの他に、微量の放射性元素ウラニウムも含まれています。他の放射性元素と同様に、ウラニウムは一定の割合で崩壊していき、副産物としてトリウムができます。トリウムは水に溶けません。ですから、石筍の中の方解石の層に見られるトリウムは、その石筍の中の放射性崩壊によりできたものであり、その層がどれだけ昔のものであるか正確に示すのです。この方解石の層の厚さで、その年にどれだけの雨が降ったのかがわかります。したがって、石筍の中の方解石の層ひとつひとつが、それがいつ形成され、そのときどれだけの降水量があったのかを正確に物語っているのです。こうした石筍のひとつ、中国の甘粛省にあるワンシャン洞窟のものは、たいへん興味深いことを明らかにしました。石筍の各層を分析することで、科学者たちが、2千年におよぶ中国の降雨の、驚くほど正確な記録を作成したのです。この記録によれば、西暦860年〜930年、1340年〜1380年、1589年〜1640年の3度、10年以上にわたる厳しい干ばつがあったことがわかります。これらの期間、インド洋からの通常のモンスーン気候のパターンが妨げられ、中国の中部と北部で大幅に降雨が減少したのです。これらの期間を歴史資料と照らし合わせてみたところ、驚くべきパターンが明らかになりました。これらの大干ばつは、中国の王朝の滅亡と重なっているのです。唐、元、そして明です。

紀元前1100年頃から、中国の哲学者たちは「天命」という概念について論じてきました。この考えによれば、皇帝は神々の同意によってのみ統治します。皇帝が公正で賢明であれば、神々の恵みを得られます。しかし、皇帝が専制的になると神々の支持は得られず、王朝は崩壊するでしょう。石筍を分析して明らかになったデータを見ると、こうした考えは正しかったのかもしれません。これら3度の厳しい干ばつの間、飢饉（ききん）が国土に広がって反乱や激しい戦闘を引き起こし、最終的には王朝が倒壊しました。そういうわけで、実際に天命が帝国の運命を決定したのですが、それは神々の意志ではなく、降雨によるものだったのです。

Set 2

Questions 1-5

スクリプトと語注  file_18

Man: Student | Woman: Professor

Listen to the conversation between a student and a professor.

M: Good afternoon, Professor.

W: Yes, Mr. Krieger, please have a seat.

M: Mr. Krieger, you'd think I'd have gotten used to that by now. Mr…it still sounds strange to me for a teacher to call me mister.

W: Would you prefer it if I called you Stefan? You are planning to get your Ph.D. after all, so soon enough everyone will call you doctor.

M: That is true. No, Mr. Krieger is fine, I guess. Um, anyway, I have something I want to discuss with you.

W: I noticed that you seemed rather upset when I reminded the class about the paper's page count. Is that what you wanted to talk about? Are you having trouble finding enough material?

M: Um, no, actually, I have the opposite problem. There is so much that I want to include, but you gave us an upper limit as well.

W: Yes, I did. Ten to twenty pages, as I recall. I want you to be concise in your analysis; however, that does not mean that you have to leave out material that you think is useful to the reader. You can always add an appendix.

M: Now, why didn't I think of that…

W: Have you ever included an appendix with a paper before? Just like any other part of a well written research paper, there are certain rules to be followed.

M: No, but I do have my style guide.

W: Excellent, then we can move on to another matter.

M: Another matter?

W: As you are no doubt aware, the campus library recently received a donation from the estate of Gerhard Foch, the renowned historian. I and some other faculty members have been given the task of cataloguing the collection before we incorporate it into the library. We are each allowed to bring two student assistants who are working on their master's degrees. I was wondering if you would like to take part.

M: Me? Of course I would! But, why me?

W: Well, as your desire to expand your paper further proves, you are an avid historian. So, I think that this would be a great experience for you.

M: Thank you very much, Professor. When do we start?

W: The collection will be delivered next month. But, because of final exams, we cannot begin our task until summer vacation. We expect it to take at least a month to properly catalog. Dr. Foch had an immense collection of books and artifacts that he amassed over the five decades of his career.

M: Um, just out of curiosity, would I be able to receive credit for doing this?

W: No, but there are side benefits. Of course, you will not be paid, but you will technically be an employee of the university. You can include this on your résumé later when you are looking for internships or other positions. The university will also provide you with housing if required. Do you live in campus housing right now?

M: Yes, I am staying in Henker Dormitory.

W: They will probably move you into the staff housing for the summer, then. We can take care of the official paperwork next week. I will contact you. If you see Judith in the hallway, please send her in. She may also be working with us this summer.

Please have a seat. お座りください。／ get used to ... ……に慣れる／ by now も うそろそろ／ sound strange 妙に聞こえる／ Would you prefer it if I called you Stefan? 「もし私があなたをステファンと呼んだら、そのほうがあなたはいいですか」→ 「ステファンと呼んだほうがいいですか」。it は形式目的語。／ Ph.D. 博士号（= Doctor of Philosophy）／ after all 結局のところ、どのみち／ fine 申し分ない／ I guess. た ぶんそうだ／ anyway それはそうとして、とにかく／ discuss ……について話し合う／ notice ……に気づく／ seem upset 動揺しているように見える／ rather かなり、や や／ reminded ... about ~ ……に～のことを思い出させる／ paper 論文、（課題の） レポート／ trouble -ing ……するのに苦労する／ material 資料／ actually 実のとこ ろ、実際には／ opposite 逆の、反対側の／ include ……を含む／ as well ……もまた ／ recall ……を思い出す／ concise 簡潔な／ analysis 分析、分析結果／ however し かしながら／ leave out ... ……を除外する／ add ……を加える／ appendix（本や論 文の）補遺、付録／ research paper 論文／ certain rules to be followed 守られる べき一定の決まり／ another matter もうひとつの事柄／ be aware 知っている、自覚 している／ donation 寄贈／ estate 資産、遺産／ renowned 著名な、名声のある／ faculty member 教職員、教授会のメンバー／ task 作業、任務／ catalog ……の目録 を作成する／ incorporate ……を組み入れる／ be allowed to ... ……することを許さ れる／ master's degree 修士の学位／ I was wondering if you would like to ...? ……していただけますか／ take part 参加する／ desire 熱望、切望／ expand ……を 発展させる／ further さらに／ prove ……を立証する／ avid 熱心な／ historian 歴史 学専攻者、歴史家／ be delivered 届けられる／ take（時間）を要する／ properly き ちんと、間違いなく／ immense 膨大な／ artifact（歴史的価値のある）遺物／ amass ……を集める・蓄える／ decade 10 年／ career 職歴／ just out of curiosity ちょっ と気になって（尋ねてみるのですが）／ credit（大学などの）履修単位／ side benefit 役得、副次的な効用／ be paid 支払われる／ technically 厳密には、決まりのうえでは ／ employee 従業員、被雇用者／ résumé 履歴書／ look for ... ……を求める・探す ／ internship 実務研修／ provide ... with ~ ……に～を提供する／ housing 住居／ require ……を必要とする／ dormitory（大学などの）寮／ probably おそらく／ take care of ... ……を処理する／ paperwork 必要書類／ hallway 廊下、通路

1.

英文の質問と選択肢の訳

1. 学生は、なぜ教授と話したかったのですか。

(A) 教授が現地研究プロジェクトへの参加を許可してくれるか知ろうとした。
(B) レポートにどうやって研究資料を盛り込めばよいか話し合いたかった。
(C) 課題のためにもっと時間をくれるように頼みにきた。
(D) レポートに地図や図表を入れる必要があるのではないかと心配している。

解説　学生は課題の枚数のことで教授の研究室を訪れています。教授は提出課題のページ数に10〜20ページと制限を設けていますが、学生はレポートに含めたい資料が多く、制限枚数内にどのように収めたらよいか相談に来ているので、答えは(B)。(A)のプロジェクトの話は会話の後半で教授から出された話題なので不可。課題提出の期間延長をお願いしているわけでもないので(C)も不正解。課題に含める資料の詳細は話していませんし、それが地図や表であるかはわからないので(D)も不適切です。

2.

英文の質問と選択肢の訳

2. 学生は彼のレポートのどのような特徴について心配していますか。

(A) いくつかの資料の妥当性
(B) 現地研究プロジェクトで集めたデータ
(C) 書き方の簡潔さ
(D) 見込まれるページ数

解説　会話では課題の内容について話されてはいないので、(A)は不正解です。学生は実地調査を行った話を特にしてはいないので、(B)も不正解。学生の文体について話している訳ではないので、(C)も不正解。教授が「私が枚数の話をしたときに、あなたはびっくりした様子だったわね」と言ったあとに、学生がThere is so much that I want to include, but you gave us an upper limit as well.と答えているので、(D)が正答です。

3.

W: I was wondering if you would like to take part.

M: Me? Of course I would! But, why me?

W: Well, as your desire to expand your paper further proves, you are an avid historian.

Why does the professor say this:

W: Well, as your desire to expand your paper further proves, you are an avid historian.

英文の質問と選択肢の訳

3. もう一度会話の一部を聞き、質問に答えてください。

(A) このような学生がクラスにいることに大喜びしている。
(B) この学生は、まだ彼女が与えた指針に従わなくてはならない。
(C) この学生はやる気があるので、（アシスタントに）ふさわしい人物だ。
(D) この学生がそのプロジェクトにふさわしいかどうか自信がない。

解説 教授の発言は「あなたが課題の枚数を増やしたがっていたことからわかるように、あなたは熱心な史学専攻者だから」という意味で、暗に「その熱心さが彼を選んだ理由」と言っています。したがって、答えは(C)。クラスでの学生の様子は話題に出ていないので(A)は不可。課題に添付する付録の書き方のルールの話はしているが、プロジェクトとは関連がないので、(B)も不適切。教授の発言から見ると、この学生を自信を持って選んでいるので、(D)も不適切。

4.

英文の質問と選択肢の訳

4. 教授によれば、彼女が述べた予定されているプロジェクトについて正しいのはどれですか。

(A) 歴史家からもっと寄付してもらう必要がある。
(B) 完了させるには50人のスタッフが必要だ。
(C) その学生に住居を提供するだろう。
(D) 冬休みの間に始まるだろう。

解説 「プロジェクトに参加しても、単位を取得したりお金をもらうことはできないが、大学に雇用された形になるので、インターンシップなどを探す際に履歴として履歴書に書ける。また、必要があれば住居の手配もしてもらえる」ことが利点だと教授は述べています。したがって、(C)が正解。図書館がGerhard Fochから寄付を受けた話は出ていますが、歴史学者からの寄付が必要とは言っていないので、(A)は不正解です。教授ひとりにつきふたりアシスタントを連れて行けるとは言っていますが、全体に必要な数は述べられていないので、(B)も不正解。教授は because of final exams, we cannot begin our task until summer vacationと言っているので、(D)も不適切です。

5.

英文の質問と選択肢の訳

5. この学生がプロジェクトに参加するための次のステップは何ですか。

(A) 来週、必要な書類を処理する。
(B) 冬休みの間滞在する住居を申し込む。
(C) プロジェクトについて、ジュディスと面談する。
(D) ゲアハード・フォークと彼の作品についてもっと情報を集める。

解説 教授が、We can take care of the official paperwork next week. I will contact you.「正式な書類は来週記入しましょう。連絡します」と言っているので、答えは(A)。paperworkは「書類仕事」。宿泊場所の申し込みの話は出ていないので、(B)は不適切。「Judith を廊下で見かけたら、来るように言ってください。彼女もたぶん一緒に仕事をするので」と言っているが、「Judithと打ち合わせをする」という話ではないので、(C)も不可。Gerhard Fochの遺産が図書館に寄贈されましたが、彼とその作品について調べるという話は出ていないので、(D)も不正解。

男性＝学生、女性＝教授

学生と教授の会話を聞いてください。

男性：こんにちは、教授。

女性：はい、ミスター・クリーガー。お座りになって。

男性：ミスター・クリーガーですか。そう呼ばれるのに、私がもう慣れたとお思いなのでしょう？　ミスター……先生にミスターと呼ばれるのは、やっぱり変な感じです。

女性：ステファンと呼んだほうがいい？　どっちみち、博士号を取るつもりなのだから、すぐにみんながあなたを博士と呼ぶようになりますよ。

男性：そのとおりですね。やっぱり、ミスター・クリーガーでかまわないと思います。まあ、それはそうと、ご相談したいことがあるのです。

女性：私がクラスでレポートのページ数について忘れないようにと言ったとき、あなたはちょっと困ったように見えました。そのことで話したかったのですか。資料が足りないのかしら。

男性：ええと、そうではなくて、実は、正反対の問題なのです。盛り込みたいことがとてもたくさんあるのですが、一方で先生が枚数を制限なさっています。

女性：ええ、私は上限を設けています。たしか、10から12ページね。分析は簡潔にしてほしいのです。でも、それは読者にとって有益だとあなたが考える資料を抜かすということではないわ。補遺は付けてもいいのですよ。

男性：そうか、何でそれに気づかなかったのだろう……。

女性：今までにレポートに補遺を付けたことがありますか。他のよく書けている研究論文と同じように、一定の決まりがあります。

男性：書いたことはありませんが、スタイルガイドを持っています。

女性：素晴らしい。では、別の件に進みましょう。

男性：別の件というのは？

女性：あなたもきっと知っていると思いますが、大学図書館は最近、有名な歴史家ゲアハルド・フォークの遺産から寄贈を受けました。それを図書館に入れる前に、私と他数名の教職員が目録を作る作業を命じられているのです。それぞれが修士課程の院生2名をアシスタントにしてよいことになっているのですが、あなた、アシスタントになる気はないかしら。

男性：私がですか。もちろん、やります！　でもどうして私を？

女性：そうね、レポートのページ数を増やしたいという意欲が示しているように、あなたは熱心な歴史学研究者よ。ですから、これはあなたにとって素晴らしい経験になると思うわ。

男性：どうもありがとうございます、教授。いつ開始ですか。

女性：蔵書は来月、届くことになっています。でも、学期末試験がありますから、始めるのは夏休みになってからですね。きちんと目録を作り終えるには、少なくともひと月はかかるでしょう。フォーク博士は、50年以上にわたる研究生活で集めた膨大な蔵書と遺物のコレクションを持っていましたから。

男性：あの、ちょっとだけ気になるのですが、このことで単位はいただくことができるのでしょうか。

女性：いいえ、でも、役得はありますよ。もちろん、報酬はありませんが、形式的には大学の職員ということになります。先々、インターンシップなどに就きたいとき履歴書に書くことができます。要望すれば、住むところも大学が提供しますよ。今は学内の宿舎に住んでいるのですか。

男性：はい、ヘンカー寮に住んでいます。

女性：それならたぶん、夏の間、従業員宿舎に入れてもらえるでしょう。来週、手続き書類を処理します。連絡しますね。廊下でジュディスに会ったら、ここに来るように言ってください。彼女もこの夏一緒に働くことになるかもしれません。

Questions 6-11

Man: Student | Woman: Professor

Listen to part of a lecture in an ancient history class.

W: In ancient times, the maximum sustainable size of a city was often determined by the availability of fresh water. For this reason, many cities began as settlements on the banks of rivers or the shores of lakes. As the population grew, these initial water sources would become insufficient, and sometimes too heavily polluted to support the community. In order to compensate, people would locate nearby springs, dig wells, and collect rainwater in cisterns. Ultimately, these too would reach their limits, and the population would become fairly stable or decline. Eventually, engineers came up with a way to bring water into a city from many kilometers away: aqueducts.

Aqueducts were developed independently in many societies, but it was in ancient Rome that they reached their highest state of development. Roman aqueducts were not only very efficient, but they also developed into beautiful marvels of engineering. Considering how bad the city's water situation was, it is easy to see why Romans became so talented at constructing aqueducts. There were several springs within the city walls, but the water that came from them was infamous for its horrible taste. In addition, the water from the Tiber River was heavily polluted and rife with disease. So, by around 300 BCE, the population's demand had far exceeded its supply. In 312 BCE, censor Appius Claudius Caecus commissioned the city's first aqueduct, the Aqua Appia. The spring that fed the aqueduct was located about 16 kilometers from Rome, and it ran through a buried conduit that dropped in elevation by just ten meters by the time it reached the city. It brought about 75,500 cubic meters of water per day into a fountain in the city's cattle market. This market was a public place at one of the lowest elevations in the city, making it ideal for this purpose...Yes, Mathew, you have a question?

M: Did you say a buried conduit? I thought that the aqueducts were soaring bridges supported by complex arches, not buried pipes...

W: Well, you're not wrong. Most of what we have left of them today is the arches and bridges that were used to span rivers and valleys. In fact, the second aqueduct built for Rome, the Old Anio, entered the city using an arch-supported conduit. Their construction rapidly spread throughout the empire, and hundreds were built. The arch-supported bridges, sometimes called arcades, reached truly amazing heights and lengths, and they weren't just functional, they were beautiful. Many of them are popular tourist attractions even today. Surprisingly, a few of them are still used for their original purpose.

However, most of their length was underground conduits carved from stone, built with cement and brick, or made from clay or lead pipes. But these are no less of an engineering marvel. Remember what I said about the Aqua Appia? Over its entire 16-kilometer length, it only descended in elevation by 10 meters! That is a phenomenal achievement, and it was very necessary. They needed the water to descend gradually; if it flowed too quickly it could cause serious problems. It would erode the conduit walls and reach the catchment pools at great speed, easily overflowing them. By 300 CE, a total of eleven aqueducts supplied Rome with a staggering amount of water from mountain springs as far as 90 kilometers away. Rome had a population of around 1,000,000 people at that time, but they had more water than they knew what to do with. The water was used primarily for drinking and bathing—Rome had an extravagant bathing culture—and of course some was diverted for irrigation and industry, but most of the rest was used to flush out waste from their extensive sewer system.

However, after the empire ended, most of the aqueducts were neglected. They still supplied water, but without regular care and maintenance, they began to fall apart. They would leak, bridges began to crumble, and many underground conduits became clogged with mineral deposits. Some were refurbished and upgraded during the Renaissance, but most of them have become ruins.

ancient history 古代史／ **in ancient times** 古代に／ **sustainable** 継続できる／ **be determined by ...** ……で決定される／ **availability** 入手可能性／ **fresh water** 真水、新鮮な水／ **settlement** 居住地、集落／ **banks of rivers** 川岸／ **shores of lakes** 湖岸／ **population** 人口／ **grow** 増大する／ **initial** 最初の／ **water source** 水源／ **insufficient** 不足している、不十分な／ **heavily polluted** ひどく汚染された／ **support**

……を育む／ compensate 補う、埋め合わせる／ locate 見つける／ nearby 近くの ／ springs 泉、水源地／ dig （井戸など）を掘る／ well 井戸／ cistern 貯水槽、水た め／ ultimately 最終的には／ fairly かなり／ stable 安定した／ decline 減少する／ eventually 最後には／ come up with ... ……を考えつく／ aqueduct 送水路、水道 橋／ be developed 開発される／ independently 独自に、無関係に／ society 社会 ／ it is ... that ~ 〜なのは……だ／ highest state of development 最高度の発達／ ／ efficient 効率的な／ develop into ... ……に発展する／ marvels of engineering 工学の驚異／ consider ……をよく考える／ construct ……を建設する／ infamous 悪名高い／ horrible ひどい／ the Tiber River テベレ川。ローマにある。／ rife （病 気などが）はびこって／ disease 病気、疾病／ demand 需要／ far 大いに、はるかに ／ exceed ……を上回る／ supply 供給／ censor （古代ローマの）監察官／ Appius Claudius Caecus アッピウス・クラウディウス・カエクス（古代ローマの政治家で、ロー マ初の上水道であるアッピア水道 Aqua Appia を建設させた）／ commission …… を委嘱する・委託する／ Aqua Appia アッピア水道／ feed the aqueduct 送水路に 水を供給する／ buried conduit 埋設されたパイプ／ drop in elevation by just ten meters 標高がちょうど 10 メートル低くなる／ cubic meter 立法メートル／ cattle market ウシ市場／ a public place at one of the lowest elevations in the city こ の都市で最も標高の低い公共の場所のひとつ／ ideal for this purpose この目的に最 適の／ soaring bridge 高くそびえる橋／ what we have left of them today 今日ま で私たちのもとに残っているもの／ span （橋などが川など）にかかっている／ valley 渓谷、谷間／ in fact 実際に／ Old Anio 旧アニオ水道（アッピア水道の約 40 年後に 造られた）／ arch-supported conduit アーチに支えられた水路／ construction 建設、建造／ rapidly 急速に／ spread 広まる、普及する／ functional 機能的な／ tourist attraction 観光名所／ surprisingly 驚いたことに／ original purpose 本来 の目的／ underground conduit 地下の水路／ carved from stone 石を彫って作ら れた／ brick 煉瓦／ clay 粘土／ lead 鉛／ engineering marvel 工学の驚異／ entire 全体の、すべての／ descend 下る／ phenomenal achievement 素晴らしい成果／ gradually 徐々に／ flow 流れる／ cause ……の原因になる／ erode ……を侵食する ／ catchment pool 貯水池／ overflow ……を越えてあふれる／ a total of ... 全体で ……／ supply ... with ~ ……に〜を供給する／ staggering amount of ... 驚異的な量 の……／ they had more water than they knew what to do with 彼らは持て余す ほどの水を手に入れていた／ primarily 主として／ bathing 入浴／ extravagant 度を 越えた、過剰な／ be diverted for ... （資源などが）……に回される／ irrigation 灌漑 ／ flush out 流し出す、洗い流す／ waste ごみ、廃棄物／ extensive 大規模な、広範 囲の／ sewer system 下水設備、下水道／ be neglected 放置される／ regular care 定期的な手入れ／ fall apart 壊れる、ばらばらになる／ leak 漏れる／ crumble 崩れる、 粉々になる／ become clogged with ... ……で詰まる／ mineral deposit 鉱物性の沈 着物／ be refurbished 改修される／ be upgraded 改善される／ ruin 廃墟、遺跡

6.

英文の質問と選択肢の訳

6. この講義の主題は何ですか。

(A) 水路の複雑な建造プロセス
(B) 古代ローマのテクノロジーの特徴
(C) ローマ帝国の水源の必要性
(D) 送水路の建造と保守の難しさ

解説 主題を聞く設問の答えは、大体最初のほうで述べられています。最初のパラグラフでは「真水が都市に必要であったか」ということで始まり、「人口増加に伴う水路の建設の必要性」に話が移っています。次のパラグラフからは、「いかに古代ローマの水路建設の技術が優れていたか」について述べられています。したがって、答えは(B)。複雑な建設の過程については特に述べられていないので(A)は不適切。ローマ帝国の水源の必要性については触れられていますが、これが主題ではないので(C)も不正解。(D)の「水路の建設と維持の困難」については、特に述べられていません。

7.

英文の質問と選択肢の訳

7. ローマの送水路の重要性について、教授の見解はどのようなものですか。

(A) アーチや橋によって建造する必要はなかったのではないかと疑っている。
(B) 水路の中を水かいかに速く流れるかに驚いている。
(C) 帝国の発展に寄与したと考えている。
(D) 帝国の人口を制約したと思っている。

解説 最初のパラグラフで、「都市の人口が増加すると元の水源は人口を支え切れなくなり、人口の伸びはそこで止まるか、減少する」とあります。また、「それを打破するために水路を作って、水を遠くの水源から町まで運ぶ」とあります。「古代ローマは11もの水路を完成させ、飲み水、風呂、灌漑、工業、汚水処理に役立てた」ともあります。これらから、「都市の発展に寄与している」と考えられるので、答えは(C)。

8.

英文の質問と選択肢の訳

8. 教授はなぜ、古代ローマの人口の大きさに言及したのですか。

(A) なぜローマ人が大量の水を運ばねばならなかったかを説明するため
(B) 水源は標高の高いところから来なければならないことを指摘するため
(C) 水が彼らの生存になぜ重要なのかを強調するため
(D) 水を市街地まで引き込む、さまざまな方式を説明するため

解説 「ローマの人口は100万人」と述べられたあとに、「飲み水、入浴、灌漑、工業、下水システムのために必要だった」と続くので、これだけの人口を支えるために大量の水が必要だったことがわかります。したがって、答えは(A)。人口の多い、少ないに関わらず、水は生存に不可欠なものであったので(C)は不正解。水をローマに引くためのいろいろな方法も述べられていますが、多様な方法を説明するために人口について述べているわけではないので、(D)も不可。

9.

英文の質問と選択肢の訳

9. この講義で言及されていないのは、送水路のどのような面ですか。

(A) それらが到達した長い距離
(B) それらの美的価値
(C) それらがいかにうまく建造されたか
(D) 建造に要した期間

解説 (A)については、「水源はローマから16キロ離れたところにあった」と述べられています。(B)の景観の美しさは、they also developed into beautiful marvels of engineering.の部分とthey weren't just functional, they were beautiful.の2カ所で述べられています。建設の素晴らしさについては、「水があふれないよう、また水路が浸食されないように勾配が計算されている」と述べられています。建設にかかった時間については述べられていないので、正解は(D)。

10.

英文の質問と選択肢の訳

10. 教授によれば、性能のよい送水路を建造するのに要求されることは何でしたか。
ふたつ選択してください。

(A) ゆるやかな下りであること
(B) 都市部から遠く離れた水源であること
(C) 山のそばの水源であること
(D) 水源から都市部に向かって下っていること

解説 「水路の勾配が計算され、16キロの長さで10メートルしか高低差がついていない。これはゆっくり水を流して水路の浸食を防ぐためと、水をあふれさせないため」とあるので、(A)が正解。また、当然、「ゆるやか」であっても「下っていること」が述べられていますから、もうひとつは、(D)が正解となります。

11.

英文の質問と選択肢の訳

11. 送水路のどのような特性が講義の中で称賛されていますか。**ふたつ選択してください。**

(A) 生産性
(B) 機能性
(C) 美しさ
(D) 隠蔽

解説 Roman aqueducts were not only very efficient, but they also developed into beautiful marvels of engineering. 「ローマの水路は効率がよいだけでなく、見た目も美しく造られている」とあるので、(B)と(C)が正解です。

男性＝学生、女性＝教授

古代史のクラスの講義の一部を聞いてください。

女性：古代には、都市が存続できる大きさは、しばしば、真水が入手可能かどうかで決まりました。人口が増えるとともに、はじめの水源では不足になり、ときにはコミュニティを維持できないほど汚染されました。それを補うために、人々は湧き水のそばに住んだり、井戸を掘ったり、雨水を水溜めに蓄えたりしました。最終的には、こうした手段にも限界があり、人口はかなり頭打ち、あるいは減少しました。最後には、技術者が、何キロも離れたところから都市に水を運び込む方法を考え出しました。送水路です。

送水路は、多くの社会で独自に開発されましたが、最も高度に発達したのは古代ローマでした。ローマの送水路は、とても効率的だっただけでなく、工学の驚異的な成果にまで達していました。ローマの水利の状況がどれほど悪かったかを考えると、なぜローマ人が送水路の建設にそれほどまでに才能を発揮したか、たやすく理解できます。ローマの城壁内には、いくつか水の湧き出ているところがありましたが、どれもひどく味が悪いことで知られていました。しかも、テベレ川の水は、ひどく汚染され病原菌がたくさんいました。ですから、紀元前300年ごろまでに、人口による需要が供給をはるかに上回ってしまいました。紀元前312年、監察官アッピウス・クラウディウス・カエクスは、ローマ初の送水路、アッピア水道の建設を発注しました。水源の泉はローマからおよそ16キロメートルのところにあり、地下の水路を通って、だんだんに下り、市に達するときには10メートル低くなっていました。この水道は、1日におよそ7万5500立方メートルの水を、市のウシ市場にある貯水池に送りました。このウシ市場は、市内で最も高度の低い公共の場所のひとつで、この目的に最適だったのです……はい、マシュー、質問ですか。

男性：地下の水路とおっしゃいましたか。送水路というのは複雑なアーチで支えられた高架橋だと思ったのですが、埋設されたパイプではなく……

女性：ああ、それは間違いではありません。現在遺跡の残っているものの大部分は、川や谷にかかっていたアーチや橋です。実際に、ローマで2番目に建設された水路、オールド・アニオは、アーチに支えられた水路で市に入ってきていました。水路の建設は急速にローマ帝国全土に広がり、何百もの水路が作られました。アーチで支えられた橋は、アーケードとも呼ばれましたが、実に驚くべき

高さと長さにおよび、機能的だっただけでなく、美しいものでした。今日では、多くが観光名所になっています。驚くことには、今も本来の目的で使われているものも、2～3あるのですよ。

けれども、長いといっても、大部分は地下に埋設されたパイプで、石を削ったもの、セメントと煉瓦で築いたもの、あるいは陶製や鉛でできたものでした。しかし、工学として驚くべきものであることには違いありません。アッピア水道について私が言ったことを覚えていますか。全長16キロもの長さで、わずか10メートル低くなっているだけなのですよ！　これは、素晴らしい成果であり、ぜひとも必要なことでした。水路は水を、徐々に下らせなくてはなりません。流れが速すぎると、深刻な問題になりかねません。水路の壁を侵食し、貯水池に非常に速く到達して、簡単にあふれ出すでしょう。紀元前300年までには、全部で11の送水路が、信じられないほど大量の水を、90キロも離れた山の水源からローマに供給していました。ローマの当時の人口はおよそ100万人でしたが、有り余るほどの水を得ていたのです。水は主として飲用と入浴に用いられました。ローマでは異常なまでに入浴が盛んだったのです。そして、もちろん、灌漑や製造業にも用いられましたが、残りの大部分は、広範囲にわたる下水道のゴミを洗い流すのに使われました。

しかし、ローマ帝国が滅亡すると、ほとんどの送水路は放置されました。送水を続けてはいましたが、定期的な管理と保守点検がなされなくなり、壊れはじめました。漏れが生じ、橋は崩壊し、多くの地下水路は鉱物性の沈着物で詰まりはじめました。一部はルネサンス期に改修や更新がなされましたが、大部分は荒廃してしまいました。

Questions 12-17

Listen to part of a lecture in an art history class.

The Italian Renaissance was a rebirth for the arts and sciences spurred by the rediscovery of classical Greek and Roman sources. Sculpture, painting, and architecture were all revolutionized by copying from and extrapolating upon classical techniques and designs. Beginning with the palaces of royalty and the cathedrals of the major cities, this art movement began to spread through society. As the aristocracy and rich merchants started to commission works as well, their homes began to transform. Their sprawling homes were rebuilt and redecorated both inside and out, and they began to pay more attention to the land surrounding them. Prior to this time, gardens were simple walled plots of land where fruits and vegetables, herbs, and flowers were grown. The rest of the property would usually be covered with forest where the nobles would hunt privately. Then, the writings of Ovid, Pliny, and Varro revealed something about Roman culture that they had overlooked: ornate decorative gardens.

In the late fifteenth century, gardens came to be built with the express purpose of providing pleasure to the viewer. The gardens became much larger and grander and they increasingly incorporated geometric designs in symmetric patterns. They were filled with grottoes, fountains, statues, and other features that were meant to both entertain and impress visitors. The gardens quickly became status symbols, and they grew to cover many square kilometers. Eventually the new gardening practices spread throughout Europe, influencing French and English gardens—and some of the most epic gardens were constructed in France. This was made possible in part by Leon Batista Alberti, who wrote The Ten Books of Architecture, which included guidelines for garden construction based upon the writings of Pliny the Elder and the Younger. These defined both how a garden should look and how it should be used.

According to Alberti, a villa should not only be something to look at, but also a place from which to observe its surroundings. Therefore, he advised that a villa should be built upon a slightly elevated place, and that the road approaching it should rise gradually so that visitors would not realize that they were climbing until they reached the top, and observed how the countryside had fallen away from them. For the gardens, he recommended including planters on columns for vines to climb from, porticoes for shade, amusing statues—although he stressed that they should be in good taste, nothing obscene—and rare and exotic plants. He also said that trees should be lined up and spaced evenly, which is why so many old homes have tree lined roads approaching them.

As the years progressed, other elements came to be included like mechanical devices. Many of these were based upon the inventions of another Roman, Hero, or Heron, of Alexandria. Hero created many devices that utilized air pressure, water, and counterweights to run their mechanisms. In his own time, these were used to amuse people by making statues move and perform tasks like pouring wine. When his detailed instructions and diagrams were rediscovered during the Renaissance, they were used on a much grander scale. The technology was used to construct huge fountains that contained statues of mythological creatures and people from whom water jets would spray. These were used to impress guests as they were extremely expensive to both make and maintain. They were a public display of wealth. Sometimes there were statues in the garden away from the fountain that would spray water on guests as they walked past. Some of them were quite sophisticated.

Another common feature of these gardens was mazes. Initially, the gardens contained elements called knot gardens, which were square sections that had geometric patterns created from aromatic plants. The carefully trimmed plants had paths between them that guests could walk along to enjoy the scents. These open paths developed into a single course that would guide people past different plants in a deliberate course. Later, landscape designers saw the potential for entertainment, and they included false paths and dead-ends that would confuse people as they sought the center of the garden, thus creating mazes.

rebirth 復活、復興／spur 拍車をかける、触発［誘発］する／source 資料／sculpture 彫刻／architecture 建築／revolutionize 大変革をもたらす、革命的に変化させる／extrapolate upon ... ……に基づいて推測する／palace 宮殿／royalty 王族／cathedral 大聖堂／aristocracy 貴族／commission （仕事などを）依頼する、注文する／works （大規模な）建築工事［作業］／transform 一変する／sprawling むやみに広がった／prior to ... ……以前は／walled 壁をめぐらした／a plot of land 1区画の土地／property 所有地、領地／nobles 貴族階級／hunt 狩猟をする／Ovid オーヴィッド（正式名：プーブリウス・オウィディウス・ナーソー。帝政ローマ時代の詩人）／Pliny プリニウス（正式名：ガイウス・プリニウス・セクンドゥス。帝政ローマの博物学者、政治家、軍人。『博物誌』の著者）。彼の甥で養子のガイウス・プリニウス・カエキリウス・セクンドゥス（帝政ローマの文人、政治家）と区別するために、ふたりは Pliny the Elder（大プリニウス）、Pliny the Younger（小プリニウス）と称される。／Varro ウァロ（正式名：マルクス・テレンティウス・ウァロ。共和政ローマ期の学者、著作家、政治家）／reveal 明らかにする／overlook 見落とす／ornate 隅々まで装飾を施した、豪華な／come to ... ……するようになる／express 明確な／incorporate 組み込む／geometric 幾何学的な／symmetric 左右対称の／grotto （装飾した避暑用の）岩屋／featur 呼び物、目玉／eventually やがて／gardening practices 造園技法／Leon Batista Alberti レオン・バティスタ・アルベルティ（1404 〜 1472。イタリアの建築家、人文学者。芸術全般に通じ「万能の人」と形容された）／Pliny the Elder and the Younger 大プリニウスと小プリニウス／villa 屋敷、邸宅／elevated （周囲より）高くなっている／column （特に石造りの荘厳な）円柱／vine つる草、つる／portico ポルチコ（柱で支えられた屋根付きのポーチ）／Hero, or Heron ヘロ、またはヘロン（古代ローマのアレクサンドリアで活動したギリシャ人の工学者、数学者）利用する／counterweight カウンターウェイト、つり合い重り／mechanism 装置、仕掛け／instruction 作製方法／diagrams 図面／mythological creature 神話に出てくる生き物／public display of wealth 富を世間に誇示すること／maze 迷路／knot garden 結び目花壇（ツゲや小ぶりの植物を植えて結び目模様を描き、その間に草花を植えた花壇。チューダー様式の庭のひとつ）／aromatic plant 芳香植物／deliberate 意図した／landscape designer 造園設計士／potential 可能性／false path 行き止まり、袋小路

12.

英文の質問と選択肢の訳

12. この講義は主に何についてですか。。

(A) 建築家が訪問者を感心させるために庭園用に発明した多くの仕掛けや装置
(B) 古代ローマの庭園はフランス人やイギリス人をいかに感動させたか
(C) ルネサンス期の人々を感心させた、精巧に設計された噴水
(D) ルネサンス期の人々が庭園を装飾することによって社会的地位をいかに誇示したか

解説 講義の主題を問う問題です。この話はItalian Renaissanceがどのようなきっかけで起きたのかという話で始まっていますが、主な内容は富裕層が訪問客を楽しませる庭のデザインやそれに施された仕掛けや人を楽しませる迷路についてでした。古代ローマの庭の話ではないので（B）は不可、噴水の話は全体の一部でしかないので（C）も不可です。（A）は一見よさそうですが、庭は古代ローマの芸術に基づくものであり、15世紀の発明ではありませんから、これも不可です。建築にお金のかかる庭や維持費のかかる噴水は訪問客に自分の力を誇示するために金持ちの商人や貴族が取り入れたものですから、答えは（D）です。

13.

英文の質問と選択肢の訳

13.この講義によれば、イタリア・ルネサンスが広がり始めるのに貢献したものは何ですか。正解をふたつ選びなさい。

(A) 寺院
(B) 宮殿
(C) 庭園
(D) 大聖堂

解説 これは詳細を問う問題です。Beginning with the palaces of royalty and the cathedrals of the major cities, this art movement began to spread through society. とあるので、答えは（B）と（D）。

14.

英文の質問と選択肢の訳

14.ルネサンス期の人たちは、なぜ自分の庭園を装飾するようになったのですか。

(A) 新鮮な果物や野菜を自宅で栽培するため
(B) 自分の富と地位を他に誇示するため
(C) 自然をもっと詳しく調べて研究するため
(D) 再発見された古代芸術を遵守するため

解説 これも詳細問題です。They （gardens）were filled with grottoes, fountains, statues, and other features that were meant to both entertain and impress visitors. とあるので、答えは（B）。

15.

英文の質問と選択肢の訳

15. 教授はなぜレオン・バティスタ・アルベルティについて述べているのですか。

(A) 彼が庭園の持ち主のためにさまざまな道具を発明したことについて議論するため
(B) イタリア・ルネサンス期の最も有名な建築家のひとりを紹介するため
(C) その時期の庭園造りの指針を説明するため
(D) 古代ローマ人が余暇をどのように過ごしたかを示すため

解説 この問題は話者の真意を問う問題です。This was made possible in part by Leon Batista Alberti, who wrote The Ten Books of Architecture, which included guidelines for garden construction based upon the writings of Pliny the Elder and the Younger.とあるので、答えは（C）です。メモを取るときに人名が出てきたら、その人の業績などを少しでも書き留められるようにしましょう。

16.

英文の質問と選択肢の訳

16.アレクサンドリアのヘロは庭園の装飾にどのように貢献しましたか。

(A) 彼は庭園装飾に使われる装置を創り出した。
(B) 彼は水を使った見世物で多くの人を驚かせた。
(C) 彼は見事な迷路を作って訪問客を楽しませた。
(D) 彼は世界中から外来種の植物を輸入した。

解説 Many of these were based upon the inventions of another Roman, Hero, or Heron, of Alexandria. Hero created many devices that utilized air pressure, water, and counterweights to run their mechanisms.とあるので答えは（A）です。15番と同じく、人名が聞こえたら何かしらの情報を書き留めましょう。

17.

英文の質問と選択肢の訳

17.イタリア・ルネサンス期における庭園について推測できることは何ですか．

(A) 大きな庭園を見る機会は一般庶民にとってめったになかった。
(B) 王族と政治家だけが自分の庭園を持つことを許された。
(C) その時代には、庭仕事はもう人気のある娯楽ではなかった。
(D) フランスは壮大で豪華な庭園の発祥の地だった。

解説 この問題は全体から推測して答えます。富裕層は自分のお客に自分の力を誇示するために庭を作っていたわけですから、一般の人は庭を目にする機会はなかったでしょう。（B）のbe allowed toは許可されていた、という意味ですから内容に反します。（C）(D)はも内容に反していますから不可。正解は（A）です。

美術史の授業の講義を聞いてください。

イタリア・ルネサンスは、古代ギリシャ・ローマの古典資料が再発見されたことによって触発された芸術と科学の復興でした。彫刻も絵画も建築も古典的な技法・デザインを模倣・推測してすべて大変革されたのです。王族の宮殿や主要都市の大聖堂から始まって、この芸術運動は社会全体に浸透していきました。貴族階級や裕福な商人たちも建築作業を依頼するようになると、彼らの家は一変し始めました。広々とした家は中も外も改築・改装され、彼らは周囲の土地にもっと注意を向けるようになりました。それ以前は、庭は壁を巡らせただけの素朴な土地で、そこで果物や野菜、薬草、花などが栽培されていたのです。残りの所有地はたいてい森で覆われていて、そこで貴族たちは自分たちだけで狩猟をしていました。その後、オウィディウスやプリニウス、ウァロらの著書が、彼らが見落としていたローマ文化についてあることを明らかにしたのです。それは豪華な装飾庭園でした。

15世紀後半になると、庭園は見る人に喜びを与えるという明確な目的のもとに造られるようになりました。庭園は以前よりもずっと広く雄大になり、左右対称の幾何学的なデザインが次第に取り入れられるようになりました。庭園には、訪れる人たちを楽しませるとともに強い印象を与えるために岩屋や噴水、彫像などの呼び物があちこちに配置されました。庭園はたちまちステータスシンボルとなり、何平方キロメートルもの広さになっていったのです。やがてこの新しい造園技法はヨーロッパ中に伝わり、フランスやイギリスの庭園に影響を与えました——そして最も壮大な庭園のいくつかがフランスで建設されたのです。これを可能にしたのは、ひとつにはレオン・バッティスタ・アルベルティのおかげでした。彼は『建築十書』を著していますが、それには大プリニウスと小プリニウスが残した著書に基づく造園のための指針が含まれています。そうしたものが、庭園はどう見えるべきで、どのように使われるべきかを定義したのです。

アルベルティによれば、屋敷とは見るためだけのものではなく、そこから周囲を眺めるためのものであるべきでした。したがって、屋敷は少し高台になっているところに建てられるべきであり、そこへ向かう道はゆるやかな上り坂であるべきだと彼は述べています。そうすることで、訪問者は自分が登っているのだと気づかず、到着してやっと田園地帯が眼下に広がっていることに気づいたのです。そうした庭園には、ツタが上に伸びていくように円柱に植木鉢を配し、日陰を作るためにポルチコを作り、

面白い彫像や——もっともそれは趣味のよいものであるべきで、エロチックなものではいけないと彼は強調しています——珍しい異国風の植物を置くように彼は勧めています。また、樹木は一列に並べて植え、均等に間隔を空けるべきだとも述べています。こうした理由で、古い屋敷では、並木道が家まで続いていることがとても多いのです。

　その後、年を経るにつれて、機械仕掛けなど、別の要素も加えられるようになりました。その多くが、もうひとりのローマ人、アレクサンドリアのヘロあるいはヘロンとも呼ばれる人物の発明が基になっていました。ヘロは仕掛けを動かすために空気圧や水やカウンターウエイトを利用する装置を数多く発明しました。彼が生きていた時代には、そのような装置は彫像を動かしてワインを注ぐなどの作業をさせて人々を楽しませるために使われました。彼が書き残した詳しい作製法と図面がルネサンス期になって再発見されると、それははるかに大きな規模で使われたのです。その技術は巨大な噴水を作るために使われ、噴水には神話に出てくる生き物や人間の像が置かれ、それから水が勢いよく噴き出していました。こうしたものは作るのにも維持するにも非常に費用がかかったので、訪問客を感動させるために使われました。それは富を世間に誇示するものだったのです。ときには庭の噴水から離れた場所に彫像が置かれていて、訪問客がそこを通り過ぎると彼らに向かって水を噴射しました。その中にはきわめて精巧なものもありました。

　こういった庭園によく見られるもうひとつの呼び物は迷路でした。当初、庭園には「結び目花壇」と呼ばれる部分があって、それは芳香植物を植えて作られた幾何学模様の四角い区画でした。入念に刈り込まれたプラントの間に細い道があり、訪問客たちはそこを歩きながら香りを楽しむことができたのです。このような開放的な小道が発達して、やがて意図された道順に置かれたさまざまな植物の横を通り過ぎるひとつのコースとなっていったのです。その後、造園設計士たちはそれの娯楽としての可能性に気づき、庭園の中心を目指す人々を混乱させるような偽の道や行き止まりを付け加え、そのようにして迷路を作っていったのでした。

Speaking Section 解答と解説

Question 1

質問の訳

あなたは、次の意見に賛成ですか、反対ですか。子どもが携帯電話を持つことは許されるべきだ。賛成または反対なのはなぜですか。説明の中に具体的な例を盛り込んでください。

解答例1 🎧 file_29

I agree with the opinion that young children should be allowed to have cell phones.

Firstly, a child could have some kind of emergency, and having a cell phone is the best way for the child to contact his or her parents. For example, if a child gets hurt while playing with friends and needs to go to a hospital, the child could just call his or her parents and let them know about the situation.

Secondly, parents can reach children more easily. Once children are outside, it can be difficult to find out their whereabouts. But with a cell phone, parents can have peace of mind.

解 説

　これは agree「同意」を選んだ場合の解答です。まず、提示された意見に賛成であることをはっきり示します。質問は画面に表示されているので、その文を使って述べてもよいでしょう。ひとつ目の理由は「緊急事態が起きたときに子どもが両親に連絡を取りやすいこと」を挙げています。ふたつ目は「両親が子どもの居場所を知るのに役立ち、安心していられる」とあります。ふたつ理由を考えるときには、なるべく近い理由にならないように、具体例が似通らないように理由を考えてみましょう。

解答例1の訳と語注

私は、子どもが携帯電話を持つことは許されるべきだという意見に賛成です。

第一に、子どもは何らかの緊急事態に遭遇することがあり、携帯電話は親に連絡するための最もよい手段です。 例えば、友だちと遊んでいてけがをしてしまい、病院に行かなければならないとき、子どもは親に電話をして状況を伝えることができます。

第二に、親がよりたやすく子どもに連絡することができます。いったん外出すると、子どもの居所を知るのは難しいものです。しかし、携帯電話があれば、親も安心です。

be allowed to ... ……することを許される／ **cell phone** 携帯電話／ **emergency** 緊急事態／
get hurt けがをする／ **whereabouts** 居所、所在／ **peace of mind** 安心、心の平静

解答例2 🎧 file_30

I disagree with the opinion that young children should be allowed to have cell phones.

First, a cell phone can easily distract a child's attention. One of my friends is an elementary school teacher, and she told me that she has a hard time making children focus on their schoolwork because many of them try to play games with their phones.

Second, it reduces the time in which children communicate with their parents. I think children should spend more time with their parents, not with their phones. In that way, they can learn how to communicate with others better.

解 説

　こちらの解答は disagree「同意しない」場合です。最初の文で立場をはっきりさせています。ひとつ目の理由は、「子どもの注意が散漫になる原因となること」を挙げています。例は友だちの体験談。このように、例は自分や友人の体験談風に作るのもよいやり方です。ふたつ目の理由は、「両親と関わる時間を減らしてしまうこと」が挙げられています。

解答例2の訳と語注

私は、子どもが携帯電話を持つことは許されるべきだという意見に反対です。
第一に、携帯電話で子どもの注意が散漫になりがちです。私の友人のひとりに小学校の先生がいますが、彼女によれば、多くの子どもたちが電話でゲームをしようするので、勉強に集中させることが難しいということです。
第二に、親と意思疎通する時間が減ってしまいます。子どもは、携帯電話よりも親ともっと長い時間をともに過ごすべきだと、私は思います。そうすることで、子どもたちは、他の人たちとよりよく意思疎通する方法を学べます。

distract ……をそらす／ **elementary school** 小学校／ **have a hard time -ing** ……するのが難しい状況だ／ **schoolwork** 学校の勉強／ **reduce** ……を減らす

Question 2

女性は、スポーツ選手専用ジムを作ることについて、意見を述べています。彼女の意見を述べ、その意見を持っている理由として彼女が挙げていることを説明してください。

Listeningスクリプトと語注 file_22

W: Oh, I don't believe this!

M: What? What's going on?

W: Did you read this proposal in the campus newspaper?

M: About the exercise facilities? Yes, I thought he raised some valid points.

W: That may be, but why should we spend more money on the athletic teams than we already do? They use up a huge amount of the budget as it is.

M: Yes, I know. But, he did propose that they renovate the old science hall into a gym. It used to have the pre-med classrooms in it, so there are already showers and other facilities that they can use. It shouldn't be too difficult to convert it.

W: That will help some, I guess. But, they would still have to buy all new exercise equipment for it. Not only that, but they are still going to have to share the facilities with each other. Do you know how many teams our school has now?

M: No, over ten?

W: Easily, and their seasons overlap, so they are still going to have problems.

M: I suppose, but look at it this way. If the athletes all go there to work out, you won't have to wait in line as much for equipment or to take a shower.

W: True, but I still don't like how much special treatment they get...

huge amount of the budget 巨額の予算／ **renovate** 改修する／ **pre-med** 医学進学課程の／ **special treatment** 特別待遇

《メモ》の例

> **Reading**
>   Athletes-Only Gym
>   teams lack training facilities → A-only gym
>   science hall → gym?
> **Listening**
>   W   M
>   disagree   agree
>   why more money on teams?   science hall has showers +
>   +new equip.?
>   seasons overlap → still problems?

解答例 🎧 **file_31**

The woman does not like the idea suggested in the reading passage. The passage suggested that establishing an athletes-only gym would be beneficial for both the athletes and the students. It said that at the moment there are many people using the gym and not enough space or gym equipment for everyone. The woman opposes the suggestion because she thinks the school is already spending too much money on the athletic teams. Also, since there are many teams, even if an athletes-only gym were established, the athletes would still have to share exercise equipment there. These are the reasons why the woman thinks establishing an athletes-only gym is not necessary.

解説

　Readingの文章から必ず、タイトル、主な内容をメモします。Listeningで多く話している人の意見を尋ねられることがほとんどなので、その点に気をつけながらメモを取りましょう。質問にはState her opinionとあるので、まず女子学生の立場（この場合は不賛成）をはっきりせます。それからReadingで述べられていた点をひとつの文でまとめ、彼女が述べていたふたつの理由を述べます。この解答例では最後の文で、全体のまとめを話していますが、この部分はなくてもかまいません。

スポーツ選手専用のジム

女子と男子のフットボールチームが加わったので、トレーニング施設の不足が深刻な問題になっています。大学のスポーツチームは通常、一堂に会して練習しますから、広い場所とたくさんの器具が必要になります。残念なことに、これは、スポーツ選手が運動をしている他の学生たちと場所を取り合わなくてはならないいうことです。健康のために誰もが運動をする必要がありますが、スポーツ選手はいつも休まずに運動できなければ競技することができません。そこで、私たちはスポーツ選手専用のジムを作ることを提言します。古い理学部は、大規模な配管やその他、ジムに変更するのに理想的だと思われます。

テリー・ホークス

lack of ... ……の不足／facilities 施設／athletic team 運動競技のチーム／work out 運動する、練習する／compete 競争する／exercise 運動する／recommend ……を提言する／establish ……を設立する／science hall 理学部／extensive 大規模な、広範囲の／plumbing 配管設備／factor 要因／convert ……を転換する・改造する

女性：ええっ、こんなの信じられない！
男性：何だい。どうしたっていうの。
女性：大学新聞の、この提案を読んだ？
男性：運動施設のこと？　読んだよ。いいところを突いたと思ったな。
女性：まあね、でも、どうしてスポーツチームにこれ以上お金を使わなくてはならないの？　いまでもものすごい額を使い尽くしているのに。
男性：ああ、知っているよ。でも、彼は古い理学部の建物をジムに改装しようと提案したんだ。医学進学課程の教室があったから、シャワーなんかも付いていて使えるよ。改築するのは、さほど難しくないだろう。
女性：いくらかの助けにはなるでしょうね。でも、やっぱり新しい運動器具を買いそろえる必要があるわよ。それだけじゃなく、やっぱり譲り合って使わなくてはならないことになる。あなた、いま学校にいくつスポーツチームがあるか知っている？
男性：いいや、10より多い？
女性：軽く超えているわよ。それに、シーズンも重なっているから、問題はまだまだある。
男性：たぶんそうだね。でも、こう考えるのはどうだい。もし、スポーツ選手全員が運動のためにそこに行ったなら、君は器具を使ったりシャワーを浴びるのにたいして列に並ぶ必要はないんだ。
女性：たしかに。でも、やっぱり彼らがそんなに特別扱いを受けるのは気に入らないわ……。

解答例の訳と語注

女性は、リーディングの文章で提案された考えが気に入っていません。文章は、スポーツ選手専用のジムを作ることが、スポーツ選手と学生の両方にとって利点のあることだと提案しました。文章には、現状では大勢の人がジムを利用し、スペースや機器が全員のためには足りないとありました。女性は、学校がすでにスポーツチームにお金を使いすぎていると考えているので、この提案に反対です。また、たくさんのチームがあるので、たとえスポーツ選手専用ジムができても、選手たちはジムの機器を譲り合って使わなければならないでしょう。これらが、女性がスポーツ選手専用ジムを作る必要はないと考える理由です。

oppose ……に反対する

Question 3

質問の訳

教授は周期的かく乱について、いくつか例を挙げて説明しています。それらの例が何を示しているか説明してください。

Listeningスクリプトと語注 file_24

Listen to part of a lecture in an environmental science class.

M: During our last class, we introduced the concept of environmental disturbance. I gave you the example of the government-sponsored attempt to eradicate wolves from the United States. This program very nearly succeeded and had immediate results. The deer population grew rapidly, which initially made hunters happy. However, the population continued to increase to the point that the animals overgrazed their habitat, which led to population crashes, particularly in the winter months. After wolves were reintroduced to areas like Yellowstone National Park, they kept the deer population regulated, which led to smaller and healthier deer herds. But, humans need not be so directly involved for these patterns to occur. In fact, such cycles regularly repeat in nature. This makes the ecosystem susceptible to the same disturbance that struck it before, creating a cyclic disturbance.

A common example of cyclic disturbance is that which is caused by insect infestations. Because insect populations tend to explode until they have used up their food source and then crash, they often create cyclic patterns.

This pattern will usually balance out until the species reach a type of homeostasis, but even slight changes in climatic conditions can upset that balance. For example, if you look out the window you will see a pine forest. These forests cover much of western North America, but they are vulnerable to an insect called the mountain pine beetle. The beetles are always present, but they will sometimes go into an epidemic phase, where they infest millions of adult trees. This happened in 2004 when they infested more than 90,000 square kilometers of pine trees. The trees die and fall, making space for young fir, spruce and more pines to grow. These younger trees are resistant to the beetles, so the beetle population collapses. Later, once the pines have grown tall again, the beetles may return to their epidemic phase.

disturbance かく乱（安定している生態系が乱されること）／ eradicate ……を撲滅する／ overgrazed their habitat 生息域に対して個体数が多すぎる／ crash 暴落／ reintroduce 再導入する／ regulated 調整された／ herd（動物の）群れ／ susceptible to ... ……の影響を受けやすい／ infestation 侵入／ explode 爆発的に増大する／ used up their food source 餌を食い尽くす／ balance out 釣り合う／ homeostasis ホメオスタシス（生物の安定した一定の状態）／ climatic condition 気候条件／ upset ……を狂わす／ vulnerable 弱い／ mountain pine beetle アメリカマツノキクイムシ（キクイムシの一種）／ epidemic 異常発生／ phase 局面／ infest ……に群がる／ fir モミ／ spruce トウヒ／ be resistant to ... ……に耐性がある／ collapse 激減する

《メモ》の例

Reading
  Cyclic disturbances
    nomal change → significant change
    1. natural
    2. manmade → cyclic

Listening
  deer ↗ → overgrazed → popul. crash
  wolves introduced → deer controlled

  mountain pine beetle → increase drastically → trees die → young tree grow → beetles ↘

解答例  file_32

Cyclic disturbance is the process in which the ecosystem experiences significant changes and eventually goes back to its previous state. Since this process is repeated, it is referred to as cyclic disturbance. The professor gives two examples to explain this concept. In the United States, the deer population grew rapidly and the animals overgrazed their habitat, which led to a population crash. After people reintroduced wolves to their habitat, the deer population came under control. Another example is the mountain pine beetle. When they infested millions of adult pine trees, the trees died and fell, making space for young pines to grow. Since the younger trees were resistant to the beetles, this brought about their population collapse. However, once those trees grow tall, the population of beetles will increase again.

解説

　Question 3 では、Reading のタイトルを書き抜き、そのタイトルを説明している文章から、話すときに使えそうな語句を書き抜いておきます。Listening ではその例が述べられているので、書き取った言葉を使い慣れている動詞でつなげて話します。型はある程度決まっているので、Reading からはコンセプトを、Listening からは例を書き取ると考えて取り組みましょう。

Reading訳と語注

周期的かく乱

世界のどの生態系も、環境かく乱の影響を受けます。これは、生態系に著しい変化を起こさせる、通常の環境状態の一時的な変化と定義されます。これらのかく乱はおおむね２種類に分けられます。自然かく乱と、人為的または人工かく乱です。人為的なかく乱の中には、採掘、森林の開拓、侵入生物種の導入があります。自然かく乱の中には、洪水、火事、昆虫の大量発生といった比較的影響の小さなものもあり、地震、火山の噴火といった影響の大きなものもあります。一方で、自然かく乱はしばしば周期的かく乱になります。この場合は、生態系が以前の状態に戻ったところで、また同じプロセスが繰り返されます。

cyclic disturbance 周期的かく乱／ **ecosystem** 生態系／ **be subject to ...** ……の影響下にある／ **environmental disturbance** 環境かく乱／ **be defined as ...** ……と定義される／ **temporary change** 一時的な変化／ **normal environmental conditions** 通常の環境の状態／ **lead to ...** ……につながる／ **significant** 著しい／ **typically** おおむね／ **be divided into ...** ……に分けられる／ **natural disturbance** 自然かく乱／ **anthropogenic** 人為的／ **mining**（鉱山の）採掘／ **forest clearing** 森林開拓／ **invasive species** 侵入生物種／ **outbreak** 発生／ **volcanic eruption** 火山の爆発／ **result in ...** ……という結果になる

環境科学クラスの講義の一部を聞いてください。

男性：前回の講義で、環境かく乱の考え方を学びました。政府が出資したアメリカからオオカミを撲滅する試みの話をしましたね。この計画はほとんど成功しそうで、即座に効果が見られました。シカの生息数が急速に増え、はじめは猟師たちも喜びました。しかし、生息数は、生息地に対して多すぎるまでに増え続け、特に冬に、生息数の激減を引き起こしました。オオカミがイエローストーン国立公園のような地域に再導入されてから、オオカミがシカの個体数を安定させ、より小さく健全なシカの群れが形成されました。しかし、人間がこれほど直接に関わらなくとも、このようなパターンの出来事は起こります。実際、こうしたサイクルは自然界でいつも休まずに繰り返されているのです。これによって、生態系が、以前に受けたのと同じかく乱の影響を受けやすくなり、周期的かく乱が起こります。

周期的かく乱のよくある例は、昆虫の蔓延によるものです。昆虫の個体数は、餌を食い尽くして崩壊するまで爆発しがちで、しばしば周期的なパターンを作り出します。このパターンは通常は、種が一種のホメオスタシスに達するところまでいき、釣り合います。しかし、気候の条件のわずかな変化でも、このバランスが崩れることがあります。例えば、窓の外を見ると松林が見えるでしょう。こうした林は北米の西側の大部分を覆っていますが、アメリカマツノキクイムシという虫に弱いのです。この虫はいつでもいるのですが、ときどき異常発生し、その際に無数の成木に群がります。2004年にこれが起こり、この虫は9万平方キロ以上の範囲のマツ林に群がりました。木は枯れて倒れ、モミ、トウヒ、より多くのマツの若木が育つスペースができます。これらの若木はアメリカマツノキクイムシに耐性があるので、アメリカマツノキクイムシの個体数は激減します。このあと、マツが再び高く育つころには、アメリカマツノキクイムシが異常発生するかもしれません。

解答例の訳と語注

周期的かく乱は、生態系が著しい変化を経験し、最終的に以前の状態に戻るプロセスです。このプロセスは繰り返されるので、周期的かく乱と呼ばれます。教授は、この考え方を説明するために、ふたつの例を挙げています。アメリカにおいて、シカの生息数が急速に増加し、生息域に比べて生息数が多くなりすぎました。そのため、集団的消滅が起こりました。人々がオオカミを再導入すると、シカの個体数は適切に抑えられました。もうひとつの例はアメリカマツノキクイムシです。この虫が無数のマツの成木に群がると、木は枯れて倒れ、マツの若木が育つスペースができます。若木はこの虫に耐性があるので、虫の個体数は激減します。しかし、若木が高く育つと、この虫の個体数は再び増加します。

previous state 以前の状態／ **be referred to as ...** ……と呼ばれる／ **concept** 概念、考え方

Question 4

質問の訳

講義で教授は、製品を実演するふたつの方法を述べています。例を挙げて、このふたつの方法を説明してください。

Listeningスクリプトと語注 file_26

Listen to part of a lecture in a marketing class.

W: Let's say that you work in the marketing department of a major conglomerate. Your company has developed a new product and your team needs to create an advertising campaign for said product. Clearly, you want to be able to attract potential customers and convince them that they should purchase your product and not the competition's. After all, your product is better. But how do you prove that to customers without having them try out the product? Well, one of the best ways is by demonstrating that product.

Demonstrations usually take on one of two formats, depending on the type of product. To show the quality and durability of an item, advertisers will often use a stress test. For example, luggage is often subjected to extreme conditions and treatment, so advertisers will often make commercials that show their bags being tested, along with one that looks like a competitor's brand. They then abuse the bags—drop them from a great height, show them being rained on or frozen, thrown around by baggage handlers, and so on. Then, they will open up the bags and reveal that, although the outside is beaten and scarred, the contents of the bag are perfectly intact. The contents of the other bags, however, are just as broken and mangled as the bag.

Alternatively, you may be selling a product that is designed to repair damage or solve a problem. For this kind of product, a before-and-after type of advertisement is usually quite effective. These show a common problem that the product could be used to remedy, followed by the actual result of the products' use. This type of advertisement is very popular to use with household cleansing products. For example, a commercial may begin with a company spokesperson visiting a home unannounced during the daytime in order to be sure the homemaker has not had time to clean the house. They will then proceed to the bathroom, where the woman will be mortified by the dirty state she has let it get into. The cheerful spokesperson will then strategically spray his cleanser in a dirty area and wash it away with water, revealing a streak of pristine glass or tile framed by grime. This clearly shows how effective the product is.

Let's say that ...（仮に）……ということにしましょう／ **conglomerate** 複合企業体／ **said** 前述の／ **attract** ……を魅了する／ **potential customer** 見込み客／ **convince ... that ~** ……に～ということを納得させる／ **competition** 競争相手、ライバル／ **prove** ……を証明する／ **durability** 耐久性／ **stress test** 耐久テスト／ **extreme** 極端な／ **condition** 状況／ **treatment** 取り扱い／ **competitor** 競合企業／ **abuse** ……を痛めつける・酷使する／ **baggage handler** 手荷物係員／ **reveal** ……を明らかにする／ **beaten** 打ちのめされて／ **scarred** 傷ついて／ **intact** 無傷で／ **mangled** ひどく傷ついて／ **alternatively** あるいは／ **before-and-after** 使用前と使用後／ **remedy** ……を改善する／ **household cleansing product** 家庭用洗浄製品／ **homemaker** 主婦／ **proceed to ...** ……に進む／ **mortified** 面目を失う／ **strategically** 戦略的に／ **a streak of pristine glass** 汚れひとつないガラスの筋／ **tile framed by grime** 汚れで縁取られたタイル

《メモ》の例

Marketing Class
　　ad campaign to promote prod. → Demonstration
　　　　show quality /durability
　　　　ex. our bag → abused → outside beaten → inside intact
　　　　　　competitor's →　 //　 →　 //　 → inside mess

　　2. before / after ad
　　　　visit house → use cleanser dirty area → wash off → clean

【解答例】  file_33

The professor talks about advertising a product to demonstrate how effective and useful it is. There are two main ways to demonstrate a product: a stress test and a before-and-after test. A stress test can be used, for example, for luggage. In the advertisement, the bags will be dropped, rained upon, frozen, thrown around by baggage handlers, etc. Then, the contents of the bag will be compared with the contents of the competitor's product. In this way, the company can clearly show how well-built and strong their product is. The professor talks about a household cleaning product to explain a before-and-after test. In this case, a company spokesperson will visit a random house and proceed to the bathroom. Then, the spokesperson will spray the cleaning product onto a dirty area and wash it with water to show how clean the area has become. This easily demonstrates how effective the product is.

【解説】

Task 4 では、メモを取りすぎないように注意しましょう。重要な情報と、そうではない情報を聞き分けられるようになる必要があります。この講義ではふたつの例を挙げていますが、そこを落とさずにメモできるようにしましょう。重要なことだけを拾い出してメモできるようになれば、あとはその内容についてだけ話せばよいのです。

【Listening 訳】

マーケティングクラスの講義の一部を聞いてください。

女性：あなたは大手複合企業体のマーケティング部で働いているということにしましょう。会社は新商品を開発し、あなたのチームがその製品の広告キャンペーンを作らなくてはなりません。疑いもなく、あなたは見込み客を魅了して、競合他社ではなくあなたたちの会社の製品を買わせたいでしょう。結局、あなたたちの製品のほうが優れています。しかし、製品を試すことなしに、どうやって顧客にそのことを証明しますか。さて、最もよい方法のひとつは、製品の実演販売をすることです。

実演販売は通常、ふたつあるやり方から、製品のタイプによって、ひとつが採用されます。品物の質と耐久性を見せるために、広告主はしばしば負荷テストを行います。例えば、旅行かばんは、しばしば極端な状況や扱いにさらされます。ですから広告主は、よく、かばんがテストされているところを見せるコマーシャルを作ります。競合他社のブランドに見えるものと一緒にです。そして、かばんにひどい扱いをします。高いところから落としたり、雨に濡れたり凍らされたり、手荷物取り扱い者に放り投げられたり、などのことです。そして、かばんを開けるとわかるのです。外側はくたびれて傷がついているにもかかわらず、中のものはまったく無傷です。ところが、もうひとつのかばんの中身は、バッグ同様に壊れてひ

289

どく傷ついているのです。

あるいは、傷みを修理したり問題を解決するように作られた製品を販売することもできます。この種の製品には、ふつう、「使用前・使用後」タイプの広告がとても効果的です。このやり方では、対策のためにその製品が使用されるような問題を見せます。そのあとに製品を使用した実際の結果を見せます。このタイプの広告は、家庭の洗浄用品で非常によく採用されます。例えば、コマーシャルは、会社の代弁者が家庭を訪問するところから始まります。主婦が事前に家を掃除する時間が持てないように、昼間に前触れなく訪れます。そして代弁者はバスルームに進みます。汚い状態なので、主婦は恥ずかしい思いをするでしょう。そこで快活な代弁者は、汚れたところに製品のクレンザーを戦略的にスプレーして、水で洗い流します。ガラスに汚れひとつない筋状の部分ができたり、タイルの一部がきれいになり汚れが額縁のようになります。こうして、その製品がどれほど効果的かをはっきりと見せるのです。

解答例の訳と語注

教授は、製品がどれほど効果的で役に立つか実演して宣伝することについて述べています。製品を実演するには主にふたつの方法があります。耐久テストと使用前使用後テストです。耐久テストは、例えば旅行かばんに使われます。宣伝では、かばんは落としたり、雨にさらされたり、凍らされたり、手荷物係員に放り投げられたりなどします。それからかばんの中身を、競合他社製品の中身と比較するのです。このやり方で、会社は、製品がいかにしっかり作られていて強いかを、はっきりと見せることができます。教授は、使用前使用後テストを説明するために、家庭用洗浄製品について述べています。この場合は、会社の代弁者が無作為に個人宅を訪れ、バスルームに行きます。そして、代弁者は洗浄製品を汚れたところにスプレーして水で洗い流し、その部分がどれほどきれいになったかを見せます。これで、その製品がどれほど効果的か容易に実演できます。

be rained upon 雨にさらされる／**be compared with ...** ……と比較される／**well-built** 丈夫に作られた

Writing Section 解答と解説

Integrated Task

質問の訳

指示：構想を立てて解答を書くために 20 分間あります。あなたの解答は、書かれたものの質と、講義の要点およびそれらとリーディングの文章との関連をどれほどよく示しているかによって評価されます。おおむね、よい解答は 150 語〜 225 語になります。

質問：今聞いた講義の要点をまとめてください。リーディングの中で示された要点にどのように疑問を呈しているかを説明してください。

Listeningスクリプトと語注

Now, listen to part of the lecture on the topic you just read about.

M: I trust you all read the article I sent you the link to? It isn't often that you get a news article that is so closely related to the current topic of class discussion. Now, I want to start by telling you that much of the historical information included in that article is factual. However, the conclusions that the author drew from his examples are far from accurate. It is more likely that most of the population of modern-day England are descended from the Celtic people whom the Anglo-Saxons subjugated than the Anglo-Saxons themselves.

The author is correct in asserting that the Anglo-Saxon migration was a kind of mass exodus. They were being pushed out by other tribes, and the majority of them left for England. However, the sources that the author mentions were written by the invaders, who had no way to accurately gauge the number of Celts living in the British Isles at that time. Modern historians believe that the Anglo-Saxon population was dwarfed by that of the native Celts. This is supported by the result of the Battle of Badon Hill, where the invasion was halted and very nearly destroyed. So, it is unlikely that the Celtic population could have been so completely forced out.

He also cited the fact that the Anglo-Saxon language became the language of the realm as further evidence of population replacement. Yes, modern Celtic languages like Gaelic and Welsh are strikingly different, but this proves little. When one culture is ruled by another, its people will often adopt the oppressors' language. This is clearly demonstrated by the example of the expansion of the Roman Empire. As various cultures around the Mediterranean were absorbed by the empire, they adopted Latin as their new language. However, that does not mean that their populations were replaced with people of Latin ancestry, nor does the adoption of Anglo-Saxon mean that the Celts were replaced.

In his final example, the author cites a DNA study, and while we certainly cannot argue with DNA evidence, we can criticize the way in which the study was carried out. The study was conducted in one small region of eastern England. Since that region is close to the European mainland, it is not surprising to find a strong Anglo-Saxon influence there, as they probably made landfall nearby. However, it is unrealistic to assume that such a small, localized sample could give an accurate representation of the genetic history of the whole nation's population. Indeed, other studies conducted in different parts of the country have shown much closer resemblance to modern Celtic people.

trust ……を信じる／ article 記事／ link インターネット上のハイパーリンク／ factual 事実の ／ conclusion 結論／ draw ……を描く／ accurate 正しい／ subjugate ……を征服する／ assert ……だと強く主張する／ migration 移住／ mass exodus 大量の人口流出／ tribe 部族、種族／ source 資料／ invader 侵入者／ gauge ……を推測する／ British Isles イギリス諸島／ be dwarfed by ... ……と比べると影が薄い・小さい／ the Battle of Badon Hill ベイドン山の戦い（ローマ化したケルト人であるブリトン人がアングロサクソン人を破った戦い） invasion 侵入／ be halted 停止される／ be forced out 追い出される／ cite ……を挙げる・引き合いに出す／ realm 領域／ evidence 根拠／ strikingly 著しく／ adopt ……を受け入れる／ oppressor 圧制者／ Mediterranean 地中海／ be absorbed by ... ……に吸収される／ be replaced with ... ……に取って代わられる／ ancestry 血統／ argue with ... ……に異論をはさむ／ criticize ……を批判する／ be carried out 遂行される／ be conducted 行われる／ region 地域、地方／ be close to ... ……に近い／ mainland （島や半島に対して）本土／ make landfall 上陸する／ assume ……と見なす／ accurate 正確な／ representation 表現／ genetic 遺伝学的な、遺伝子の／ resemblance 類似

要素のまとめ

Origin English people   Anglo-Saxons?

Reading

ancestor A-S
1. written records
   A-S resettlement from
   Germany or Denmark
   push C → Wales, Scotland

2. language
   A-S → modern E
   E ≠ Celts

3. DNA test
   modern E = A-S origin

Listening

ancestor C
1. written R ✗ accurate
   written by invaders
   A-S ✗ defeated C

2. language get replaced
   people ✗→ adopt

3. Sample too few
   → result ✗ accurate as a whole
   other study
   → modern E = closer to C

解答例

Both the reading and lecture talk about the heritage of modern-day English people. The reading provides three reasons why people believe modern-day English people are descendants of Anglo-Saxons, not Celts. While the lecturer agrees that most of the facts mentioned in the reading are accurate, he says that the conclusions are inaccurate, and that modern-day English people are actually descendants of Celts, not Anglo-Saxons.

Firstly, the reading quotes written records of that time which state that the majority of Anglo-Saxons migrated from Europe to England, quickly overwhelming the native Celts who were originally living there and claiming the land. However, the lecturer undermines the historical accuracy of the records, by pointing out that the accounts were written by the invaders and that Anglo-Saxons actually did not completely overwhelm the Celts. In fact, the Celts outnumbered their invaders.

Secondly, the reading passage cites the similarities between modern English and the Anglo-Saxon language. Taken together with the dissimilarities between English and Celtic languages, this can only mean that the English language developed from the Anglo-Saxon language. It says that this would only have been possible if Anglo-Saxons were the primary population living in Britain. **The lecturer,** while agreeing that the English and Anglo-Saxon language are similar, **argues that** this does not lead to the conclusion that the people using the Anglo-Saxon language were in fact Anglo-Saxons. Rather, he says the Celts were merely adopting the language of the invaders, just as Latin was used throughout the Roman Empire.

Lastly, the reading shares a DNA test result, which shows that people currently living in eastern England have DNA almost identical to those living in places where the Anglo-Saxon migration began. **However, the lecturer points out that** since this study only collected samples from a few people in a specific area, it cannot be said to be an accurate representation of the entire population. **The lecturer also said** that there are results from other studies in which people living in modern-day England have DNA that closely resembles that of modern Celts.

解説

Introducory Passage で主題を明らかにします。この文章の場合は「現代のイギリス人のルーツについて」です。「Reading の文章によれば、祖先は Anglo-Saxons であり、Listening では Celts である」というそれぞれの結論を書きます。次に続く Body Paragraph で、Reading の文章の論点と Listening の論点を述べます。この Sample Answer では先に Reading の論点を述べ、そのあとで Listening の反論について述べています。解答例の中で、太字で示してあるところが定型の表現です。使いこなせるようにしておきましょう。

Writing Sectionの中のReadingの訳と語注

紀元前1000年ごろ、ケルト人の進出はイングランドに達し、海峡を渡ってきたさまざまなケルト族がイギリス諸島全域に住みついた。ケルト人が確固としてこの地を支配していたが、ローマ人がクラウディウス皇帝の時代に侵略し、西暦410年にローマ帝国が滅亡すると、ローマ人は去った。その後、北ヨーロッパのアングル族、サクソン族、ジュート族が機会をとらえて侵略し、支配権を握った。この歴史を踏まえると、イングランドの人々が誰の子孫なのかなぜはっきりしないのかがわかりやすい。しかし、アングロサクソン族が現代のイギリス人大多数の祖先であることを示す強力な証拠がある。

はじめに、アングロサクソン族はローマ人と違い、単に支配するためにイギリスの島々を侵略したのではない。むしろ、大多数の人々が、かつての住処だった、現在ドイツとデンマークになっている大陸の土地を離れてきたのだから、これは移住である。その時代に書かれたものを読むと、この移民の波はすぐにケルト人を圧倒し、彼らは現在のウェールズとスコットランドに引っ込んだようだ。アングロサクソン族は、直面したどんな抵抗も粉砕して自分たちの土地を確保したとも書き残されている。

これはさらに、英語がアングロサクソンの言語から発達したのであり、それより前のケルト語からではないという事実によっても裏付けられる。英語と、どちらもケルト語族であるウェールズ語またはゲール語を単純に比較するだけで、これらの言語がどれほど大きく異なっているかがはっきりとわかる。アングロサクソン族がこの島で支配力を行使したことで、彼らの言語がケルトの人々の言語に取って代わった。この言語の交代が、現代の人々はドイツからの侵入者の子孫だという意見を裏付けている。

さらに決定的な証拠が、東イングランドにあるいくつかの村の住民のDNAを調べることで得られた。彼らのDNAが現代のケルトとドイツの民族的背景を持つ人々のサンプルと比較され、アングロサクソン族の移入が始まった土地の人々とほぼ同一であることがわかった。このことは、現代のイングランドが元々のケルトの人々よりもアングロサクソン族とより深く関連があるという議論の余地のない証拠である。

BCE 紀元前。= before Common Era ／ **Celtic** ケルト人／ **expansion** 膨張、増大／ **tribe** 部族／ **channel** 海峡／ **inhabit** ……に居住する／ **British Isles** イギリス諸島／ **invade** 攻め込む／ **reign** 治世／ **Claudius** ローマ帝国の第4代皇帝ティベリウス・クラウディウス・ネロ・カエサル・ドルスス（Tiberius Claudius Nero Caesar Drusus）／ **abandon** ……を去る／ **CE** 西暦紀元（= Common Era）／ **decline** 衰退する／ **Angles** アングル族／ **Saxons** サクソン族／ **Jutes** ジュート族／ **opportunity** チャンス／ **took over** 支配権を握る／ **In light of ...** ……を考慮すると／ **be descended from ...** ……の子孫だ／ **evidence** 証拠／ **Anglo-Saxons** アングロサクソン族（ヨーロッパからブリテン島に移ってきたゲルマン民族であるAngles、Saxons、Jutesの総称）／ **ancestor** 先祖／ **resettlement** 移住／ **mainland** 本土

account 報告、説明／give the impression that ... ……という印象を与える／immigration 移住／overwhelm ……を圧倒する／retreat into ... ……に退却する／crush ……を粉砕する／secure ……を確保する／comparison 対照／Welsh ウェールズ語／Gaelic ゲール語／drastically 徹底的に、抜本的に／exert ……を用いる／dominance over ... ……への支配／replace ……に取って代わる／linguistic 言語の／population 人々、集団／conclusive proof 決定的証拠／be compared to ... ……と比較される／provide ……を提供する／inarguable 議論の余地のない

Writing Sectionの中のListeningの訳

では、いま読んだ記事の話題に関する講義の一部を聞いてください。

男性：みなさん、私がリンクを送った記事は読みましたね？　ニュース記事がクラスで議論されているトピックに密接に関連していることは、あまりありません。さて、はじめに言っておくと、この記事に書かれている歴史の情報は、大部分が事実です。しかし、筆者が例から導き出している結論は、まったく正確とは言えません。現代のイングランドの人々の大部分は、アングロサクソン族の子孫ではなく、アングロサクソン族が制服したケルトの人々である可能性が高いのです。

筆者が、アングロサクソンの移民は大量の集団移住だったと強く主張しているのは正しいのです。彼らは、他の部族に押し出されて、大部分がイングランドにやってきました。しかし、筆者が述べている資料は侵入者によって書かれたもので、侵入者は当時イギリス諸島に住んでいたケルト人の数を正確に数えることなど、まったくできませんでした。現代の歴史研究者は、アングロサクソンの人口は先住のケルト人に比べてかなり少なかったと考えています。これはベイドン山の戦いの結果からも裏付けられます。この戦いで侵入は歯止めをかけられ、ほとんど打ち砕かれたのです。ですから、ケルト人たちが完全に追いやられたということは考えにくい。

筆者はまた、アングロサクソンの言語がこの地域の言語になったという事実を、集団が入れ替わったことのさらなる証拠として挙げています。たしかに、ゲール語やウェールズ語といった現代のケルトの言語は著しく異なっていますが、このことはほとんど証拠になりません。ある文化が他の文化に支配されると、その文化に属する人々は支配者の言語を取り入れます。このことは、ローマ帝国の拡大の例からも明らかです。地中海周辺のさまざまな文化がローマ帝国に吸収されると、人々は新しい言語としてラテン語を取り入れました。しかし、それは、彼らの集団がラテン系の人々に取って代わられたことを意味しませんし、アングロサクソン語の借用をもってケルト族が取って代わられたということを意味するわけでもありません。

最後の例で筆者は、DNAの調査を引き合いに出しています。私たちがDNAの証拠について異論を差しはさむことは、とうていできませんが、調査の進め方について批判する

ことはできます。この調査は、東イングランドのひとつの小さな地域で行われました。この地域はヨーロッパ本土に近いので、アングロサクソン族が近くに上陸したでしょうから、アングロサクソンの強い影響が見られても驚くにはあたりません。けれども、こんなに小さな一地域のみのサンプルが国全体の集団の遺伝的履歴の正確な説明になると考えるのは、非現実的です。実際に、国内の別の地域で行われた調査では、現代のケルトの人々と非常に近い類似を見せているのです。

解答例の訳と語注

リーディングも講義も、現代のイギリスの人々の先祖伝来のものについて述べています。リーディングは、なぜ人々が現代のイギリス人がケルト族ではなくアングロサクソン族の子孫だと考えられているのか、3つの理由を挙げています。その一方、講義の先生はリーディングで言及されている事実の大部分は正確だと肯定していますが、結論が誤っており、現代のイギリス人は実際には、アングロサクソン族ではなく、ケルト族の子孫だと言っています。

第一に、リーディングは当時を記録した文書を引用しており、アングロサクソン族の大部分がヨーロッパからイングランドに渡ってきて、すぐに、もともとそこに住んでた先住民であり土地の所有権を主張するケルト族を打ち負かしたと述べられています。しかし、講義の先生はこの記録の歴史的正確性を批判して、この記述は侵入者によって書かれたものであり、アングロサクソン族は実際にはケルト族を完全に打ち負かしのではなかったと指摘しています。実際のところ、ケルト族は侵入者よりも数で勝っていました。

第二に、リーディングでは、現代の英語とアングロサクソンの言語に類似点があることを挙げています。英語とケルト諸語との相違も合わせて考えると、これは、英語がアングロサクソンの言語から発展したこと意味すると考える以外にありません。それはアングロサクソン族がイギリスに住んでいる者で最も人口が多かったからこそあり得たのだと述べられています。講義の先生は、英語とアングロサクソンの言語が似ていることは認めつつ、そのことはアングロサクソンの言語の使用者がほんとうにアングロサクソン族だったという結論にはならないと主張しています。それどころか、ケルト族が侵入者の言語を取り入れただけであり、ラテン語がローマ帝国の全域で用いられたのと同様のことだと述べています。

最後に、リーディングでは、DNA検査の結果が示され、現在東イングランドに住んでいる人々が、アングロサクソン族の移入が始まった場所に暮らしている人々とほぼ同じDNAを持っていると述べられています。しかし、講義の先生は、この調査では特定の地域の少数の人々のサンプルを集めただけなので、集団全体を正確に表しているとは言えな

いと指摘しています。講義の先生はまた、他の調査で現代のイングランドに住んでいる人々が現代のケルト族と非常に似た DNA を持っているという結果が出ていることも述べています。

heritage 先祖伝来のもの、文化的遺産／ provide ……を提供する／ descendant 子孫／ inaccurate 誤りで／ quote ……の言葉を引用する／ migrate from ... ……から移入してくる／ overwhelm ……を打ち負かす・圧倒する／ claim the land その土地の所有権を主張する／ undermine ……を阻む・むしばむ／ historical accuracy 歴史的正確さ／ account 記述／ outnumber ……を数の上で上回る／ similarities 類似点／ dissimilarities 相違点／ primary 第一の／ argue ……だと主張する・論じる／ rather それどころか／ merely ただ単に／ identical まったく同じの／ specific area 特定の地域／ representation 表現、表れ／ closely 密接に／ resemble ……に類似している

Academic Discussion Task

質問の訳

Dr. Lucas
学生が進路を考え始めるとき、自分の興味や価値観に合う機会を探す方法は複数あります。ひとつは３年次にインターンシップに参加することです。インターンシップは実践的な経験と人脈作りの機会を提供するという意見もありますが、学業や大学生活から貴重な時間を奪うので、逆効果だと主張する人もいます。あなたの意見では、インターンシップは学生にとってメリットとデメリットのどちらが大きいですか。なぜですか。

Sophia:
インターンシップは、ビジネスの現場で毎日働くことがどういうことなのかを知る絶好の機会だと思います。さまざまな働き方や、自分にとって最も興味深く充実した仕事とはどのようなものなのかについて、認識を深めるのに役立ちます。これは、特に自分のキャリアに迷っている人にとっては有益です。

Matt:
インターンシップは、学生の限られた時間を有効に使うための最良の方法だとは思いません。学生時代にしかできないこと、例えば仲間とスポーツをしたり、夜遅くまで友人といろいろなテーマについて議論したり、リスクなしに新しい機会を試してみることに時間を使うほうが、自分自身の価値観や興味を理解するのによい方法だと思います。

解答例

I agree with Matt's perspective. I think it's essential that we take full advantage of our time as students and gain valuable university experience. My brother took part in an internship program during his junior year, but he found that he did not gain any actual business knowledge from the experience. Instead, he was assigned clerical tasks such as scheduling and making copies for other workers. I think this is a common situation. Therefore, instead of pursuing an internship, I have decided to become an instructor at a summer tech camp for high school students. At the camp, I'll be responsible for mentoring students aged 15 and 16 as they explore various scientific activities. I'm sure I'll gain valuable experience that will impact my student life as well as my future career.

　この解答では Matt の意見に全面的に賛成しています。自分の兄の経験を引き合いに出し、なぜインターンシップが有益でないかを述べています。その上で、自分は大学時代の時間をインターンシップではなくどのように効果的に使うか、具体的に説明しています。サマーキャンプのインストラクターになって高校生に科学の指導をする方が、学生生活にとって貴重である、という論点です。語数は132 語です。

解答例（Disagree）

Mattの考えに賛成です。学生時代をフルに活用し、大学での貴重な経験を積むことが不可欠だと思います。私の兄は3年生の時にインターンシップ・プログラムに参加しましたが、その経験から実際のビジネスの知識を得ることはできなかったようです。その代わり、スケジュール管理やコピーなどの事務的な仕事を任されました。これはよくある状況だと思います。そこで私は、インターンシップを目指す代わりに、高校生を対象としたサマー・テック・キャンプのインストラクターになることにしました。キャンプでは、15歳と16歳の生徒を担当し、彼らのさまざまな科学的活動を指導します。　学生生活だけでなく、将来のキャリアにも影響するような貴重な経験を積むことができると確信しています。

おわりに

　いかがでしたか。TOEFL iBT テストが身近に感じられるようになったでしょうか。

　この本には模試1回分と練習問題が載っています。各問題の素材には TOEFL を勉強するうえで必須の単語がたくさん含まれています。音源を何度も聞いたり、音読したり、この本の教材にじっくり向き合うだけでも TOEFL に必要な語彙を増やすことができます。専門用語などは気にすることはありせん。内容を覚えるまで読み込んだり聞き込んだりしてみてください。はじめ見たときには意味の見当もつかなかったような言葉も、頭の中に残っていくことでしょう。英文を読んだり聞いたりしたら、視覚化できるようになる、これが最終的な目標です。

　単語を覚えるうえでもうひとつ大切なことは、その語が何の品詞で文の中で使われているか、に気を配ることです。これに気を配ることで、文の構造がわかりやすくなります。難解な文章も構造が見えてきますし、Speaking、Writing などの発信の際に役に立ちます。

　ETS では *The Official Guide to the TOEFL iBT Test* や、*Offical TOEFL iBT test Volume 1, 2* など、過去問をテキストとして販売しています。本番に近い環境で練習できるデジタル素材も付いていますので、この本での勉強が一通り済んだら ETS の過去問に挑戦してみるとよいでしょう。

　みなさまのご健闘をお祈りしています。

2023 年 9 月　上原雅子

【著者紹介】
上原雅子（うえはら まさこ）

神田外語大学外国語学部英米語学科講師、TalkWise 代表　King's College, London English Language Teaching and Applied Linguistics 修士課程修了。The New School University TEFL(Teaching English as a Foreign Language) Certificate 取得。大学、留学予備校で長年 TOEFL 指導、その他英語指導全般に携わる。発信型スキルについてのセミナー、著書多数。

新・最強の TOEFL iBT® 入門

2015 年 2 月 1 日	初版第 1 刷発行
2020 年 3 月 10 日	改訂新版第 1 刷発行
2022 年 6 月 30 日	改訂新版第 5 刷発行
2023 年 10 月 10 日	新版 第 1 刷発行
2024 年 5 月 31 日	新版 第 3 刷発行

• •

著者：上原雅子
問題作成：PAGODA Education Group、上原奈々
編：コスモピア編集部

装丁：松本田鶴子
デザイン：見留 裕

編集協力：濱田啓太、大岩根舞衣

英文校閲・校正：ソニア・マーシャル、イアン・マーティン、ショーン・マクギー
翻訳：小宮 徹、山口西夏、コスモピア編集部
日本語版追加ナレーション：Josh Keller、Hannah Grace、Nadia McKechnie

日本語版追加録音：一般財団法人英語教育協議会（ELEC）

印刷・製本：シナノ印刷株式会社

発行人：坂本由子
発行所：コスモピア株式会社
　　　　〒 151-0053 東京都渋谷区代々木 4-36-4 MC ビル 2F
　　　　営業部　TEL: 03-5302-8378　email: mas@cosmopier.com
　　　　編集部　TEL: 03-5302-8379　email: editorial@cosmopier.com
　　　　FAX: 03-5302-8399
　　　　https://www.cosmopier.com/（会社・出版物案内）
　　　　https://e-st.cosmopier.com/（コスモピア e ステーション）

＊ 本書籍は 2020 年に発行した『改訂新版　最強の TOEFL iBT® 入門』をテスト形式の変更に合わせて改訂したものです。

最強のTOEFL ITP® テスト 文法問題攻略

目指せ！500点。短時間でスコアアップできるのはSection Ⅱ

上原雅子・著

本体 2,200 円＋税
302 ページ
音声ダウンロード＋電子版付き

練習問題は全部で
378 問 !!

Part 1
文法問題マスターのための Point13

Unit 1
品詞に強くなろう！

Unit 2
品詞に強くなろう！

Unit 3
副詞節、形容詞節、名詞節を見分けよう

Part 2
その他の頻出ポイント Tip16

Part 3
模擬問題

ミニ練習問題 98 問、練習問題 120 問、模擬問題 40 問×4 回の、計 378 問を用意。全ての問題の解答解説に、問われている Point や Tip を番号で表示して、弱点強化が簡単にできるように構成しています。

　TOEFL ITP テストには 3 つのセクションがあります。その中で、Section Ⅱ Structure and Written Expression が、最も短期間で、スコアを伸ばしやすいセクションだと言われています。
　本書は TOEFL 指導歴 20 年。3,200 問の Section Ⅱ の問題を教えてきた著者のノウハウがぎっしりつまった 1 冊です。
　確実に短期速攻で、スコアアップを図ることができます。

大学留学を成功させる英語キーフレーズ600+

成功の鍵はコミュニケーション力。

積極的なコミュニケーションを図ることを
目的とした使えるキーフレーズを厳選。

音声無料ダウンロード

大学留学を成功させる 英語 キーフレーズ 600+

岡本茂紀 著

授業や生活で役に立つ
キーフレーズ 400+
使い回しのきく
機能表現 200+

岡本茂紀 · 著
本体 2,200 円＋税
326 ページ
音声ダウンロード

　アカデミックな学園生活と、起きてから寝るまでの日常生活のそれぞれで役立つ頻出フレーズ約400に、場面を問わず使い回せる機能フレーズ約200をプラスして、計600以上の必須キーフレーズを、リアルな例文・モデルトークや詳しい解説と共に紹介しています。

　きたるべき留学に備えて、あるいは留学先でのレファレンスとして、大学生・大学院生の英語学習を支える力強い一冊です。